HEYNE BÜCHER

HEYNE SACHBUCH

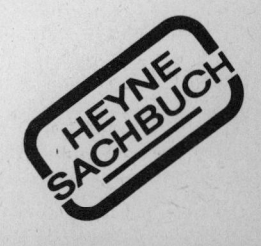

Eckart Kleßmann

Unter unseren Füßen

Neue archäologische Funde in Deutschland

Erweiterte und ergänzte Neuauflage

WILHELM HEYNE VERLAG
MÜNCHEN

HEYNE-BUCH Nr. 7168
im Wilhelm Heyne Verlag, München

Copyright © 1978 by Econ Verlag GmbH, Düsseldorf und Wien
Printed in Germany 1981
Umschlagfoto: Dr. Renate Pirling, Museumszentrum, Burg Linn, Krefeld
Umschlaggestaltung: Atelier Heinrichs & Schütz, München
Satz: IBV Lichtsatz KG, Berlin
Druck und Bindung: Presse-Druck Augsburg
Gesamtherstellung des Bildteils: RMO, München

ISBN 3-453-01510-X

Inhalt

Einleitung 9

Methoden und Techniken 15
Archäologie aus der Luft · Was Magnetfelder aussagen · Die Arbeit mit dem Spaten · Die Sprache der Erde · Ein Fund wird geborgen · Restaurieren und Konservieren · Ergebnisse der Botaniker: Pollenanalyse und Paläoethnobotanik · Die Radiokarbondatierung (C14) · Dendrochronologie: Jahresringe geben Auskunft · Das Thermolumineszenzverfahren · Das Kalium-Argon-Verfahren · Der FSU-Test · Die Varvenchronologie

Als in Deutschland noch Vulkane rauchten:
Der Fund von Gönnersdorf 34
Wie Menschen in der Späteiszeit lebten und wohnten · Jäger zeichnen Tiere · Tanzende Frauen, in Schiefer graviert · Statuetten aus Elfenbein · Eine Steppenlandschaft am Rhein · Handelsbeziehungen mit dem Mittelmeerraum?

Wie die Bauern in der Steinzeit lebten:
Die Aldenhovener Platte bei Köln 43
Archäologen im Wettlauf mit Riesenbaggern · Wie die Bandkeramiker wohnten · Häuser für Großfamilien · 330 000 Quadratmeter werden untersucht · Ein Friedhof mit über hundert Gräbern · Die Speisekarte der Steinzeit · Karies gab es schon vor fünftausend Jahren

Fürstensitze, Orte und Gräber:
Die Kelten in Süddeutschland   53

Die Heuneburg · Wie Fürsten bestattet wurden · Mauern und Bastionen wie am Mittelmeer · Importe aus Griechenland · Als die ersten Hühner nach Deutschland kamen · Adelsgräber in Württemberg · Handel mit dem europäischen Süden · Der Krieger von Hirschlanden · Ein Hügelgrab im Schwarzwald · Der Jahrhundertfund von Hochdorf bei Ludwigsburg 1978: Ein unversehrtes keltisches Fürstengrab der Hallstattzeit · Der Schmuck einer keltischen Fürstin · Die Oppida der Kelten · Die Funde von Manching · Eine sieben Kilometer lange Stadtmauer · Die Regenbogenschüsselchen

Dann kamen die Römer   84

Lager und Kastelle: Die Armee prägt die Landschaft · Dangstetten, das älteste Römerlager auf deutschem Boden · Ein Bleibarren der 19. Legion · Das Lager von Haltern · Stützpunkte entlang der Lippe · Asciburgium, ein Kastell bei Moers · Die Toten der Bataverschlacht · Die Lager von Neuß · Legionäre als Landwirte · Eine Truppen-Apotheke · Das Getreide-Arsenal von Rödgen · Kastelle im Donauraum: Oberstimm, Künzing und Eining · Wandmalereien im Kastell Echzell · Eine Gesichtsmaske aus Eisen · Der Schatzfund von Straubing · Frauenschmuck im Kastell Isny-Vemania · Ein silbernes Tafelservice · Die Römerbrücke von Trier · Opfer für den Flußgott · Ein jugendlicher Attis aus Bronze · Wandmalereien unter dem Trierer Dom · Eine Hochzeit und das Ende eines Kaisersohns · Ein ausgemalter Speisesaal in Köln · In Bad Kreuznach wird eine Villa entdeckt · Xanten: Eine Römerstadt wird wieder aufgebaut · Die Jupitergigantensäulen von Hausen und Walheim · Legionäre schaffen Industriebetriebe · Ein Steinbruch am Drachenfels · Wie die Römer in Iversheim Kalk brannten

Wie fränkische Herren bestattet wurden   131

Die Franken errichten ihr Reich · Gräber in römischen Ruinen · Der Herr von Morken · Eine Langobardenprinzessin unter dem Kölner Dom? · Die Bewaffnung eines Sechsjährigen · War es ein Doppelmord? · Ein Friedhof mit mehr als viertausend Gräbern · Der Herr von Gellep und sein Schatz

Wie Germanen siedelten   153

Leben im freien Germanien: Die Wurt Feddersen Wierde · Elf Siedlungen übereinander · Die Götter aus dem Braaker Moor · Opfer und Hinrichtungen · Der Tote mit dem Suebenknoten · Eine vierzehnjährige Ehebrecherin? · Die Henkersmahlzeit eines Mannes · Die Frau von Peiting · Zugewandert vom Balkan? · Neue Stiefel für eine junge Tote

Die Archäologie entdeckt das Mittelalter 170
Die Wikinger schrecken Europa · Haithabu, der größte Handelsplatz des Nordens · Sklaven als Exportartikel · Das Schiff von Haithabu und seine Bergung · Wie Schleswig entstand · Hamburg: Die Entdeckung der Hammaburg · Ein Bischof baut sich eine Burg · Karl der Große kommt nach Paderborn · Eine Kaiserpfalz wird wiedergefunden · Der Thron Karls des Großen · Gab es eine Reichsarchitektur? · In Bremen findet man eine ganze Hansekogge · Ein karolingischer Frachtkahn in Krefeld · Wie alt ist der Bremer Dom? · Die Gräber der Erzbischöfe

Nachwort 208

ANHANG

Bibliographie 215

Fotonachweis des Bildteils 232

Ortsregister 234

Einleitung

In den dreißig Jahren, die seit dem Zweiten Weltkrieg vergangen sind, ist in der Bundesrepublik Deutschland in mancher Hinsicht mehr vernichtet worden als durch die Kriegsschäden zwischen 1939 und 1945. Im Zeichen eines stürmischen Wiederaufbaus ging zugleich eine gewaltige Vernichtungswelle über das Land: Altstädte wurden »entkernt« oder »saniert«, was oft genug totaler Vernichtung gleichkam, die »autogerechte Stadt« schlug Schneisen durch die Stadtviertel, Tausende von Quadratkilometern wurden zugunsten eines großzügigen Straßenausbaus bis in die hinterste Provinz asphaltiert und betoniert. Zugleich drang man stärker denn je in die Erde hinab – ob Fundament- oder Kellerausschachtungen, ob Tiefgaragen oder planmäßige Stadtsanierung: Wo immer das moderne Gemeinwesen geschaffen wurde, bewirkte es die totale Zerstörung von Grund auf. Archäologisch gesehen blieben stets nur Wüsten zurück. Vor allem aber wuchsen die Städte in einem bisher nicht gekannten Tempo. Äcker und Wiesen wichen den Trabantenstädten, Feuchtgebiete wurden trockengelegt, und im Gefolge des Baubooms nahm der Kiesabbau rapide zu. Und selbstverständlich bedingte der wirtschaftliche Aufschwung einen immer größeren Bedarf an Industriegelände oder sonstigem, zu Wirtschaftszwecken benötigtem Areal. Die im Tagebau betriebene Braunkohlenförderung im linksrheinischen Gebiet verwandelte und verwandelt noch weite Landstriche in riesige Fördergruben.

Dadurch wurden auf westdeutschem Boden Erdbewegungen vorgenommen, wie sie in Mitteleuropa in diesen Größenordnungen bislang unbekannt waren. Und das bedeutete zugleich ein ungeahntes Mehr an archäologischen Funden, an deren Rettung, aber auch an deren Zerstörung. Die Begriffe »Rettungs-« oder »Notgrabung« hat die Archäologie nicht erst in den letzten dreißig Jahren geprägt, aber während sie früher doch eher zum Ausnahmevokabular gehörten, bezeichnen sie jetzt den archäologischen Alltag, der sich oft genug im Wettlauf mit (oder vor) zerstörenden Baggern vollzieht. Doch so paradox es auch klingen mag: Gerade die so buchstäblich tiefgreifende Zerstörung hat der deutschen Archäologie in den vergangenen drei Jahrzehnten ein Maß an Funden erbracht, das in dieser Menge und Kürze der Zeit gleichfalls alles übersteigt, was in den letzten hundert Jahren ergraben werden konnte. Andererseits steht aber der imponierenden Fundbilanz ein trauriger und irreparabler Verlust gegenüber, der herbeigeführt wurde durch die fast mutwillig zu nennende Zerstörung einzelner Gebiete durch verständnislose Planer, die sich vornehmlich durch Ignoranz gegenüber der Historie auszeichnen. Wie sollten sie auch anders? Heute werden in der Stadt- und Landschaftsplanung Technokraten beschäftigt, die auf der Hochschule mit dem Begriff »Geschichte« nie in Berührung gekommen sind. Die perfekte Zerstörung haben sie zwar hervorragend gelernt, von Erhaltung aber wurde ihnen nichts gesagt.

So wurden 1972 die schon vor dem letzten Krieg bei Wittlich im Saarland freigelegten Reste einer römischen Villa zugunsten eines Brückenbaus zerstört, so wurden zur gleichen Zeit beim Bau der rechtsrheinischen Höhenstraße bei Neuwied vier Limes-Wachtürme vernichtet, so wurde bei der Trassierung der B 260 gleich ein ganzer Limes-Kilometer eingeebnet.

In Xanten baute man, ohne lange zu fackeln, eine Fabrik auf die Reste römischer Thermen. Proteste der Archäologen wurden vom Tisch gefegt. (Daß gerade Xanten seine Sünden wiedergutmacht und heute geradezu vorbildlich plant, davon wird noch zu sprechen sein.) Ob Ferngasleitungen, Kanalisation oder U-Bahn-Bauten: Die Archäologen stören dabei nur, sie halten auf und kosten Zeit und also Geld. Da klingt es dann schon fast wie ein modernes Märchen, daß im mittelrheinischen Gebiet einmal tatsächlich eine Autobahntrasse verlegt wurde, um die Ruinen einer Römervilla zu retten.

Angesichts der in den letzten dreißig Jahren bei uns zutage geförderten Fülle archäologischen Materials reichen weder Personal noch Geld aus, um Not- und Sicherungsgrabungen so vornehmen zu können, wie es nötig wäre. Denn solche Grabungen, die ja immer nur kurzfristig sind, weil die Zeit drängt, müssen wenigstens fotografisch und zeichnerisch aufgenommen werden, ehe sie für immer verschwinden, und dazu bedarf es geschulter Kräfte, denn die Arbeit mit dem Spaten selbst ist in der modernen Archäologie das wenigste.

Grundsätzlich könnte man heute Archäologen in weit größerer Zahl als bisher ausbilden und beschäftigen, ginge man nach den Funden und ihrer meist langdauernden wissenschaftlichen Auswertung, aber dafür gibt es keine Planstellen, weil kein Geld vorhanden ist. Und wenn es vorhanden ist – wie etwa in Nordrhein-Westfalen, wo die Archäologie noch am großzügigsten dotiert ist –, dann fehlt es am notwendigen Informationsaustausch zwischen Denkmal- und Bauämtern, d. h. an der Koordination. Vielleicht ließe sich auch mancher Schaden beheben, wenn der Ausbau der Ämter für Archäologische Bodendenkmalpflege nicht so stagnierte. In anderen Bundesländern fehlt es aber schlicht an Geldern für Institute, Restaurierungswerkstätten und Museen, die nicht einmal Mittel für Hilfspersonal zum Bewachen von Sammlungen und Grabungsstätten haben, während die Zahl der Diebe und Schatzsucher tausendmal schneller wächst und ihre Methoden immer raffinierter werden. Steht gar eine wohlorganisierte Händler-Mafia hinter ihnen, für die Geld keine Rolle spielt, haben die Archäologen überhaupt keine Chance. Kunstwerke, antike zumal, stehen heute in aller Welt hoch im Kurs als wertbeständige Kapitalanlage, und der Diebstahl archäologischer Funde ist fast nie nachweisbar, denn sie sind selten – und anders als etwa berühmte Gemälde und Plastiken – fotografiert und inventarisiert.

Gewiß: Einen solchen Extremfall wie die Beraubung des Museums von Metapont in Süditalien (1972), dem seine gesamte, vollkommen unersetzliche Sammlung antiker Münzen in einer Nacht gestohlen wurde, haben wir in der Bundesrepublik noch nicht. Aber vorstellbar ist er auch hier. Auch ist aus der Bundesrepublik bisher noch kein Fall bekannt, daß – wie in Italien lange gang und gäbe – Bauunternehmen ihren Arbeitern Prämien dafür zahlen, daß sie archäologische Funde nicht melden, sondern möglichst stillschweigend vernichten.

Dafür aber gibt es, um auch das Positive nicht zu verschweigen, durchaus Privatleute, die hilfswillig sind. Es gibt Bauherren, die so verständnisvoll und uneigennützig sind, daß sie Bauvorhaben zugunsten archäologischer Arbeit verzögern, Kleingärtner, die ihren gehegten Besitz um und um pflügen lassen, Kiesgrubenbesitzer, die ihre Abbaupläne zugunsten der Wissenschaftler ändern und geduldig warten. Auch ein Kölner Unternehmen, das den Braunkohleabbau im großangelegten Tagebau im linksrheinischen Gebiet betreibt, hat für die Archäologen ein Verständnis und eine Förderung bewiesen, die beispielhaft ist. Die Direktion einer im Ausbau begriffenen Düngemittelfabrik am Niederrhein war so einsichtig, ihre Erweiterungspläne mit den Archäologen abzustimmen und einen Terminplan aufzustellen, um den Wissenschaftlern ihrerseits die langwierige Planung zu ermöglichen. Nur: Das sind Ausnahmen, die Regel sind kurzfristige Zerstörung und Verständnislosigkeit.

Verständnislosigkeit bei den Planern, nicht bei der Bevölkerung. War noch bis vor wenigen Jahrzehnten Archäologie das Interessengebiet eines kleinen Kreises von Wissenschaftlern und Laien, so kann man inzwischen fast von einem Boom archäologischen Interesses sprechen. Als 1975 Archäologen auf einer Grabungsstelle bei Neuß sich immer wieder Fragen aus der Bevölkerung konfrontiert sahen, gaben sie über eine Lokalzeitung bekannt, an einem Sonntag am Fundplatz Rede und Antwort zu stehen. Erwartet hatten sie ein paar Dutzend Besucher, es wurden aber weit über tausend, obwohl am Fundplatz weder Ruinen noch Kunstschätze zu sehen waren.

Das 1974 neueröffnete Römisch-Germanische Museum in Köln konnte schon nach zwei Jahren drei Millionen Besucher verzeichnen, seine beiden »Römer-Illustrierten« erlebten eine Auflage von über 250000 Exemplaren, und die Kölner Ausstellung »Das neue Bild der alten Welt«, ein anspruchsvoller, aber wirkungsvoll gestalteter Überblick über die Archäologie in Deutschland seit 1945, wurde im Sommer 1975 in nur zwölf Wochen von 150000 Menschen besucht. Das zeigt zwar ein wachsendes Interesse an archäologischer Arbeit, verhindert aber noch lange nicht den Mißbrauch.

So mußte im gleichen Sommer 1975 das Rheinische Landesmuseum in Bonn in der Presse Alarm schlagen, weil wichtige freigelegte und konservierte Objekte in Obhut der Gemeinden schweren Schaden genommen hatten, so vor allem die aus der Eifel nach Köln führende römische Wasserleitung, die in einigen Orten mutwillig beschädigt oder als Müllkippe oder Viehtränke mißbraucht worden war; Wälle und Flächen einer frühmittelalterlichen Burganlage im Siegkreis waren von Traktoren bei Holztransporten einfach niedergewalzt worden. Geschah dies aus Gedankenlosigkeit, so sind die von eifrigen Hobby-Archäologen angerichteten Schäden noch weit ärger; warum das so ist, wird im folgenden Kapitel erläutert.

Westdeutsche Archäologen-Teams haben in den letzten dreißig Jahren nicht nur in der Bundesrepublik gegraben und geforscht. Nicht minder groß ist ihre Beteiligung an Grabungen im Ausland. Heute arbeiten sie in Spanien, Tunesien, Ägypten, Irak, Kleinasien, Griechenland und Italien, wo immer Deutsche Archäologische Institute im Ausland ihren Sitz haben. Ihre Tätigkeit und Ergebnisse zu beschreiben bedürfte eines eigenen Buches; hier soll nur davon berichtet werden, was in der eigenen Heimat bisher geleistet worden ist. Denn immer noch verbindet sich der Begriff Archäologie und Ausgrabung zuvörderst mit Fundstätten im Mittelmeerraum und assoziiert Ruinenstädte mit Wandmalereien, Mosaiken und Kunstwerken wie etwa Pompeji und Herculaneum oder spektakuläre Funde wie das goldreiche Pharaonengrab des Tut-anch-Amun. Wohl sind solche sensationellen, die Weltpresse beflügelnden Funde auf deutschem Boden seltener, aber sie sind reich und interessant genug, unsere Aufmerksamkeit zu beschäftigen, und dies um so mehr, als sie Teil unserer Vergangenheit sind und unsere Geschichte erzählen. Sie bieten auch gelegentlich Schätze, aber mehr noch geben sie Auskunft darüber, wie unsere Vorfahren gelebt haben.

Das größte Gemälde des französischen Malers Paul Gauguin bekam 1898 den Titel »Woher kommen wir? Wer sind wir? Wohin gehen wir?« Ersetzt man die letzte Frage durch »Wer sind wir gewesen?«, so hat man fast das Programm moderner Archäologie. Längst betreibt sie nicht mehr Schatzsuche auf höherer Ebene, sondern versucht, unsere Herkunft zu erhellen und die Entwicklung von Sozialstrukturen zu interpretieren. Dafür gibt es zum Beispiel die »Siedlungsarchäologie«, die heute Kleinräume in ihrer Gesamtheit archäologisch untersucht und daraus Aufschlüsse für das Entstehen menschlicher Gemeinschaften gewinnt. Dazu reicht weder die Arbeit mit dem Spaten noch das Wissen der Archäologen allein. An einer Fundstelle arbeiten heute Wissenschaftler verschiedener Disziplinen: Archäologen, Anthropologen, Zoologen, Geologen, Botaniker, Chemiker, Physiker, Dendrochronologen, Mediziner, Experten für Leder-, Holz- und Textilverarbeitung. Metallurgen. Und nicht nur unter der Erde wird geforscht, sondern auch unter Wasser und in der Luft. Archäologie ist heute Teamarbeit in weitestem Sinne und auf Teamarbeit wahrscheinlich stärker angewiesen als jede andere Wissenschaft.

Wollte man erzählen und beschreiben, was alles in den letzten dreißig Jahren auf westdeutschem Boden entdeckt, ausgegraben, beschrieben und analysiert worden ist, so bedürfte es dazu mehrerer Bände. Dieses Buch beschränkt sich auf wenige, allerdings durchweg exemplarische Fälle, die zugleich stellvertretend sein können für mehrere historische Epochen, von der ausgehenden Eiszeit bis ins Mittelalter. Das ist ein Zeitraum von mehr als zehntausend Jahren, also mehr als nur jene dreitausend Jahre, von denen Goethe meinte, über sie müsse sich der Mensch »Rechenschaft« geben können.

Fast unbemerkt von der Öffentlichkeit, die für gewöhnlich nur spektakuläre Funde zur Kenntnis nimmt, hat die immense Arbeit der deutschen Archäologen in den letzten dreißig Jahren dazu geführt, daß wir heute ein viel genaueres Bild unserer Vergangenheit – von der Urgeschichte bis zum hohen Mittelalter – gewonnen haben, das in wesentlichen Zügen vom überlieferten Befund abweicht. Gewandelt hat sich dabei auch die Arbeitsweise der Archäologen, denen es nicht mehr um die Schönheit des Einzelfunds geht, sondern um die strukturelle Untersuchung gewachsener Kulturen, und die dabei »aus dem Abfall, den der Mensch hinterließ, die Geschichte von des Menschen Alltäglichkeit schrieben« (Hugo Borger).

Und sollte dieses Buch einer Widmung bedürfen, so sei es jenen Wissenschaftlern gewidmet, die es verstanden haben, aus Zeiten und Funden, als schriftliche Überlieferung entweder gar nicht existierte oder fehlte, dieses vermocht zu haben: Asche und Knochen, Scherben und Steine, Pflanzen und Hölzer zum Sprechen zu bringen.

Methoden und Techniken

Wenn von Archäologie die Rede ist, denkt der Laie an Spatenarbeit. Er sieht Wissenschaftler und Arbeiter graben, und unter den Spatenstichen kommen ganze Städte ans Licht (wie etwa Pompeji) mit Wandmalereien, Mosaiken und Skulpturen, oder sie stoßen auf die Tür einer Grabkammer und finden einen Pharaonenschatz. Heinrich Schliemanns Schilderung vom Fund troischer Goldschätze sowie Howard Carters spannender Bericht von der Öffnung des Tut-anch-Amun-Grabes 1923 sind vielen im Gedächtnis. Solche aufsehenerregenden Funde gibt es auch noch heute, zu ihnen zählt etwa die erst vor wenigen Jahren entdeckte und bis heute noch nicht ganz freigelegte Römervilla von Oplontis in der Nähe von Neapel, eine nur wenig beschädigte riesige Anlage aus Neronischer Zeit, versiegelt von der Asche des Vesuv im Jahre 79 n. Chr.

Aber solche Entdeckungen sind Ausnahmen, nur verleiten sie gern dazu, Archäologie für eine Art moderner wissenschaftlicher Schatzgräberei zu halten. Archäologie aber forscht nicht nach Schätzen – jedenfalls nicht nach solchen aus Edelmetallen und Edelsteinen –, werden aber solche gefunden, interessiert den Wissenschaftler die Schönheit und Kostbarkeit an letzter Stelle. Ein moderner Grabungsplatz hat auch nicht die Atmosphäre von Schatzsucherei, sondern vermittelt eher den Eindruck nüchterner Vermessungstechnik. Geradezu ratlos aber macht es den nicht Vorgebildeten, wenn er selbst nur ein Loch im Boden sieht, Archäologen ihm aber erklären, hier habe vor 12 000 Jahren ein Haus gestanden, umgeben von Kiefernwald, dessen Bewohner in fellausgekleideten Gruben Fleisch von Wildpferden gekocht hätten, und zwar im September, und Handelsbeziehungen zu Gegenden unterhielten, die Tausende von Kilometern weit entfernt liegen – er selbst aber sieht nur Erde.

Oder aber ihm werden Angaben über die Anzahl und Größe von Schlafräumen in einem Römerkastell gemacht – aber wo sind hier Ruinen, wo wenigstens Fundamente? –, er hört von der Ernährung der Legionäre, die am Rande des Kastells Korn und Gemüse anbauten und im zweiten Jahrhundert n. Chr. einmal recht übel von Darmparasiten geplagt waren, aber rechts und links sieht er statt Korn- und Gemüsefeldern nur Industrieanlagen – und Wurmbefall? Es gibt weder Leichenreste noch Knochenfunde.

Wie ist es möglich, Aussagen über Menschen und ihre Lebensgewohnheiten zu machen, wenn man das, was Archäologen wie selbstverständlich behaupten, nirgends sehen kann? Wie ist es möglich, Altersbestimmungen vorzunehmen, wenn schriftliche Zeugnisse nicht vorliegen? Und wie ist es möglich, auf einem Gelände, wo nicht ein Spatenstich getan wurde, präzis zu bestimmen, was sich unter der Erde befindet?

Dies alles ist möglich, weil sich die Archäologie längst nicht mehr auf die Ergebnisse des Spatens stützt, sondern weil sich ihre Arbeit und ihre Ergebnisse auf die Erkenntnisse vieler wissenschaftlicher Disziplinen beruft, mit denen sie eng zusammenarbeitet und die ihr eine Genauigkeit der Aussage ermöglichen, von der man vor hundert Jahren noch nicht einmal hätte träumen können.

Bleiben wir zunächst bei der Spatenarbeit. Aber ehe der Spaten angesetzt werden kann, muß erst einmal der Fundplatz bekannt sein. Er kann durch Zufall entdeckt werden, entweder durch moderne Bautätigkeit oder durch eine auffällige Bodenverformung, etwa einen Hügel, der ein Grabhügel sein könnte. Außerdem kann der Fundplatz durch Luftaufnahmen erkannt worden sein.

Seit es den Motorflug gibt, hat er auch der Archäologie gedient. Schon 1906 unternahmen britische Archäologen Flüge über das Gelände von Stonehenge, um aus der Luft eine bessere Übersicht über die Anlage dieser neolithischen (jungsteinzeitlichen) Kultstätte zu gewinnen. In den seither vergangenen Jahrzehnten hat die Luftbildarchäologie (entwickelt erst in den zwanziger Jahren, vor allem durch englische Flieger) nicht nur beträchtliche Fortschritte gemacht, sie ist auch zu einem unerläßlichen Instrument für die kartographische Aufnahme archäologischer Fundstätten geworden. In der Bundesrepublik wird seit 1959 das Rheinland systematisch aus der Luft zu diesem Zweck fotografiert; 30000 DM gibt das Land Nordrhein-Westfalen jährlich dafür aus. Dabei geht es nicht um archäologische Reste *über* dem Boden, sondern unter ihm, die überhaupt nur aus der Luft wahrgenommen werden können.

Überfliegt man nämlich die Landschaft in einer Höhe von etwa 300 Metern, so zeichnen sich deutlich Grundrisse und Vertiefungen von Menschenhand unter der Erdoberfläche ab. Über den Grundmauerresten sind Getreidehalme nämlich kürzer und färben sich eher gelb, während über allen Vertiefungen (im Laufe der Zeit zugewachsene Gräben z. B.) die Halme höher stehen. Die aus der Luft deutlich erkennbaren Formen – deutlich erkennbar aber nur zu bestimmter Jahreszeit an wenigen Tagen und bei bestimmtem Lichteinfall, wobei auch der Neigungswinkel des Flugzeuges eine Rolle spielt – sagen dem Archäologen sofort, ob es sich hier etwa um ein steinzeitliches Gräberfeld, eine römische Villa, ein römisches Militärlager oder ein fränkisches Gehöft handelt. Auf einer mitgeführten Karte wird jeder neuentdeckte Fund exakt eingetragen und seine Eigenart bezeichnet. Nach Auswertung der Fotos wird dann entschieden, ob eine Grabung vorgenommen werden soll. Die exakte kartographische Markierung ist schon darum notwendig, weil an Ort und Stelle, also am Boden, das aus der Luft ausgemachte Objekt nicht mehr zu erkennen ist – auch wenn man unmittelbar vor ihm stünde. Etwa dreitausend archäologische Fundstellen konnten allein durch die Luftbildfotografie bisher im Rheinland ermittelt werden.

Dennoch ist dieses Verfahren nur bedingt anwendbar. Sichtbar sind nur Anlagen, die nicht tiefer als einen halben Meter unter der Erdoberfläche liegen, wobei ein leichter Boden Voraussetzung ist. Als vor kurzem ein Römerlager in der Nähe Paderborns ausgemacht wurde, konnten Luftbilder den Archäologen nicht weiterhelfen. Der schwere Ackerboden ließ die Konturen nicht erkennen. Aber nicht nur die Bodenbeschaffenheit kann hemmend wirken, auch die Bebauung; Gras oder Getreide lassen Grundrisse leichter durchscheinen als etwa Rübenanbau. Auch der Lichteinfall spielt mit: Nur bei einem günstigen Neigungswinkel werden Konturen sichtbar, und schließlich ist, weil die Höhe des Bewuchses ausschlaggebend ist, die Luftbildaufnahme nur in wenigen Monaten des Jahres überhaupt möglich.

Ist aber die Erforschung mittels Luftbild nicht möglich oder sind nähere Auskünfte nach der Luftbildortung erwünscht, ohne gleich den Spaten anzusetzen, läßt sich ein Verfahren anwenden, das man als Protonenresonanzmethode oder magnetometrische Prospektion bezeichnet. Durch Bauten und die mit ihnen verbundenen Ausschachtungen entstehen nämlich meßbare Anomalien des Magnetfeldes im Boden. Denn in jedem Boden ist Eisenoxyd. Wird etwa eine zu bebauende Fläche niedergebrannt, so entsteht durch den Sauerstoffentzug in den vorhandenen Eisenoxyden eine Vermehrung der bereits vorhandenen magnetischen Stoffe. Allerdings sprechen die zum Bauen verwendeten Gesteinsarten verschieden an: Während Ziegelmauern und vulkanisches (also erhitztes) Gestein magnetisch reagiert, ist dies zum Beispiel beim Sandstein nicht der Fall. Meßbar sind aber entsteinte Fundamentgruben, weil sie mit Oberflächenmaterial aufgefüllt wurden. Wo immer der Mensch den natürlichen Boden durch seine Eingriffe verändert, hinterläßt er Spuren, die vielfach über Jahrtausende hin nachweisbar sind.

Gemessen wird mit einem Magnetometer, das mit einer Bodensonde gekoppelt ist. Bei diesem Verfahren sind innerhalb von fünf Tagen etwa 20 000 Einzelmessungen möglich, die von einem Computer gespeichert und zusammengesetzt werden. Der Computer registriert nicht nur alle magnetischen Anomalien, die Art seiner mathematischen Vorgänge läßt auch die Unterscheidung von archäologischen Resten von Zufallsfunden – Schrottresten etwa – zu.

Dieses Verfahren hat zwei wesentliche Vorteile. Die geoelektrische Widerstandsmessung liefert ein so genaues Bild, daß daraufhin schon entschieden werden kann, ob eine Ausgrabung überhaupt lohnt. Das bedeutet eine beträchtliche Kostenersparnis, doch nicht nur das: »Auch jede wissenschaftliche Ausgrabung ist eine Zerstörung«, sagt Irwin Scollar, Leiter des Labors für Feldarchäologie des Rheinischen Landesmuseums in Bonn. Scollar, der die Meinung vertritt, die Objekte seien unter dem Boden überhaupt am besten aufgehoben, vergleicht jede Ausgrabung mit dem nach Möglichkeit zu vermeidenden Eingriff des Chirurgen. Was nicht ausgegraben wird, muß auch nicht ständig konserviert werden, ist nicht schädlichen Umwelteinflüssen ausgesetzt und kann nicht beraubt werden. Aus diesem Grunde ist man auch mit dem Publizieren der Luftaufnahmen zurückhaltend, man will die verheerend wirkenden Hobby-Archäologen nicht noch unnötig auf neue Funde aufmerksam machen.

Scollars Labor arbeitet seit Jahren an einem aufwendigen Unternehmen, das, einmal fertiggestellt, der deutschen Archäologie unschätzbare Dienste erweisen wird. Ähnlich wie bei den Mond- und Marsfotos der NASA werden auch hier in einem Spezialcomputer alle Luftbildaufnahmen in Form elektrischer Impulse gespeichert und durch den Computer in eine Karte umgesetzt. Auf diese Weise wird einmal eine Karte entstehen, die künftigen Planungen im Haus- und Straßenbau zugute kommt. Statt unsinniger Zerstörungen wird künftig eine sinnvolle Koordination von Planungsämtern und Archäologen möglich sein. Bis es allerdings soweit ist, wird noch einige Zeit verstreichen. Allein für die Ausarbeitung der Computerprogramme werden noch einige Jahre gebraucht. Der Computer – es ist übrigens der erste in der Welt, der jetzt in Bonn für die Archäologie arbeitet – wird auch alle Typen und Formen dieser Bodenfunde registrieren, auswerten und untereinander vergleichen. Der subjektive Vergleich des einzelnen Archäologen wird abgelöst durch statistisch erfaßbare Daten, was eine rasche Registrierung ermöglicht und den bisherigen immensen Zeit- und Arbeitsaufwand auf ein Minimum reduziert. Natürlich wird durch dieses Verfahren die Ausgrabung selbst nicht überflüssig gemacht, aber sie kann dann gezielter und damit auch rationeller vorgenommen werden. Fundplätze und ihre Lage müssen nicht erst umständlich ergraben werden, Grundrisse von Gebäuden sind in ihrer Ausdehnung und in ihren Flächenmaßen bekannt.

Doch so arbeitsersparend Luftbildfotografie und magnetometrische Prospektion auch sind: Das klassische Werkzeug des Archäologen wird auch weiterhin der Spaten bleiben. Warum das so ist, wird sofort deutlich, wenn man sich den Arbeitsablauf einer Grabung verdeutlicht.

Wie schon dargelegt, läßt die Bodenbeschaffenheit nicht immer eine exakte Ortung aus der Luft zu. Um die Fundstelle zu lokalisieren, müssen Probeschnitte ins Erdreich gelegt werden, die über die Bodenschichten Auskunft geben, müssen Suchgräben durch das Gelände gezogen werden, um Fundamentreste zu orten. Bei ihrer Anlage wird meist der Zwischenraum von einem Raster- oder Feldersystem durchzogen: Ausgrabungsfelder in einer Größe von gewöhnlich 3 × 3 Metern mit Zwischenstegen von etwa einem Meter Breite werden über das Gelände gelegt. Auf diese Weise läßt sich die Schichtenstruktur des Bodens und ihr Verlauf deutlich erkennen, ohne daß die gesamte Fläche freigelegt wird. Der Schichtenbefund selbst läßt dann eine genauere Lokalisierung des Auszugrabenden zu.

Dieser Schichtenbefund nun – Stratigraphie genannt – ist von größter Wichtigkeit. Wo es der Befund erfordert, wird der Schnitt durchgezogen bis auf den gewachsenen Boden. Dieses so entstandene Erdprofil läßt nicht nur Art und Umfang der Bodenablagerungen erkennen, es gibt auch eine wichtige Aussage über die in den jeweiligen Schichten befindlichen Funde. Diese Schichten bedeuten etwa normale Bodenablagerungen, aber auch Eingriffe durch den Menschen: Aschenreste, künstliche Aufschüttungen, Fundamentgräben, spätere Verfüllungen von Gräben, Abfälle. Auch der natürliche Prozeß hinterläßt Spuren durch Erdbeben, vulkanische Ablagerungen, Wassereinbrüche, Baumwurzeln oder die Wühlarbeit von Tieren. Auch geben die Schichten Auskunft, ob der gewachsene Boden in früherer Zeit schon einmal durch den Menschen gestört wurde, etwa durch Grabräuber oder den Abbau von Steinfundamenten zu Bauzwecken.

Geht man vom archäologischen Fundbestand aus, so zeigt die Stratigraphie einen relativ chronologischen Ablauf. Über einem Siedlungsplatz etwa können im Laufe von Jahrhunderten immer wieder neue Siedlungen errichtet worden sein, deren jeweiliges Alter durch Knochenreste, Tonscherben, Hölzer, Metallstücke, Münzen usw. bestimmbar wird. Allein die Lage – in welcher Schicht befindet sich was? – kann Aussagen liefern, die für die Wissenschaft wichtiger sein können als das kostbarste

Schmuckstück, da bei jeder Grabung ein jedes zunächst noch so belanglos erscheinende Detail im Grabungstagebuch registriert, fotografiert und gezeichnet wird und natürlich auch kartographiert. Denn auch die Art, wie Funde zueinander liegen oder in welchem Abstand voneinander, liefert Erkenntnisse.

Aus diesem Grund sind auch Raubgräber und gutmeinende Hobby-Archäologen der Schrecken der Wissenschaftler. Daß eine Urne oder ein Schmuckstück gestohlen wird, ist der geringste Verlust. Die unwissenschaftlich vorgenommene Grabung zerstört auf immer den Schichtbefund, das allein macht sie so verheerend. An vielen Fundstellen sind aufgrund der Bodenbeschaffenheit Skelette oder Holzreste völlig zerlöst, nachweisbar aber an der Bodenverfärbung. Der Hobby-Archäologe nimmt sie nicht wahr oder mißt ihr keine Bedeutung zu, aber gerade diese dem Laien so unbedeutende Verfärbung gibt Auskunft über Grundrisse oder Bestattungsart. Das unsachgemäße Ausräumen einer Grabstelle verhindert Aussagen über den Bestattungsritus, das Alter des Toten und die Art der Grabbeigaben. Was erhalten gebliebene Gräber über eine Kultur aussagen können, wird in einem späteren Kapitel noch ausführlicher beschrieben werden.

Bei der Bergung archäologischer Funde, bei der nicht nur die Lage der einzelnen Stücke, sondern auch ihre mögliche Brüchigkeit bedacht werden muß, wird die zu untersuchende Masse in Gips eingegossen, mit einer Platte unterfangen und vorsichtig von der Fundstelle abgehoben. Was für den Laien nur ein wertloser Schmutzklumpen zu sein scheint, wird anschließend in eine Restaurierungswerkstatt gebracht und dort geröntgt. Hierbei zeigt sich, daß Metallteile – Waffen, Schließen, Beschläge usw. – oft dermaßen verrostet sind, daß sie nur mit äußerster Behutsamkeit (und nur in Kenntnis ihrer exakten Lage) herausgelöst werden können; vor allem aber: Die Röntgenaufnahme macht Konturen und Feinarbeiten im Metall – dem bloßen Auge durch den Grad der Verrostung kaum noch erkenntlich – deutlich sichtbar, und sowohl die Schmiedetechnik wie die Ornamentierung liefern Hinweise auf Alter und Herkunft.

Während nun vorhandene Gegenstände vorsichtig aus der sie umgebenden Erde herausgelöst werden, um den Restaurierungsprozeß zu durchlaufen, werden die verbliebenen Reste analysiert. Oft befinden sich in der Erde, die den Fund umgab, Reste von Pflanzen, Samen, Körnern, Pollen, Holz, Knochen, Textilien oder Asche; sie alle sind eine eingehende Analyse wert, wovon gleich noch zu reden sein wird.

Sind alle Fundstücke herausgelöst und bestimmt, so beginnt die Konservierung und Restaurierung des einzelnen Objekts. Diese Arbeit verlangt ein großes Maß an handwerklicher Geschicklichkeit und Sensibilität, wenn es etwa gilt, ein zerbrochenes Glasgefäß aus Hunderten von kleinen und dünnwandigen Scherben wieder zusammenzufügen (Lehrlinge in diesem Beruf erlernen das an zertrümmerten Glühbirnen) oder einen Schuppenpanzer aus Tausenden von Einzelplättchen so wiederherzustellen, wie ihn sein Besitzer einst getragen hat, wobei jede Metallschuppe einzeln gegen den fortschreitenden Rostfraß behandelt werden muß. Da das Leder, das die Schuppen zusammenhielt, meist restlos verrottet ist, kann nur die unberührte Lage des Fundes darüber Aufschluß geben, welches Teil an welchen Ort gehört. Passiert es dann aber – wie vor wenigen Jahren einmal geschehen –, daß einem Restaurator die ganze Fundkiste aus der Hand rutscht, dann bleibt nur ein Chaos von verrosteten Partikelchen, und die Urgestalt ist unwiederbringlich dahin, zumal es in diesem speziellen Unglücksfall keinen Parallelfund gab, den man als Modell zur Wiederherstellung hätte nutzen können.

Nicht wieder rekonstruierbar ist auch ein einmal zerstörtes Mosaik, selbst wenn nicht ein einziges Steinchen fehlte; ihre Beschaffenheit läßt keine Zusammensetzung nach Art eines Puzzles zu. Eher möglich ist die Wiederherstellung einer Wandmalerei: So fand man bei Grabungen im Trierer Dom im Winter 1945/46 eine ganze Schicht farbig bemalten Putzes, zerfallen in Tausend Stücke von der Größe eines Handtellers bis zur Winzigkeit eines Tellers. Hier gelang das fast Unvorstellbare: Die Stücke ließen sich in unendlicher Kleinarbeit zusammensetzen und ergaben die bemalte Kassettendecke eines Prunksaals Konstantinischer Zeit von künstlerischer Qualität, wie sie aus dieser Zeit nördlich der Alpen in den letzten Jahrzehnten nicht beispiellos ist.

Eine der größten Restaurierungswerkstätten für Archäologie

in der Bundesrepublik Deutschland unterhält das Römisch-Germanische Zentralmuseum in Mainz, eine Werkstatt von internationalem Ruf. Hier arbeiten fünfzehn Wissenschaftler (darunter Mineralogen, Botaniker, Chemiker) und zwölf Restauratoren, und hier wird auch Nachwuchs ausgebildet, darunter auch Ausländer, übrigens bisher die einzige Ausbildungsstätte dieser Art auf deutschem Boden. Die Zusammenarbeit aller Disziplinen, längst ein Charakteristikum der neuen Archäologie, ist auch hier eine Selbstverständlichkeit. Das Mainzer Institut genießt einen so vorzüglichen Ruf, daß allein ein Drittel der Arbeitszeit von Aufträgen aus dem Ausland beansprucht wird. Mainz stellt zugleich Kopien wichtiger, hier restaurierter Funde her, und wenn, wie 1975 auf Zypern geschehen, ein ganzer Goldschatz in den politischen Wirren spurlos verschwindet, so gibt es in Mainz wenigstens noch eine exakte Nachbildung, die der Laie vom Original nicht zu unterscheiden vermag.

Hier werden auch Materialbestimmungen mit der Röntgenfluoreszenz-Analyse durchgeführt. Mit dieser Methode (die vom Gegenstand abstrahlenden Röntgenstrahlen werden von einem Spektrometer aufgefangen und nach den chemischen Elementen analysiert) lassen sich z. B. Metalle und Legierungen bestimmen, ohne das Objekt selbst anzugreifen und dabei vielleicht zu zerstören. Die Art der Metallzusammensetzung kann wichtige Aufschlüsse geben über die Art der Technologie, was wiederum für eine Datierung erforderlich ist. Genausogut kann sie aber auch Fälschungen entlarven.

Dabei ist die Röntgenfluoreszenz-Analyse (oder -Spektrometrie) nur eine von derzeit neun verwendeten analytischen Verfahren, die Aufschlüsse geben über das verwendete Material, seine Fertigungstechnik, über Herkunft und Alter, anwendbar bei Metallgegenständen, Keramiken, Glas und Glasuren. Da dieses Kapitel nur einen summarischen Überblick über die Verfahrenstechniken geben kann, ist die eingehende Schilderung ihrer Methode und Anwendbarkeit hier nicht möglich.

Im Landesmuseum Zürich ist man spezialisiert auf die besonders schwierige Konservierung von Textilien und Naßhölzern, d. h. aus dem Wasser geborgenem Holz.

Prähistorische Hölzer werden gerade im Seengebiet um Zürich oft gefunden, das erklärt die Spezialisierung. Kommen sie aus dem Wasser, erinnert die Konsistenz eher an einen Schwamm, und der Luft ausgesetzt würden sie sich ohne konservierende Behandlung rasch auflösen. Und eben das war die Crux älterer Archäologengenerationen: Der Fund zerging ihnen oft genug buchstäblich unter den Händen, weil kein Verfahren zu seiner Erhaltung bekannt war.

In Zürich werden zwei Verfahren angewendet, um nicht nur das Holz als Substanz zu erhalten, sondern auch seine ursprüngliche Form zu bewahren, die durch den Schrumpfungsprozeß infolge des Trocknens verlorengehen würde, was noch vor wenigen Jahrzehnten gar nicht zu verhindern war. Denn auch wenn es gelang, die Holzsubstanz selbst überhaupt zu erhalten, so schrumpfte sie zu unansehnlichen Resten zusammen.

Beim ersten Verfahren kommt das Holz – nach einem Bleichbad – so lange in ein Alkoholbad, bis ihm alles Wasser entzogen ist und nur noch reiner Alkohol zurückbleibt, anschließend in ein Ätherbad. Dann wird das Holz mit einem Harz behandelt, das die Zellwände härtet. Außen wird Wachs aufgetragen und mit Infrarot eingeschmolzen, wobei das Wachs zwei bis drei Millimeter tief eindringt und so die Oberfläche schützt. Diese zwischen 1950 und 1954 in Dänemark entwickelte Methode hat aber Nachteile. Zum einen beseitigt sie das in prähistorischer Zeit zum Verfugen benutzte Birkenharzpech, zum anderen birgt die Verwendung von Alkohol und Äther eine höchst brisante Explosionsgefahr.

In Zürich hat man daher ein eigenes Verfahren entwickelt, das man der Lebensmittelkonservierung abgeschaut hat: die Gefriertrocknung. Nach vorsichtiger Reinigung legt man das Holz in eine Gefriertruhe bei minus 30 Grad und gibt dann das tiefgefrorene Stück in einen Vakuumschrank. Dort wird die Luft abgesaugt, wobei das Eis gasförmig wird; das Holz kann also nicht einschrumpfen. Anschließend erfolgt die Härtung mit Kunstharz. Eine Oberflächenbehandlung mit Wachs findet nicht statt. Dieses 1966 entwickelte Verfahren ist billiger und schont auch das Birkenharzpech.

Bei der Konservierung von Textilien kommt ohnehin nur das

zweite Verfahren in Betracht, weil der Wechsel vom Alkohol- zum Ätherbad die Gewebestruktur zerstören würde. Problematisch ist immer noch die Behandlung von Knochen und Hirschhorn, da Knochen in der letzten Phase der Trocknung oft reißen. Hier wird zur Zeit noch nach einem befriedigenden Konservierungsverfahren gesucht.

So kostbar und erhaltenswert auch das einzelne Objekt ist: Mehr noch interessieren heute den Archäologen diejenigen Details eines Fundes, die ihm zu einem genaueren Bild der Vergangenheit verhelfen können. Jede Keramik, jedes Glas, jede Metallarbeit, jedes Textil gibt der Analyse Auskunft über den technischen Stand der Epoche, der es entstammt. Die Archäologie aber will mehr wissen: Wie haben die Menschen damals gelebt, wovon haben sie sich ernährt, was haben sie angebaut, wie war ihr Gesundheitszustand, womit und mit wem haben sie Handel getrieben, wie war ihre Sozialstruktur beschaffen, wie ihre Religion und ihr Brauchtum?

Einige dieser Fragen beantwortet die Analyse von Pflanzenresten, Samen, Körnern und Pollen, die fast immer Bestandteil eines Fundes sind. Sie geben dem Botaniker Auskunft über die Jahreszeit, Klimaschwankungen, über den Anbau und die Kultivierung von Nutzpflanzen und die mit ihnen verbundenen Unkräuter. Deren Reaktionen auf die Bodenbeschaffenheit läßt genaue Rückschlüsse zu über die Art des Ackers, dessen Wasserverhältnisse und seine Lage. Daraus wiederum ergeben sich wichtige Aufschlüsse über die Infrastruktur der jeweiligen Gesellschaft, von der als Gesellschaft überhaupt erst gesprochen werden kann, seit der Mensch zum Ackerbau überging, seßhaft wurde und Siedlungen anlegte.

Solche präzisen Nachweise sind möglich, wenn Pflanzenreste luftdicht abgeschlossen überdauerten (z. B. im Wasser, unter einer Schlammschicht) oder verkohlten. Befinden sie sich in Kotresten oder an Feuerungsstätten, so ist der Beweis eindeutig, daß sie dem menschlichen Verzehr gedient haben. Pflanzenkörner findet man aber auch in Keramiken, sei's daß sie durch Zufall in den Ton gerieten oder ihm bewußt untergemischt wurden: Ton ist für gewöhnlich zu weich; um ihn – vor allem bei der Gefäßherstellung – stabiler zu machen, werden ihm andere Stoffe beigemischt, so etwa Sand oder Häcksel, was man als »Magerung« bezeichnet. In einen so gemagerten Ton können natürlich sehr leicht Pflanzenkörner – vor allem von Getreide – geraten. Beim Brennvorgang wurde zwar das Korn selbst verbrannt, hinterließ aber seinen Abdruck in der Scherbe. Nimmt man nun einen Latexabdruck der Hohlform vor, so gewinnt man das ursprüngliche Aussehen zurück. Auch auf diese Weise ist der Nachweis von Ackerbau möglich, ja im August 1975 konnte erstmals mit diesem Verfahren nachgewiesen werden, daß schon um 3500 v. Chr. in Norddeutschland systematisch Land bestellt wurde, das sind fünfhundert Jahre früher als bisher angenommen.

Die Paläoethnobotanik – sie erforscht die Geschichte der menschlichen Gesellschaft durch Untersuchung pflanzlicher Reste im Boden – ist noch eine junge Wissenschaft; sie wird erst seit etwas über einem Jahrzehnt unter diesem Namen praktiziert, hat aber unsere Kenntnis vom Aussehen der alten Epochen entscheidend gefördert und bereichert.

Vom frühen Neolithikum (Jungsteinzeit) bis zum Mittelalter kennen wir schon jetzt ziemlich genau die mitteleuropäischen Kulturpflanzen, und nicht nur das: Als in Neuß ein römisches Lager freigelegt wurde, ließen sich erstmals römische Importe vom Mutterland in die germanischen Provinzen nachweisen: Feigen, Kichererbsen, Oliven und Reis. Die Entdeckung von Reis kam einer kleinen Sensation nahe, denn im ganzen Mittelmeerraum wurde damals noch kein Reis angebaut (das begann erst im Mittelalter); die Römer hatten ihn aus Indien eingeführt, und der Fund in Neuß ist bisher nicht nur der einzige Nachweis für Reisimport in Europa, sondern auch ein Beleg für die bis nach China reichenden Handelsbeziehungen des römischen Imperiums.

Pflanzenanalysen von Abfallgruben und Kloaken des Mittelalters zeigen, daß die Getreidefelder jener Zeit unverhältnismäßig stark verunkrautet waren. So ließ sich ein gefährlich hoher Prozentsatz von Samen der Kornrade (ein früher stark verbreitetes Getreideunkraut) nachweisen, die gefährliche Nervengifte enthalten, die schon in geringer Beimengung zu Vergiftungen mit sehr unterschiedlichen Symptomen führen – Übelkeit, Husten, Schwindelgefühl, Krämpfe, Kreislaufstörungen, Atemlähmung –, ohne daß die Ursache im Mittelalter erkannt worden wäre und vielleicht für Verhexung gehalten wurde. (Im ganzen Ausmaß wurde die Gefährlichkeit des Kornradensamens erst in unserem Jahrhundert nachgewiesen.)

Wie die Ackerbaukultur und mit ihr die Kulturlandschaft sich entwickelt hat, ließ sich erst über die neugewonnenen Erkenntnisse der Paläoethnobotanik erschließen, und wenngleich noch große Wissenslücken bestehen, so für die Bronzezeit (2000 bis 1000 v. Chr.) und die fränkische Zeit (300 bis 800 n. Chr.), so ist doch schon jetzt eine Rekonstruktion der Vegetationsgeschichte möglich, wie sie noch vor wenigen Jahrzehnten in dieser erstaunlichen Detailliertheit kaum vorstellbar war, und mit jedem neuen archäologischen Fund wird dieses gewonnene Bild ergänzt und vertieft.

Hinzu kommt die schon vor über fünfzig Jahren in Schweden entwickelte Pollenanalyse. Die Zellwand der Pollen besteht aus einer Substanz (Sporopollenin), deren chemische Zusammensetzung bis heute noch nicht bekannt ist, die aber unter günstigen Bedingungen – vor allem im Torf der Moore – über Jahrmillionen erhalten bleibt. Anhand des Pollenvorkommens (jede Pflanzengattung hat ihre eigene Pollenform) und seiner prozentualen Verteilung läßt sich die Vegetation vergangener Epochen erschließen, besonders ihr Waldbestand. Aus dem Vorkommen einzelner Baumarten, die ja an bestimmte klimatische Voraussetzungen gebunden sind, kann man nicht nur sagen, wo und wann besonders wärmebedürftige oder kälteempfindliche Pflanzen wuchsen, sondern auch, mit welchen Klimaschwankungen die Menschen früherer Zeiten fertig werden mußten und wie sich das auf ihre Umwelt auswirkte.

So war die Tundren-Landschaft der Späteiszeit baumlos; mit zunehmender Erwärmung erschienen Birken (Vorwärmezeit), Kiefer und Hasel (frühe Wärmezeit) und noch später der aus Eiche, Ulme, Linde, Esche und Ahorn gebildete Mischwald, nämlich zur Zeit der späten Mittelsteinzeit (Mesolithikum). In der zweiten Hälfte des 1. Jahrhunderts v. Chr. (Eisenzeit) tritt eine deutliche Klimaverschlechterung ein, die in der Vegetation ablesbar ist. Aus diesen Veränderungen ist eine Zeitbestimmung archäologischer Funde aufgrund des Pollenvorkommens in der Fundschicht möglich, wenn auch eine mit erheblicher Bandbreite, die nicht an die relative Genauigkeit der C-14-Methode heranreicht, aber ein wichtiges Mittel ist, die vorgeschichtlichen Umweltbedingungen zu erhellen.

Die C-14-Methode, die zwischen 1945 und 1949 in den USA entwickelt wurde, hat die archäologische Datierung beträchtlich vorangebracht. Sie beruht auf der Ermittlung des radioaktiven Kohlenstoffgehalts, der sich in allen organischen Stoffen nachweisen läßt, der aus dem gasförmigen Kohlendioxyd der Luft stammt und durch radioaktiven Zerfall abgebaut wird. Bei diesem Zerfall geht man von einer etwa 5700 Jahre dauernden »Halbwertzeit« aus, nach deren Ablauf ziemlich genau die Hälfte des ursprünglichen Radiokohlenstoffs (C 14) verschwunden ist. Nach zwei Halbwertzeiten existiert noch ein Viertel usw. Enthält also ein archäologischer Fund nur noch die Hälfte C 14 von vergleichbarem Material der Gegenwart, so kann er auf ein Alter von ungefähr 5700 Jahren (eine Halbwertzeit) datiert werden.

Mit diesem Verfahren – auch Radiokarbondatierung genannt – kann man schon heute in der Datierung ohne besonderen Aufwand bis 40000 v. Chr. zurückgehen. Seit ihrer Entdeckung ist die C-14-Methode imnmer weiter verfeinert worden; sie hat jetzt schon einen Annäherungswert von ± 30 Jahren und kann auch gleichsam »geeicht« werden, nimmt man ein weiteres Datierungsverfahren hinzu: Die Dendrochronologie, auch Jahresringdatierung genannt.

Entdeckt wurde sie 1901 von dem amerikanischen Astronomen A. E. Douglass, der in der Bildung von Baumjahresringen einen Zusammenhang mit Sonnenfleckenperioden vermutete; das Resultat seiner Forschungen, die er dann in den zwanziger Jahren erstmals auf archäologische Funde anwandte, war die von ihm so benannte *Dendrochronology*.

Jahresringe machen ja nicht nur das Alter eines Baumes durch einfaches Auszählen deutlich ablesbar, sondern zeigen in ihrer Ringbreite auch Klimaschwankungen an: In einem sehr feuchten Jahr bildet der Baum einen stärkeren Wachstumsring als in einem sehr trockenen. Vergleicht man nun die Jahresringbildung einer Baumart in einem Bereich einheitlichen Klimas, so ergibt sich eine Übereinstimmung. Ausgehend von dieser Beobachtung, wurden – entsprechend den von Douglass entwickelten Kalendarien für die USA – auch in Deutschland Baumchronologien ausgezeichnet, in denen die Jahresringbreite von Eichen auf Kurven übertragen wurden (nach Landschaften mit gleichen Klimabedingungen), von denen die Chronologie für das Weserbergland den bisher größten Zeitraum umfaßt, nämlich von 1970 bis zurück zum Jahr 1004 v. Chr. Ziel ist aber, zu Jahresringchronologien zu kommen, die bis 7000 v. Chr. zurückgehen. Unter allen Baumarten gilt dabei die besondere Aufmerksamkeit der Eiche, weil sie zu den Bäumen mit höchstem Alter zählt und wegen der Härte ihres Holzes besonders häufig verarbeitet wurde.

Bei einem undatierten Holzfund nun kann man den Verlauf der Jahresringbildung mit den bereits bekannten Kurven vergleichen, was heute ein Computer besorgt; sind beide deckungsgleich, dann ist die Datierung auf das Jahr genau möglich; man kann sogar feststellen, ob der Baum im Frühjahr oder im Herbst gefällt wurde, und nach der Struktur der Beilhiebe ermitteln, ob das Holz in frischem oder schon getrocknetem Zustand bearbeitet wurde.

Auf diese Weise lassen sich viele Funde erstmals exakt datieren. So konnte man für die Trierer Römerbrücke, von der man nur wußte, daß sie im ersten nachchristlichen Jahrhundert entstanden sein mußte, das Jahr 41 n. Chr. als Erbauungsjahr ermitteln. In der Datierung ähnlich umstritten war das Chorgestühl des Kölner Doms. Die Kunsthistoriker datierten »um 1350«, »um 1340«, »um oder nach 1322«, »vor 1322« und »um 1315«. Diese Divergenzen beseitigte erst die dendrochronologische Untersuchung: Sie ermittelte als Fällungsjahr 1308 und Vollendung des Gestühls 1311.

Wichtig ist für solche Datierungen allerdings, daß der jüngste Jahresring (die »Waldkante« des Baums) erhalten geblieben ist, um den Zeitpunkt der Fällung zu bestimmen. Ein bei Villingen (Schwarzwald) 1890 gefundenes hallstattzeitliches Fürstengrab unter einem Grabhügel, dessen Stützpfosten erhalten geblieben war, ließ sich dendrochronologisch erst jetzt genau datieren: Spätjahr 577 v. Chr. Selbst eine Beraubung dieses Grabhügels ließ sich aufs Jahr genau ermitteln: Die Grabräuber hatten nämlich zur Freude der Dendrochronologen drei bei ihrer Tätigkeit benutzte Spaten aus Tannenholz beim offenbar hastigen Aufbruch liegengelassen. Holzbefund: Alle drei Spaten waren aus derselben Tanne gefertigt, die 530 n. Chr. gefällt und deren Holz sofort verarbeitet worden war. Die Dendrochronologie* erlaubt, die Ergebnisse der C-14-Methode zu überprüfen (sofern größere Holzreste vorhanden sind mit deutlich ablesbarer Jahresringbildung) und deren Meßwerte zu korrigieren.

Im letzten Jahrzehnt sind weitere Datierungsverfahren entwickelt worden, die im Verein mit den hier beschriebenen zu noch größerer Verfeinerung bei der Altersbestimmung beitragen werden, für die aber bis heute noch nicht die Fülle der Meßwerte vorliegt wie für die schon länger angewendeten, so das Mitte der sechziger Jahre in den USA erarbeitete Thermolumineszenzverfahren für die Datierung von Keramik.

Bei diesem Verfahren werden Keramikfunde auf 500 Grad erhitzt und die dabei gespeicherte radioaktive Strahlungsenergie gemessen, die von den zur Magerung des Tons beigegebenen Substanzen ausgeht, denn die vielfach zur Magerung benutzten Mineralien Feldspat und Quarz enthalten Spuren von Uran, Thorium oder Kalium. Dieses noch junge und nicht sehr weit entwickelte Verfahren macht es möglich, Keramikfunde auf ± 300 Jahre genau zu datieren.

Wie die C-14- und Thermolumineszenzmethode beruht auch das Kalium-Argon-Verfahren auf der Messung von Radioaktivität. In vulkanischem Gestein zerfällt vom Augenblick seiner Entstehung an ein bestimmter Prozentsatz von Kaliumisotopen zu Argon. Je nach Kalium- oder Argonanteil läßt sich also die Gesteinsentstehung zurückberechnen; ein Verfahren, das – vor allem in unseren Breiten – selten angewendet werden kann, weil die Verbindung von archäologischen Funden in vulkanischem Gestein äußerst selten ist und entsprechend der vulkanischen Entwicklung Zeiträume betrifft, die über 100 000 Jahre zurückliegen.

---

* Nicht zur dendrochronologischen Datierung allgemein, wohl aber zu den bisher vorliegenden Ergebnissen bei Funden im Gebiet der Bundesrepublik hat jetzt – nach Abschluß dieses Manuskripts – ein Archäologe schwerwiegende Bedenken angemeldet: Dietwulf Baatz in einem Aufsatz in der »Germania« (s. Bibliographie), in dem das dendrochronologisch ermittelte Erbauungsdatum der Kölner Rheinbrücke (310 n. Chr.) mit guten Gründen angefochten wird.

Bei der archäomagnetischen Datierung geht man von der Erkenntnis aus, daß sich zum einen das Magnetfeld der Erde im Laufe der Geschichte mehrfach verändert hat und daß zum anderen die im Keramikton enthaltenen Eisenoxyde (aus der Magerung stammend) beim Brennprozeß sich wie eine Kompaßnadel nach dem Erdmagnetfeld ausrichten und diese Richtung auch nach dem Erkalten beibehalten. Nach diesem Phänomen lassen sich also die Brennvorgänge zeitlich einordnen, sofern man allerdings über die jeweilige Veränderung des Erdmagnetfeldes in den zeitlichen Abschnitten unterrichtet ist. Das scheint nur auf den ersten Blick nahezu utopisch zu sein, ist aber sehr wohl möglich, da die Verschiebungen des Magnetfeldes durch Funde ermittelt werden können, deren Datierung durch die C-14-Methode möglich ist. Da aber die Intensität des Magnetfelds in den verschiedenen geographischen Breiten schwankt, müßten also – entsprechend dem dendrochronologischen Kalendarium – alle Daten über die Veränderungen des Magnetfelds gesammelt und wie in einem Kalendarium angelegt werden, wozu es in England bereits Ansätze gibt. Da sich aber magnetische Werte oft verändern und meist nur für begrenzte Gebiete gelten, ist die archäomagnetische Datierung bislang noch recht ungenau.

Als weitere Datierungshilfe bietet sich der 1948 entwickelte FSU-Test an. Knochen nehmen nach langer Lagerung im Erdreich, sofern sie nicht zerfallen (einen für die Knochenkonservierung günstigen Boden natürlich vorausgesetzt), durch die Feuchtigkeit Fluor- und Uranspuren auf und bauen Stickstoff ab. Der Bestandteil von Fluor, Stickstoff und Uran (FSU) ist immer meßbar, wobei der Fluorgehalt mit zunehmendem Alter steigt; bei Funden aus dem Paläolithikum (Altsteinzeit) beträgt er etwa zwei Prozent. Eine selbständige und sichere Datierung kann der FSU-Test (noch) nicht liefern; seine Anwendung kann aber den Nachweis erbringen, ob Knochenreste, die bei einem Fund entdeckt werden, derselben Zeit entstammen oder – wie auch immer – diejenigen jüngeren Datums in weit ältere Fundschichten geraten sind.

Ein der Dendrochronologie ähnelndes Verfahren ist die zu Beginn unseres Jahrhunderts in Schweden entwickelte Varven-Chronologie. Beim Abschmelzen des Inlandeises in Norddeutschland und Skandinavien während der Altsteinzeit bildeten sich im Rhythmus der Jahreszeit Ablagerungen von Ton (Sedimente). Diese Sedimentschichten oder Bändertone (Varven) bildeten sich genauso rhythmisch wie die Jahresringe der Bäume, und sie reagierten auch ebenso auf klimatische Schwankungen: Ein heißer Sommer erhöhte die Schmelze und reicherte das Sediment stärker mit Ton und Sand an. Die Varven-Chronologie ist anwendbar für einen Zeitraum von 13 000 Jahren und liefert damit eine Zeitmessung, die noch weiter reicht als (bislang) die Dendrochronologie, nämlich bis zum Ende der letzten Eiszeit.

Ohne die phantasievollen und eingehenden Forschungen der Naturwissenschaftler wären die Archäologen in der Frage der Datierung, aber auch in der sozioökologischen Bewertung ihrer Funde noch weit zurück. Ihr Problem ist ja nicht zuletzt, daß sie in der Mehrzahl nicht über schriftliche Dokumente verfügen können, denen sich die begehrten Auskünfte entnehmen ließen.

Die ersten schriftlichen Zeugnisse, die uns überliefert sind, reichen zurück bis in die Zeit um etwa 3000 v. Chr., gelten aber nur für Ägypten und Vorderasien. Vor kurzem hat die amerikanische Archäologin Denise Schmandt-Besserat darauf aufmerksam gemacht, daß in Mesopotamien gefundene Lehmzeichen aus der Zeit um 8000 v. Chr. offenbar als Schriftzeichen gedeutet werden müssen. Aber selbst wenn dem so sein sollte, so wären sie doch nur Symbole für Handelsobjekte, nicht tauglich für die geschichtliche Überlieferung durch die Schrift, die in Deutschland ohnehin erst mit dem Beginn der Römerzeit einsetzt.

Im Bereich der Urgeschichte hat es die Archäologie mit Zeugnissen aus schriftloser Zeit zu tun, aber daß ihr in manchen Fällen auch das Vorhandensein von Schrift nicht weiterhilft, wird in den folgenden Kapiteln noch deutlich werden. Und eben deswegen ist die enge Zusammenarbeit von Natur- und Geisteswissenschaften, wie sie in dieser Form (fast möchte man sie schon Symbiose nennen) von der Archäologie betrieben wird, so wichtig.

Vor 170 Jahren schrieb der dänische Historiker Rasmus Nyerup fast melancholisch: »Denn alles, was aus der ältesten heidnischen Zeit stammt, schwebt für uns gleichsam in einem dichten Nebel, in einem unermeßlichen Zeitraum. Wir wissen, daß es älter ist als das Christentum, doch ob es ein paar Jahre oder ein paar Jahrhunderte, ja vielleicht mehr als ein Jahrtausend älter ist, darüber läßt sich mehr oder weniger nur raten.«

Zu sagen, dieser dichte Nebel sei nun verschwunden und die Archäologie könne heute an die Stelle des Ratens die absolute Gewißheit setzen, wäre vermessen. Aber der Nebel – um in Nyerups Bild zu bleiben – ist inzwischen schon sehr viel lichter geworden und läßt Konturen erkennen – oft auch schon Farben.

Als in Deutschland noch Vulkane rauchten: Der Fund von Gönnersdorf

Hätte der Hausbesitzer an der Mörikestraße in Gönnersdorf (bei Neuwied) im Frühjahr 1968 nicht den dringenden Wunsch verspürt, einen richtigen Weinkeller sein eigen zu nennen, dann wären wir heute um eine archäologische Sensation ärmer. So aber gruben sich die Bauarbeiter beim Ausschachten durch eine Bimsschicht, die das Jahr 1968 n. Chr. vom Jahr 10400 v. Chr. trennte: Sie stießen auf die Reste einer Behausung aus der späten Eiszeit.

Alt- wie Neuansiedler hatten den Platz sorgfältig gewählt: Das Gelände ist eine Hanglage, etwa fünfzig Meter über dem Rhein und von terrassenförmigem Anstieg, was Windgeschütztheit verspricht. Hier, auf einer – inzwischen fast ganz überbauten – Fläche von 687 Quadratmetern, fanden sich die Überreste von drei Häusern und zwei Zelten der Späteiszeit, deren Bewohnern sich damals ein reizvollerer Anblick bot als ihren späten Nachfahren: Schaut man heute auf verqualmte Industrieanlagen und die Stadt Andernach, so ging der Blick damals durch die Öffnung der Hütten und Zelte über einen (längst verschwundenen) Kiefernwald mit gutem Wildbestand und über den breiten und flachen Rhein, dessen Ufer mit dichtem Röhricht bestanden war, ungestörtes Revier für eine Vielzahl von Wasservögeln. Hinter dem Rhein breitete sich eine Ebene, an deren Horizont sich der rauchende Kegel des damals noch tätigen Laacher-See-Vulkans erhob. Dieser zwölf Kilometer weit entfernte Vulkan entlud sich um 9500 v. Chr. in einer Eruption von solcher Gewalt, daß er die Siedlung noch in dieser Entfernung unter einer zwei Meter dicken Bimsschicht begrub. Solche von Vulkanasche verschütteten Häuser assoziieren gern das vom Vesuv verschüttete Pompeji, doch im Gegensatz zu der Römerstadt in Süditalien war die Siedlung am Rhein schon seit tausend Jahren verlassen. (Von den Ausbrüchen des Laacher-See-Vulkans profitiert übrigens seit hundert Jahren die Industrie durch den Abbau von Bimsstein für die Kunstbausteinproduktion; allein ein Drittel dieses in Deutschland hergestellten Baumaterials stammt aus dem Bereich des Neuwieder Beckens.)

Was der Vulkan damals mit seiner Asche luftdicht versiegelte und gleichsam für die Archäologen konservierte, war freilich nicht mehr unversehrt geblieben. Immerhin waren tausend Jahre ins Land gegangen, und wühlende Tiere, tiefwurzelnde Pflanzen, Regen, Schnee, Frost und Klimawechsel hatten beträchtliche Zerstörungen angerichtet. Holz und Knochen waren weitgehend verwittert, und möglicherweise hatten die Bewohner auch einiges vom Baumaterial mitgenommen. Dann schließlich war eine 10 bis 30 Zentimeter dicke Lößschicht darübergeweht. Was also die Asche verschloß, war in tausend Jahren schon stark in seinem Aussehen verändert worden. Aber was man fand, erlaubte dennoch ein erstaunlich detailliertes Bild dieser Ansiedlung.

Die drei Häuser mit einem Durchmesser zwischen sechs und zehn Metern (die beiden Zelte brachten es auf drei Meter) waren rundlich, aus Pfosten von (vermutlich) Erlenholz und wohl mit Decken aus Pferdefell bespannt und abgedeckt, das Dach wahrscheinlich mit Steinen beschwert.

Man muß es so vorsichtig mit »vermutlich, wohl, wahrscheinlich« formulieren, denn die geringen Überreste lassen nur eine ungefähre Deutung zu. Zum Teil war der Befund durch die – zur Entdeckung führenden – Bauarbeiten zerstört worden, die Ausmaße ließen sich nur aufgrund der Pfostenlöcher berechnen, das Erscheinungsbild aber ließ sich überhaupt nur rekonstruieren, indem die Archäologen sich an den Behausungsformen sibirischer Jäger (Tschuktschen) orientierten, deren »Jaranga« genannter Haustyp dem Gönnersdorfer zu entsprechen scheint. Daß Wände und Dach aus Pferdefellen gefertigt waren, ließ sich einmal aus dem besonders häufigen Vorkommen von Pferdeknochen mutmaßen, zum andern entspricht der Abstand der Wandpfosten untereinander bei einer Breite von 1,50 Metern der

Breite einer Pferdedecke (die sibirischen Jäger benutzen dafür Rentierfelle).

In diesen fünf Unterkünften nun lebten etwa fünfzig bis siebzig Menschen. In den Häusern befanden sich Feuerstellen in Gestalt von 30 Zentimeter breiten und 35 Zentimeter tiefen Gruben, in denen mit Kiefernholz geheizt wurde. Weitere kleine Vertiefungen waren vermutlich mit Leder oder Pferdefell ausgekleidet, sie dienten wahrscheinlich zum Wasserkochen durch hineingelegte erhitzte Quarzsteine. Rekonstruktionsversuche zeigten: Man kann auf diese Weise ohne Mühe Wasser zum Sieden bringen. Auch eine Art Grillvorrichtung, deren Spieß auf einem Mammutknochen lag, wurde gefunden.

Auch wenn die hier lebenden Menschen beim Weiterziehen viele Werkzeuge und Geräte mitnahmen, so blieb doch genug zurück, um ein ungefähres Bild vom Leben in der Späteiszeit zu gewinnen.

Unklar bleibt, wie die für den Hausbau notwendigen Hölzer bearbeitet wurden, da man aus dieser Zeit noch keine Steinbeile kennt. Immerhin fanden sich Stichel, Klingenkratzer, Bohrer, Rückenmesser und Meißel aus dem Süßwasserquarzit und Kieselschiefer des Mittelrheingebietes, aber auch aus Feuerstein, wie er erst in einer Entfernung von etwa 100 Kilometern vorkommt, den diese Jäger also entweder schon mitbrachten oder durch Tauschhandel erwarben. Dazu Geschoßspitzen aus Elfenbein, Nadeln aus Knochen und Geräte aus Rentiergeweihen.

An Schmuck fanden sich durchbohrte Eisfuchszähne, durchbohrte Hirschgrandln sowie Serien von Rentierschneidezähnen mit abgeschnittener Wurzel. Sorgfältig bearbeitete Perlen aus fossilem Holz wurden als Ketten oder Anhänger getragen. Aber auch fossiles Knochenmaterial fand Verwendung: ein Haifischzahn, ein durchbohrter Saurierwirbel und ein Nashornknochen. Schmuckschnecken aus dem Mittelmeerraum – so weit reichten also damals schon die Handelsbeziehungen – fanden sich hier in Gönnersdorf zwar seltener, aber man weiß von anderen Fundplätzen, daß sie zum Teil sogar gehortet wurden, so daß die Vermutung naheliegt, diese Schnecken könnten sogar so etwas wie ein Geldersatz gewesen sein. Kopfzerbrechen machten den Archäologen mehr als 300 durchbohrte Scheiben (Rondelle), meist aus Schiefer, zwischen 2 und 7 Zentimeter im Durchmesser, deren Verwendung bis heute noch nicht geklärt ist. Dienten sie als Schmuck, benutzte man sie »als Unterlegscheiben beim Zusammenfügen von Fellen, indem durch die Bohrung eine Schlaufe geführt und auf dem Rondell mit einem Knebel festgelegt wurde«?

Die eigentliche Sensation des Gönnersdorfer Fundes aber waren mehr als tausend mit Gravuren bedeckte Schieferplatten, von kleinen, nur 2 Zentimeter großen Fragmenten bis hin zu Tafeln von Halbmetergröße. Sie weisen die Bewohner dieser Siedlung als kunstliebende Menschen aus. Die Epoche, in der sie lebten, bezeichnet die Urgeschichte als Magdalénien (benannt nach La Madeleine, einem Felsdach in der französischen Dordogne mit Funden aus der Altsteinzeit), in der z. B. die berühmten Malereien von Altamira und Lascaux entstanden sind.

Solche Höhlenmalereien sind in Deutschland bisher nicht entdeckt worden, aber diese zwischen Knochen- und Aschenresten liegenden Schieferplatten bieten ein Äquivalent.

Zum Teil tragen sie abstrakte Zeichen, die noch nicht gedeutet werden konnten, überwiegend aber zeigen sie Menschen und Tiere. Wie die Landschaft, so unterschied sich auch die Fauna damals im Neuwieder Becken beträchtlich von der heutigen. Dargestellt sind nämlich Mammut, Wollnashorn, Löwe, Wisent, Ur, Wolf, Elch, Hirsch und immer wieder das Wildpferd, dem die Jäger besonders nachstellten, denn von ihm stammten die meisten Knochenfunde, gefolgt vom Eisfuchs; beide Tiere waren nicht nur wegen ihres Fleisches, sondern auch wegen ihrer Felle begehrt.

Diese etwa 200 Tierdarstellungen gehen offenbar auf die Beobachtungen zurück, die diese Jäger am Mittelrhein machten. Selten war damals zweifellos schon der Löwe (er kommt auch nur einmal vor), und selten war auch schon das Mammut geworden, das wohl hauptsächlich wegen seiner imposanten Erscheinung mehrfach gezeichnet wurde, wenn auch nie so einwandfrei und lebendig wie das Wildpferd; Mammutknochen haben sich auch kaum in Gönnersdorf gefunden. Bisher war das Mammut in Mitteleuropa nur mit einer Gravierung aus dem Magdalénien erst einmal bekannt geworden aus einem Fund in der Oberen Klause; hier liefert Gönnersdorf wertvolle Ergänzungen.

Gänzlich unbekannt im mitteleuropäischen Magdalénien aber waren bislang Darstellungen des Wollnashorns, dessen Darstellungen man bis zur Entdeckung von 1968 nur von wenigen Darstellungen aus dem frankokantabrischen Gebiet (z. B. La Colombière, Rouffignac, Lascaux) kannte.

Wolf und Elch sind in ihrem Vorkommen auch durch Knochenreste bezeugt, wobei der Elch zu den in der altsteinzeitlichen Kunst selten dargestellten Tieren zählt. Bestätigt sich die Deutung einer Gravierung als Seehundskopf (Robbenknochen wurden nicht gefunden), so könnte das bedeuten, daß Seehunde gelegentlich bis in den Bereich des Mittelrheins vorstießen.

Auffallend ist die stilistische Variationsbreite dieser Gravierungen. Sie reicht von der flüchtigen Skizze bis zur künstlerisch vollkommenen Ausarbeitung von großer Schönheit. Viele Tiere sind in ganzer Gestalt wiedergegeben, entweder nur in den reinen Konturen oder auch schon durch eine ausfüllende Strichführung in ihrer Plastizität betont; bei anderen wiederum hat den Zeichner offenbar nur der Kopf interessiert, und in einem Fall gelang ihm die Wiedergabe eines Pferdekopfes, die zu Recht inzwischen eine gewisse Berühmtheit erlangt hat, denn sie ist von außerordentlicher Lebendigkeit und verrät genaue Naturbeobachtung. Dennoch sind in den Gönnersdorfer Zeichnungen durchaus Konventionen in der Tierdarstellung zu beobachten und eine Stilhaltung, die auch in der eiszeitlichen Kunst Südfrankreichs und Nordspaniens zu erkennen ist, so daß die Frage naheliegt, wie es wohl zu diesem europäischen Stil auf einem so dünnbesiedelten Kontinent und ohne seßhafte Kulturen überhaupt kommen konnte und was überhaupt zur Entwicklung eines Stils führt – Fragen, die hier in diesem Zusammenhang nicht behandelt werden können.

Bemerkenswert ist, daß die meisten Tierdarstellungen in einem fast naturalistischen Stil wiedergegeben sind, indes die Menschenbilder durchweg eine bis zur Abstrahierung strenge Stilisierung erfahren.

Mehr als dreihundert Menschendarstellungen wurden gefunden. Auffallend ist: Überwiegend sind es Frauen und junge Mädchen, die hier bei – offenbar kultischen – Tänzen sehr anmutig dargestellt sind, einzeln, zu Paaren und manchmal auch in Gruppen.

Gerhard Bosinski, der die Ausgrabungen geleitet und wissenschaftlich ausgewertet hat, schreibt: »Für die Darstellung der Tanzszenen gibt es außer ausführlicheren Figurengruppierungen erstarrte Zeichen. Es kann sich kaum um eine Wiedergabe augenblicklicher, visuell gerade erlebter Tanzszenen handeln, sondern es ist wahrscheinlicher, daß es darum ging, einen Sachverhalt, vermutlich unabhängig von seiner gerade stattfindenden Realisierung, darzustellen. Entlang dieser Argumentation werden die Menschendarstellungen zu Symbolen, die für eine Sache stehen. Die gravierten Tanzszenen sind nicht der Bericht von einem Ereignis, sondern stehen für den mit diesem Ereignis verbundenen Inhalt, unabhängig davon, ob die Sache augenblicklich stattfand oder nicht. – Offen bleibt, ob die Interpretation als Tanzszenen für alle gravierten Gönnersdorfer Menschendarstellungen gelten kann. Die aus dem Rahmen fallende Darstellung der Frau mit dem Kind auf dem Rücken wäre aber kein Hinderungsgrund für eine Tanzszene, denn es wird mehrfach berichtet, daß im naturvölkischen Bereich auch Frauen mit Kleinkindern auf dem Rücken an Tänzen teilnehmen. – Möglicherweise bildeten die dargestellten Tanzszenen einen Bestandteil der Einweihungszeremonien, die beim Übergang von einer Altersklasse in die nächste, vielleicht bei dem Übergang der Mädchen in die Gemeinschaft der Frauen, stattfanden.«

Darstellungen von Männern scheint es nicht zu geben; es existieren nur Zeichnungen einiger stark behaarter Wesen ohne Genitalien, die vielleicht als Männer gedeutet werden dürfen. Die Frauen sind entweder in klarer Umrißzeichnung wiedergegeben, oder die Konturen sind ausgefüllt durch Striche. Was bedeuten sie? Bekleidung? Tätowierung? Bemalung? Und was bedeutet in diesem Zusammenhang – wenn ein Zusammenhang überhaupt besteht – die Darstellung eines in eine Vagina eindringenden Phallus? Solche Abbilder mit erotischer Akzentuierung verweist die Forschung immer gern und ein wenig hastig auf angebliche Fruchtbarkeitskulte, ganz so, als sei es ausgeschlossen, daß sich der Steinzeitmensch nicht auch erotische Darstellungen zur eigenen Lustbarkeit geschaffen habe und als sei ihm der Zusammenhang zwischen Sexualität und Fortpflanzung von Anfang an bewußt gewesen.

Bei den Gönnersdorfer Frauenbildern scheint diese Komponente keine Rolle zu spielen, es findet sich unter ihnen auch nirgends die Darstellung einer Schwangeren; nur ein einziges Mal ist eine Frau mit einem Kind auf dem Rücken gezeichnet.

Daß nur Frauen dargestellt werden, könnte man nach vorsichtiger Deutung auf das Vorhandensein einer matristisch ausgerichteten Gesellschaftsordnung schließen lassen, aber eben nur »könnte«: Archäologen sind in solcher Bewertung wesentlich vorsichtiger als Interpreten wie Ernest Borneman (»Das Patriarchat«), die – ohne wirklich schlüssige Beweise – matristische Gesellschaftsordnungen als fraglos gesichert annehmen. Sagen läßt sich nur, daß in diesen fünf Behausungen von Gönnersdorf vermutlich bis zu siebzig Menschen gewohnt haben, was bedeutet, daß man es wohl eher mit Sippenverbänden denn mit Kleinfamilien zu tun hat.

Welche Funktion mögen diese Gravierungen gehabt haben? War es die pure Lust am Zeichnen ohne tieferen Symbolgehalt, diente das Bild magischer Fixierung und das des Tieres dem heute so gern beschworenen Jagdzauber? Wir wissen es nicht. Die Schieferplatten lagen in einer Behausung als Fußbodenpflasterung und manchmal auch außerhalb auf dem Vorplatz, sie sind oft mehrfach übereinander graviert worden, »nur Bruchteile von Millimeter tief«. Das könnte für die aus einem Augenblick resultierende Skizze sprechen. Auf jeden Fall hielt man sie offenbar nicht des Mitnehmens wert. Es war anscheinend wichtiger, sich das Geschaute im Abbild zu verdeutlichen, als sich an fertigen Zeichnungen wie am vollendeten Kunstwerk zu freuen. Das mag auch mit der engen Bindung von Kunst und Religion in jenen Epochen zu tun haben, jedenfalls kann das Gravieren des Schiefers auch etwas anderes bedeutet haben als nur ein Freizeitvergnügen, aber wir wissen es nicht.

Die künstlerische Gestaltungskraft dieser Menschen aber beschränkte sich nicht allein auf das Gravieren von Schieferplatten. Die Behausungen waren – einschließlich des Fußbodens – rot eingefärbt, wobei pulverisiertes Eisenoxyd (Hämatit) den Farbstoff lieferte, den man in (ebenfalls gefundenen) Sandsteinschalen vielleicht mit Fett als Bindemittel anrührte. Außer den Schieferplatten fanden sich auch elf Frauenstatuetten aus Elfenbein oder Geweih, die wegen ihrer Dauerhaftigkeit anders als die Schieferzeichnungen auch mehr bedeutet haben müssen als nur eine Augenblicksdarstellung. Vielleicht waren es Amulette, von Männern getragen, möglicherweise erotischen Gehalts, aber das sind nur Vermutungen zu diesen Kleinplastiken, die auch aus anderen Funden bekannt sind. Aber warum wurden sie nicht mitgenommen, als die Jäger das Lager verließen? Ließen sie Stücke zurück, die ihnen nicht gut genug waren oder die ihren Zauber nicht bewährt hatten? Waren es Kultbilder? Aber nirgends in Gönnersdorf gibt es einen Hinweis – nach der Fundlage –, daß ein Haus seine »Kultecke« gehabt habe wie heute seinen »Herrgottswinkel«. Und wenn es kultische Figuren waren – warum blieben sie zurück?

Auch die Siedlungsanlage selbst läßt Fragen offen. Gerhard Bosinski schreibt: »Aus dem faunistischen Material geht hervor, daß die Behausung, zu der die beschriebenen Menschendarstellungen gehören, während der kalten Jahreszeit (September bis März) bewohnt war. [...] Möglicherweise wohnte die Sippe nur im Winter zusammen, während im Sommer die Kleinfamilien getrennt in ihren Jagdterritorien lebten und entsprechend kleinere Behausungen hatten. Vielleicht zogen im Sommer auch nur Jägergruppen herum, während Frauen, Kinder und die Alten im Basislager blieben und mitversorgt wurden. In jedem Fall überwinterte die Sippe zusammen. Der Zeitraum dieses winterlichen Zusammenlebens aller Mitglieder der Gruppe war auch die Zeit für wichtige, alle Mitglieder betreffende gesellschaftliche Aktivitäten. Dazu gehören die Einweihungszeremonien und die mit ihnen verbundenen künstlerischen Darstellungen.«

Bosinski beruft sich bei dieser These auf Funde in anderen Teilen Mitteleuropas, »wo diese menschlichen Figuren ebenfalls in Winterbehausungen gefunden wurden, während sie in den nur kurzfristig aufgesuchten sommerlichen Jagdlagern [...] zu fehlen scheinen«. Natürlich sind Einweihungszeremonien mit kultischen Tänzen sehr gut vorstellbar, vergleicht man das Verhalten ethnisch wie kulturell bekannter Gruppen auf ähnlicher Stufe wie die der Jäger von Gönnersdorf. Aber es ist eben doch nicht mehr als nur eine – wenn auch sehr wahrscheinliche – Parallele.

Wie die Vegetation jener Gegend beschaffen war, ergab die

Analyse der Holzfunde. Nachweisbar waren die Reste von Kiefer, Erle, Weide, Eiche, Ahorn und Esche. Die Pollenanalyse zeigt, daß in der Steppenlandschaft, als die man sich das Neuwieder Becken um 10 000 v. Chr. vorzustellen hat, Schafgarbe, Margeriten, Wiesenflockenblume, Kornblume, Beifuß, Heidekraut, Dolden- und Labkrautgewächse gediehen. Wacholder, Sanddorn und Krähenbeere kommen hinzu, sie mögen den Menschen auch als Nahrung gedient haben.

Diese Landschaft bot auch in der Fauna ein reiches Bild, und sie läßt – im Zusammenleben von Arten, wie sie in dieser Symbiose heute nirgends auf der Welt mehr vorkommt – eine Ahnung vom damaligen Klima zu, einem kontinentalen Klima, wie es heute unbekannt ist, denn es war weder trocken-warm (Saiga-Antilope) noch arktisch (Rentier, Eisfuchs), bot aber den divergierendsten Arten Lebensmöglichkeiten. Außer den schon genannten Arten jagte der Mensch hier Rotfuchs, Schneehase, Eule und Schneehuhn. Im Rhein gab es Forelle und Aalquappe, sein Röhricht barg Schwan, Gans und Ente; vom Meer kamen im Winter Seemöwen, auch Kolkraben. Die Schiefergravierungen stellen auch bisher noch nicht näher identifizierbare Stelzvögel dar.

Die Besonderheit des Gönnersdorfer Fundes liegt darin, daß erstmals in diesem mitteleuropäischen Bereich eine große Anzahl von Kunstwerken auf einem Fundplatz des Magdalénien gefunden wurde. Dazu kommt – dank der vulkanischen Bimsdecke – die vollständige Erhaltung des Siedlungsareals. Das Einmalige aber des Fundes von 1968 war die Entdeckung der rund tausend gravierten Schieferplatten. Sie beweisen die Existenz einer Kunst am Mittelrhein, die bisher nur von Funden in Südfrankreich, Osteuropa und in der Ukraine bekannt war. Zugleich läßt dieser Fund auf schon damals vorhandene Handelsbeziehungen, die bis in den Mittelmeerraum gereicht haben müssen, schließen.

Wie die Bauern in der Steinzeit lebten: Die Aldenhovener Platte bei Köln

Links des Rheins, in einem Gebiet zwischen Köln, Aachen und Neuß, liegt das größte zusammenhängende Braunkohlevorkommen Europas mit einem Reservoir von 55 Milliarden Tonnen, von denen zwischen 1893 und 1970 insgesamt 3,4 Milliarden im Tagebau gefördert werden konnten. Das bedeutet, daß große Gebiete abgetragen werden müssen, um an die Flöze heranzukommen, die im Rheinland in sehr unterschiedlicher Tiefe liegen, nämlich zwischen 12 und 200 Metern. Entsprechend tief müssen die Kohlegesellschaften – hier ist es überwiegend die Rheinbraun AG – graben, entsprechend große Flächen sind abzutragen. Das bedeutet: Ganze Wälder, Felder und Dörfer verschwinden; siebzig Meter hohe Bagger tragen den Boden ab. Die sich tagtäglich fortbewegende Baggerkante in einer Länge von drei Kilometern rückt monatlich um siebzig Meter vor.

In diesem Gebiet befindet sich zwischen Eschweiler und Jülich ein etwa 350 Quadratkilometer großes Plateau, durchzogen von mehreren Bachtälern, darunter dem Merzbach, genannt Aldenhovener Platte, Areal der Braunkohlentagebaue »Inden« und »Zukunft-West«.

Hier fand im Mai 1965 der Stolberger Primaner Hartwig Löhr, der sich als Amateur-Archäologe betätigte, Scherben und Bodenverfärbungen, die er als Reste der Rössener Kultur erkannte und über das Kölner Institut für Ur- und Frühgeschichte in Bonn meldete.

Was nun begann, wurde im Verlauf von siebzehn Monaten zur größten archäologischen »Fundgrube« im doppelten Wortsinn: 60 000 Quadratmeter Fläche wurden aufgedeckt und wissenschaftlich in einer Rettungsgrabung erforscht. Diese Grabung – im Juni 1965 begonnen – war im September des folgenden Jahres abgeschlossen.

Noch während dieser Grabung, die eine Siedlung der Rössener Kultur freilegte, stieß man in einer Entfernung von nur 1,4 Kilometern auf zwei weitere Fundplätze der Rössener Kultur am Tagebau »Inden«, zu denen bald weitere jungsteinzeitliche Fundstellen im Bereich des benachbarten Tagebaus »Zukunft« kamen. Dabei erkannten die an den Grabungen beteiligten Studenten, daß der Braunkohlenabbau mit seinen stetig vorrückenden und immer wieder neue Fundstellen anschneidenden Baggerkanten in einzigartiger Weise die Chance zur Erforschung der Besiedlungsgeschichte ganzer Landschaften bot. So gründeten sie eine Arbeitsgemeinschaft, um den Abbau regelmäßig kontrollieren zu können, und schon nach zwei Jahren ergab sich ein so außerordentlich dichtes Bild vor allem der jungsteinzeitlichen Besiedlung dieses Raumes, daß sich die Deutsche Forschungsgemeinschaft entschloß, hier ein Großgrabungsprojekt zur Erforschung der Lebens- und Wirtschaftsweise der ältesten Ackerbaukulturen Mitteleuropas zu finanzieren. Begonnen wurde damit im Oktober 1971, und in den folgenden zwei Jahren konnte eine Fläche von 240000 Quadratmetern freigelegt werden, auf der sich vor allem Siedlungsplätze der bandkeramischen Kulturen fanden.

Diese Arbeiten wären nicht möglich gewesen, wenn sich die für den Abbau zuständigen Rheinischen Braunkohlenwerke nicht überaus aufgeschlossen gezeigt hätten. Während andernorts oft genug auf archäologische Interessen wenig oder gar keine Rücksicht genommen wird, ja vielfach nicht einmal eine zeitliche Planung vorliegt, die den Archäologen einen kurzfristigen Vorsprung sichert, geschah hier das Gegenteil. In Absprache mit dem Bergbau konnte ein Zeitplan aufgestellt werden, wurden die Grabungen von der Rheinbraun in jeder Weise unterstützt und vor allem kostenlos Maschinen für die umfangreichen Erdbewegungen zur Verfügung gestellt. Anders wäre dieses große Vorhaben, bei dem die Wissenschaftler buchstäblich vor den Riesenbaggern her arbeiteten, überhaupt nicht zu verwirklichen gewesen, und es lägen jetzt nicht die Fundberichte und ersten Analysen vor, die uns über das Entstehen neolithischer Kulturen im linksrheinischen Gebiet so umfassend informieren.

Gemäß dem Begriff von der »technischen Revolution« im 19. Jahrhundert, die unsere Sozialstruktur so nachhaltig verändert hat, wurde in der Archäologie der Begriff von der »neolithischen Revolution« geprägt, eine nicht sehr glückliche Bezeichnung, weil »Revolution« im strengen Wortsinn immer nur die gewaltsame Veränderung meint, während es sich bei der »neolithischen Revolution« um eine durchaus evolutionäre Entwicklung handelt, die uns nur darum so abrupt einzusetzen scheint, weil wir gewohnt sind, in der Vorgeschichte nur in Jahrhunderten und Jahrtausenden zu denken, als handele es sich um den Ablauf weniger Jahre.

»Neolithische Revolution«, das meint den Übergang von der Altsteinzeit (Paläolithikum), die bis etwa um 8000 v. Chr. reicht, über die Mittelsteinzeit (Mesolithikum = 8000 bis 4400 v. Chr.) zur Jungsteinzeit (Neolithikum = 4400 bis 1800 v. Chr.). Jetzt, im Neolithikum, beginnt der Mensch sein Nomadendasein als Jäger und Sammler aufzugeben und seßhaft zu werden. Er beginnt, Ackerbau zu treiben, er domestiziert Tiere und züchtet sie, er gründet Dörfer, erfindet die Töpferei.

Um diese Zeitspanne von rund dreitausend Jahren zu gliedern, schuf sich die Vorgeschichtsforschung ein System, das sich am Keramikstil (Formen, Verzierungen) orientierte und Epochen mit den Namen der Fundorte bezeichnete. So steht am Beginn des Neolithikums die Kultur der Bandkeramiker, gefolgt von der Großgartacher Kultur (etwa 4400 bis 3900 v. Chr.), fortgesetzt mit der Rössener Kultur (etwa 3900 bis 3400 v. Chr.), der sich die Michelsberger Kultur (etwa 3400 bis 2800 v. Chr.) anschließt. Die Jungsteinzeit mit den sogenannten Becherkulturen (etwa 2400 bis 1800 v. Chr.), wobei im Rheinland zwischen Michelsberger und Becherkulturen noch eine etwa vierhundert Jahre dauernde Kulturstufe vermutet wird, die bisher noch nicht bekannt ist. Die bandkeramische Kultur – so genannt nach der bandförmigen Verzierung der Keramik – hat ihren Ausgang offenbar vom europäischen Südosten (Slowakei, Niederösterreich) genommen, so »sind in Böhmen etwa 400, in Mähren mehr als 300, in der südwestlichen Slowakei etwa 150 Siedlungsplätze bekannt« (Müller-Karpe). Bandkeramische Siedlungsplätze fanden sich am oberen Dnjestr, in Westungarn, an Weichsel, Oder und Elbe, zwischen Rhein, Neckar, Main und Maas bis hin in das Pariser Becken. »Nie wieder hat ganz Mitteleuropa ein so einheitliches kulturelles Gesicht gehabt wie zur Zeit der Bandkeramik«, so Rudolph Kuper, einer der an der Erforschung der Aldenhovener Platte führend beteiligten Archäologen. Und: »Wohl keine andere jungsteinzeitliche Kultur Mitteleuropas ist so gut erforscht worden wie die Bandkeramik.«

Sie entwickelte nicht nur den für sie charakteristischen Keramikstil, sie entwickelte auch einen über das ganze Verbreitungsgebiet von Ost nach West reichenden einheitlichen Haustyp, das bis zu 40 Meter lange, auf hölzernen Pfosten ruhende Haus, dessen Wände entweder lehmverkleidet waren, gleichermaßen Wohn-, Wirtschafts- und Speicherräume enthielten (nicht aber wohl Stallungen) und bei 200 Quadratmeter Grundfläche einer Großfamilie oder einem Sippenverband Unterkunft boten, was aber – wie im Fall Gönnersdorf – nicht bekannt ist. Was gleichfalls unbekannt blieb: Wohnten sie in Dörfern, oder waren sie sogenannte »Wanderbauern«, die vielleicht alle zehn oder fünfzehn Jahre (nachdem der Ertrag der Felder nachgelassen hatte) ihre Wohnsitze aufgaben und weiterzogen?

Hier konnte man sich bei der Erforschung der Aldenhovener Platte neue Aufschlüsse versprechen, denn was diese Fundstätte so bedeutend macht, ist dies: Die totale, gewaltsame Veränderung durch den Braunkohletagebau ermöglicht es erstmals, ein zusammenhängendes, überschaubares neolithisches Siedlungsgebiet genau zu erforschen und so Erkenntnisse zu gewinnen über die soziale, wirtschaftliche und demographische Struktur dieses Raumes samt ihrer Weiterentwicklung in den verschiedenen aufeinander folgenden Kulturen. Zusammenhängende Siedlungsflächen hatte man auch früher schon freigelegt: so etwa 60000 Quadratmeter in Bylany (CSSR) und etwa 70000 Quadratmeter in Niederländisch-Limburg. Was aber zwischen 1965 und 1973 im Bereich der Aldenhovener Platte ausgegraben wurde, war ein Areal von 330000 Quadratmetern! Freilich, wie so oft in der Geschichte der Archäologie in den letzten Jahrzehnten: Ohne die tiefgreifende Zerstörung der Landschaft durch den Tagebau wäre auch diese Grabung nicht möglich gewesen. Dabei bedeutete Grabung hier nicht das

Eindringen in größere Tiefen: Es genügte, daß ein Hydraulikbagger den »Mutterboden bis wenige Zentimeter unter die Pfluggrenze« abtrug, dann kam der gelbe Lößboden zum Vorschein, in dem sich Fundamentgräben und Pfostenlöcher deutlich in dunkler Verfärbung abzeichneten. Täglich wurden auf diese Weise bis zu 1000 Quadratmeter von den Archäologen untersucht.

Die reichste Ausbeute fand sich an den Siedlungsplätzen der Bandkeramiker. Dabei kam der Erforschung des Siedlungsablaufs die Technik des bandkeramischen Hausbaus zugute: Der zum Verputzen oder Ausfüllen des Fachwerks verwendete Lehm wurde unmittelbar neben den Hauswänden aus dem Boden geholt und die so entstandenen Gruben anschließend als Abfallgruben genutzt; ihr Inhalt diente dann sechstausend Jahre später der Datierung.

Die bandkeramische Besiedlung der Aldenhovener Platte konzentrierte sich vor allem auf das Merzbachtal, das von der älteren bis zur jüngeren Bandkeramikkultur – zwischen 4400 und 3900 v. Chr. – durchgehend besiedelt worden war. Allein auf einer Strecke von zwei Kilometern entlang den Ufern des Merzbaches ließen sich zu beiden Seiten acht bandkeramische Siedlungsplätze nachweisen. Freigelegt wurden die Reste von etwa 160 Häusern, aber etwa 250 dürften dort einmal in einem Zeitraum von 500 Jahren gestanden haben. Wahrscheinlich aber waren es nie mehr als zwölf zur gleichen Zeit. Zu vermuten ist, daß zu jedem Haus ein Areal von etwa 12000 Quadratmetern als Siedlungs- und Anbaufläche gehört hat. Daraus läßt sich schließen, daß die Besiedlung aus einzelnen Gehöften bestand, zwar in Sichtweite gelegen, aber nicht zu einem Dorf gruppiert. Hinweise auf Stallungen haben sich nicht gefunden; man ließ wohl das Vieh das ganze Jahr über draußen. Welche Haustiere gehalten wurden, läßt sich nur durch andere Fundstellen erschließen; der einzige Fund dieser Art im Merzbachtal war ein Rindsgehörn.

Daß das Leben der Bandkeramiker dort nicht immer ungestört verlief, lassen drei Erdwerke vermuten, bei denen mehrere Bauphasen zu beobachten waren, indes keine Spuren, die auf eine Innenbebauung schließen lassen. Waren sie Fluchtburgen für die Bevölkerung bei einem Überfall? Wurde in sie nur das

Vieh gebracht? Auf jeden Fall müssen sie – mit Wallaufschüttung, Graben und Palisaden – in Gemeinschaftsarbeit hergestellt worden sein. Das mag auch für den Hausbau gelten bei den großen Abmessungen der Langhäuser, aber wie das soziale Leben der Menschen zur Zeit der Bandkeramik ausgesehen hat, darüber kann es nur Mutmaßungen geben.

Auch der Fund eines bandkeramischen Friedhofs mit über hundert Gräbern – das erste bandkeramische Gräberfeld im westlichen Deutschland – sagt darüber nichts aus. Die Menschen haben ihre Toten sowohl in der Brand- wie der Körperbestattung beigesetzt und ihnen ein paar bescheidene Gaben auf den letzten Weg mitgegeben, so z. B. Pfeilspitzen, Steinwerkzeuge und Gefäße (Kümpfe oder Flaschen aus Keramik). Zuweilen wurde der Tote auch offenbar mit Hämatit (rotem Eisenoxyd) bestreut, jenem Farbstoff, den die Gönnersdorfer Eiszeitjäger zum Ausmalen ihrer Behausungen benutzten, ohne daß wir wissen, was dieser rote Farbstoff den Menschen bedeutet hat; befriedigte er nur ihr Schönheitsempfinden, oder galt er hier, als Grabbeigabe, kultischer Überhöhung?

Der kalkarme Boden hatte die Skelette restlos aufgelöst, nur zuweilen ließ die Verfärbung des Bodens Knochenreste erkennen (Leichenschatten). Bestenfalls hatten sich gelegentlich Zahnschmelzfragmente erhalten. Möglicherweise hatte man den Toten auch Knochen- oder Holzgeräte, Muscheln oder Schneckenschalen mitgegeben, aber wenn, so sind sie sämtlich im Boden zergangen. Erst recht gilt das natürlich für Gewebe.

Nur wenig belegt sind für diesen Siedlungsraum Zeugnisse der Großgartacher Kultur, die die bandkeramische ablöste. Sie sind im Rheinland überhaupt äußerst selten. Immerhin stießen die Archäologen im Herbst 1969 auf drei Gruben von 2 Metern Breite und 1,30 Metern Tiefe mit Scherben Großgartacher Keramik, und im Frühjahr 1970 fanden sich dann noch die Spuren eines ovalen Erdwerks mit Palisadengraben und drei Toren in einer Größe von 80 × 100 Metern. Wie bei den drei bandkeramischen Erdwerken waren auch hier Besiedlungsspuren im Innern – außer einer Abfallgrube – nicht auszumachen.

Nur sechs Kilometer von dem bandkeramischen Forschungsgebiet im Merzbachtal entfernt liegen die Fundstellen der Rössener Kultur am Rande des Tagebaues »Inden«, deren erste 1965

1 Eine Kaiserpfalz aus der Zeit Karls des Großen mit einem Erweiterungsbau aus ottonischer Zeit wurde von 1963 bis 1971 in Paderborn zu Füßen des Doms freigelegt.

2 Im Oktober 1962 wurden bei Baggerarbeiten im Hafen von Bremen die Reste einer Hansekogge gefunden und geborgen.

3 Dieses Bild bot sich den Entdeckern, als sie am 23. Juli 1957 in einem Moor bei Peiting (Bayern) auf einen Eichensarg stießen und ihn öffneten. Besonders auffallend: die großen Reiterstiefel der Leiche, einer jungen Frau, die um 1000 n. Chr. im Moor bestattet worden war.

4 Häuserreste der germanischen Siedlung Feddersen Wierde nördlich von Bremerhaven, freigelegt zwischen 1955 und 1963.

5 Rekonstruktionszeichnung des fränkischen Fürstengrabes von Morken. Neben dem Toten liegen die Grabbeigaben. Zeichnung: F. Just, Bonn

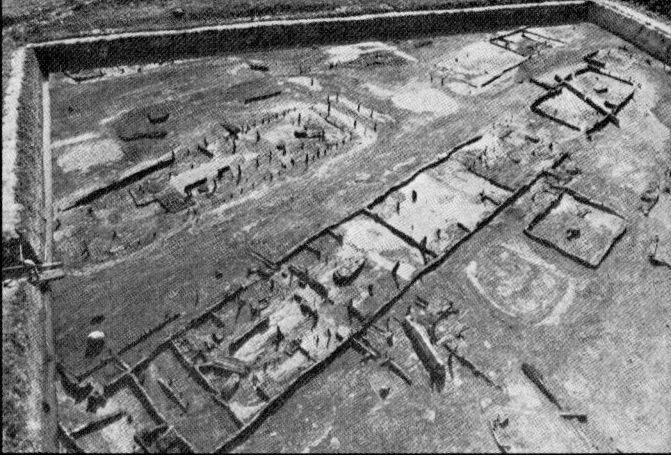

4

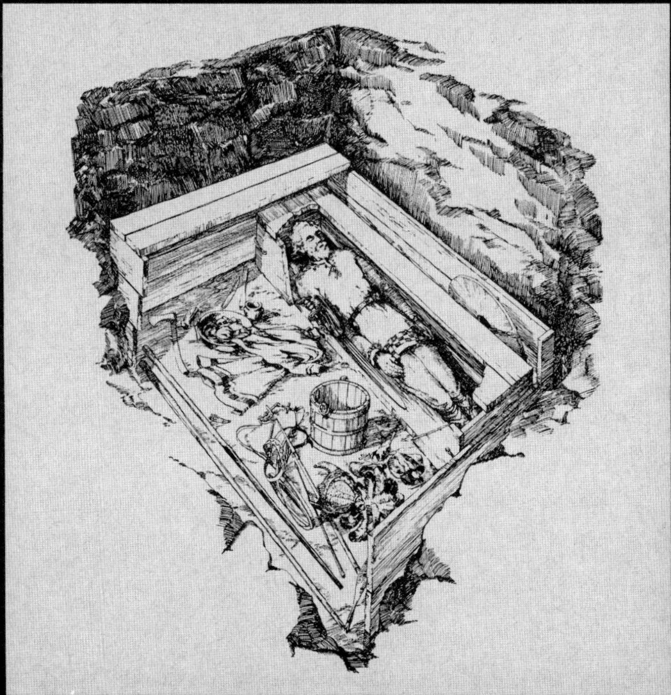

5

Das bedeutendste Fundstück aus dem 955 entdeckten Grab eines fränkischen Herrn in Morken ist ein vergoldeter bronzener Spangenhelm, der wahrscheinlich aus Oberitalien importiert worden war, vermutlich aber nicht als Handelsware, sondern als eine Art Ehrengeschenk. Die Helmspitze ist die Befestigungshülse für einen Helmbusch. Der Helm trägt Spuren kräftiger Schwerthiebe.

entdeckt worden war. Mit 30 Bauten, deren Grundrisse nachzuweisen waren, handelte es sich hier um das erste mittelneolithische Dorf im westlichen Mitteleuropa, denn bisher kannte man nur einzelne Hausgrundrisse der Rössener, die sich dadurch von denen der Bandkeramiker unterscheiden, daß ihre Häuser einen leicht trapezförmigen Grundriß mit etwas konvex gebogenen Längswänden aufweisen. Langhäuser bauten auch die Rössener. Sie waren zwischen 12 und 52 Meter lang und zwischen 6,20 und 9 Meter breit. Mit einer entsprechend umbauten Fläche von 61 bis zu 295 Quadratmetern konnten sie – im letzteren Fall – außer der Vorratshaltung einer Großfamilie oder mehreren Kleinfamilien (wenn nicht gar einem Sippenverband) Platz bieten. Ihre schmalste Seite war stets nach Nordwesten ausgerichtet, der vorherrschenden Windrichtung, der man nicht die volle Längsseite aussetzen wollte. Am südöstlichen Ende, wo sich der Eingang befand, hatte man die Längswände noch über die Querwand mit der Türöffnung hinausgezogen, so daß ein bis zu 10 Meter langer Vorraum wie eine Art Windfang entstand. Die Außenpfosten standen in einem Abstand von 1,30 Metern. Die Innenpfosten bildeten Joche von je drei Pfosten. Anders als bei den Bandkeramikern, wo die viel enger stehenden Innenpfosten das Dach trugen, verlegten die Rössener den Druck mehr auf die Außenwände, wodurch im Innern des Hauses mehr Platz gewonnen werden konnte.

In fünf Fällen fanden sich auch Nebenbauten mit polygonalem Grundriß, offenbar Speicher. In einem anderen Fall lagen rechteckige Grundrisse neben Trapezbauten, anscheinend verbunden durch Palisaden. Die Siedlung selbst läßt sich in mehrere aufeinanderfolgende Phasen gliedern, zu denen jeweils sechs bis acht Trapezbauten im Abstand von 20 bis 50 Metern gehören – durch Palisadengräben oder eine Pfostenstangenwand geschützt. Das jeweils am nördlichsten gelegene Haus ist auch das größte und hat einen Anbau. Lag dort vielleicht ein gemeinsamer Speicher?

Nach der C-14-Datierung fand die Besiedlung dieses Platzes zwischen 3630 und 3730 v. Chr. statt, also nur innerhalb von 100 bis 150 Jahren. Was die Bandkeramiker angeht, so dürften in dem ausgegrabenen Abschnitt des Merzbachtals etwa 60 bis 70 Menschen zur gleichen Zeit gesiedelt haben, höchstens 100 bis

150. Und diese letztere Zahl könnte wohl auch der Einwohnerzahl des Rössener Dorfes entsprechen.

Auffallend ist, daß die Rössener nur dort siedelten, wo früher keine Bandkeramiker ansässig waren. Waren die fünfhundert Jahre lang bestellten Böden zu erschöpft, oder war es ein nicht näher erklärbares Unbehagen, auf den Resten früherer Behausungen zu bauen? Zum Teil haben die Menschen der Rössener Kultur sogar die fruchtbaren Lößböden verlassen und sind auf ärmere Gebiete ausgewichen. Bedeutete das vielleicht, daß sie den Getreideanbau in stärkerem Maße durch die Viehzucht ergänzten? Anhand von verkohlten Pflanzenresten hat man versucht, sich ein ungefähres Bild davon zu verschaffen, wie sich die Menschen damals ernährt haben und was sie anbauten.

An Getreide kannten die Neolithiker der Aldenhovener Platte vor allem Einkorn, Emmer und Zwergweizen. Gegenüber den Bandkeramikern haben die Rössener Siedler den Getreideanbau offenbar durch neue Arten erweitern können, bauten aber – warum? – die bei den Bandkeramikern gefundenen Hülsenfrüchte (Erbsen und Linsen) anscheinend nicht an. Die Wälder lieferten Pilze, Beeren, Haselnüsse, Bucheckern und Eicheln, die eine und andere Pflanze wurde sicher auch als Wildgemüse verwendet; Gemüsesorten, wie wir sie kennen und benutzen, wurden jedenfalls noch nicht angebaut. Da das Vieh wahrscheinlich noch nicht in Stallungen untergebracht war und also auch im Winter draußen blieb – was bei dem damals milderen Klima möglich war –, brauchten sich die Neolithiker auch nur wenig um Winterfütterung zu kümmern. Daß das Ernten mit Steinwerkzeugen mühsam war, bedarf keiner Erklärung.

Mühsam und hart war das Leben in der Steinzeit überhaupt. Die Erträge auf den Feldern waren noch sehr gering. Obst und Gemüse, wie wir sie kennen, gab es noch nicht. Die Sorge um die tägliche Nahrung hat die Menschen unausgesetzt beschäftigt und ihnen schwere körperliche Arbeit abverlangt.

Wie die Menschen in prähistorischer Zeit beschaffen waren, hat die Anthropologie im vergangenen Jahrhundert zu erforschen begonnen. Aber erst in den letzten Jahrzehnten hat sich die Paläodemographie etabliert, d. h. die Alters- und Geschlechtsdiagnose prähistorischer Knochenfunde. Hätte man bei den Ausgrabungen in früherer Zeit nicht die Knochen meist achtlos weggeworfen, sondern gesammelt und analysiert, so könnten wir heute schon weit genauere Aussagen machen über die Struktur der Bevölkerung, ihre Lebenserwartungen, ihre Krankheiten, ihre medizinische Betreuung. Aus dem wenigen, was bisher an Untersuchungsergebnissen vorliegt, läßt sich aber dies sagen: Die Lebenserwartung war niedrig, mit dreißig Jahren waren die Menschen alt und verbraucht. Zwar ging im Neolithikum die Kindersterblichkeit zurück, hoch war und blieb aber die Sterblichkeitsrate der Frauen im gebärfähigen Alter – wohl bedingt durch mangelnde Kindbetthygiene –, im Durchschnitt jedenfalls früher als die Männer.

Der Mensch des 20. Jahrhunderts, dem gesunde Ernährung und naturverbundenes Leben täglich anempfohlen werden, stellt sich die Neolithiker gern als besonders gesunde, vitale Naturen vor. Aber gegen dieses wohl von Rousseauschen Vorstellungen geprägte Bild sprechen nicht nur die kurze Lebensdauer, sondern auch die an den Skeletten festgestellten Schäden. Häufig sind Arthritis und Arthrose (Verschleißerscheinungen an der Wirbelsäule), und die Zähne waren von Karies befallen. Behandeln konnte man solche Leiden nicht. Daß man schon damals schadhafte Zähne zog, beweisen Funde aus dem Paläolithikum, aus denen sogar schon Ansätze einer chirurgischen Behandlung ablesbar sind, denn es gibt Knochenfunde, die deutlich auf verheilte Amputationen hinweisen.

Verglichen mit den Menschen des Paläolithikums waren die Neolithiker im Körperbau graziler. Die kleinen Siedlungsgemeinschaften blieben vermutlich unter sich, was auch bedeutet, daß die Menschen innerhalb dieser Siedlungen untereinander heirateten, so daß sich im Lauf der Zeit in bestimmten Gruppierungen auch eine Ähnlichkeit im Typus entwickelte. Menschen gleicher Kulturen, auch dies ließ sich nachweisen, ähnelten einander stärker als Menschen aus anderen Kulturbereichen.

Im allgemeinen mögen diese Erkenntnisse auch auf die neolithischen Bewohner der Aldenhovener Platte zutreffen; im einzelnen nachweisen läßt es sich nicht, da außer einigen Zahnresten nichts von ihrer Körperlichkeit übriggeblieben ist.

Mit den zwischen 1965 und 1973 vorgenommenen Grabungen ist die archäologische Erforschung in diesem Raum noch keineswegs abgeschlossen, wobei hier nur die neolithischen Funde berücksichtigt worden sind. Und nichts spricht dafür, daß nur die Aldenhovener Platte so stark zur neolithischen Zeit besiedelt worden ist. Völlig offen ist noch, mit welchen Funden im Tagebau Hambach zu rechnen ist, mit dessen Abbau im September 1978 begonnen wurde. Auf diesem etwa 85 Quadratkilometer großen Gebiet, das vom Neolithikum bis in die fränkische Zeit immer Siedlungsgebiet gewesen ist, sind Überraschungen nicht auszuschließen.

Fürstensitze, Orte und Gräber:
Die Kelten
in Süddeutschland

Stieß man im 19. Jahrhundert in Deutschland auf einen Goldschatz keltischen Ursprungs, so wurde er wie selbstverständlich entweder den Römern oder den Germanen zugeschrieben. Denn die schlichte Faustregel lautete: Die Vorfahren der Deutschen waren die Germanen, die Vorfahren der Franzosen hingegen die Kelten. Dabei hätte man doch schon damals bei griechischen und römischen Autoren nachlesen können, daß keltische Stämme im deutschen Donaugebiet beheimatet waren. Aber ein seltsam national verformter Blickwinkel ließ nicht erkennen, daß Kelten in Süddeutschland nicht nur ansässig gewesen waren, sondern überdies auch eine außerordentlich hohe Kulturstufe erreicht hatten, wozu gehörte, daß ein dichtgewirktes Netz von Handelsbeziehungen die keltischen Stämme Süddeutschlands mit dem Mittelmeerraum und seinen Kulturen verknüpfte. Dies alles spielte sich in einem Zeitraum ab, der vom 8. Jahrhundert v. Chr. bis zum Beginn unserer Zeitrechnung reichte und verschiedene Kulturstufen umfaßte.

Die früheste war die sogenannte Hallstattkultur, benannt nach dem Gräberfeld von Hallstatt in Oberösterreich. Ihr Beginn wird um 750 v. Chr. angesetzt und bezeichnet damit jene Epoche, zu der sich das Eisen als Gebrauchsmetall durchsetzte und Bronze fast nur noch für Schmuck Verwendung fand. Diese Hallstattkultur teilt sich in eine ältere (von 750 bis 600 v. Chr.) und eine jüngere (600 bis 450 v. Chr.) Epoche und wurde abgelöst durch die Latène-Kultur. Diese – benannt nach der Fundstelle Latène am Neuenburger See in der Schweiz – gilt als die eigentlich keltische Kultur. Die nordwestlich der Alpen ansässigen Hallstattleute waren aber sehr wahrscheinlich gleichfalls Kelten. Auch die Latène-Zeit unterteilt sich in zwei Abschnitte*: die frühe von 500 bis 300 v. Chr. (wie alle Stilepochen überlappen sich auch Hallstatt- und Latène-Zeit) und die spätere, die mit dem Ende der vorchristlichen Zeitrechnung zusammenfällt –, man kann auch sagen, mit der Vernichtung der Kelten als einer staatbildenden, politischen Kraft durch die Römer, begonnen mit der Eroberung Galliens durch Cäsar, vollendet mit der römischen Okkupation Süddeutschlands und der Auslöschung der keltischen Oppida, jener Orte, die von etwa 150 v. Chr. an das Charakteristikum der keltischen Blütezeit waren.

Wie die Kultur der Kelten in Süddeutschland in diesen Epochen ausgesehen hat, weiß man erst seit wenigen Jahrzehnten einigermaßen, und diese Funde haben unser bisher fast vernachlässigtes Bild von den Kelten nachhaltig geändert.

Bei Hundersingen an der oberen Donau (Kreis Sigmaringen) erhebt sich ein mächtiger Bergsporn, der schon vor Jahrhunderten den Namen »Heuneburg« (oder »Heineburg«) erhielt. Obwohl dieser Sporn keine sichtbare Burgruine trug, mutmaßte das Volk, hier müßten einmal die »Heunen« oder »Hünen« der Vorzeit, jenes riesenhafte Geschlecht, dem man auch die »Hünengräber« zuschrieb, ihre Burg gehabt haben, eben die »Heuneburg«.

Archäologisch hat man sich für diese Erhebung erst erstaunlich spät zu interessieren begonnen. Als in der Nähe der Heuneburg 1876 einige Erdbewegungen vorgenommen wurden, stieß man zufällig auch auf Gräber, und da sich in ihnen goldene Hals- und Armreifen fanden, vermutete man hier Grabstätten von Fürsten, die einstmals auf der Heuneburg residiert haben mußten. Dennoch wandte man sich dem Burgberg selbst erst 1921 zu, aber auch da noch recht halbherzig. Es wurden erste Probeschnitte gezogen, bei denen Scherben und Späthallstattzeit und der frühen Latène-Zeit ans Licht kamen, und dabei beließ man es. Denn das Interesse galt zunächst einem riesenhaf-

* Die archäologische Unterteilung der Epochen von Hallstatt- und Latène-Zeit ist wesentlich differenzierter als hier dargestellt. Um den Leser nicht zu überfordern, wurde diese Grobeinteilung gewählt.

ten Grabhügel, dem »Hohmichele«, dessen Untersuchung 1937/38 vorgenommen wurde.

Freigelegt wurde etwa die Hälfte des Hohmichele – 11 500 Kubikmeter Erde trug man ab –, und dabei fand man zwölf Gräber mit einer sogenannten »Zentralbestattung«, also das Hauptgrab mit einer holzverkleideten Grabkammer (1 Meter hoch und 3,50 × 5,50 Meter groß), deren Ausstattung sehr reichhaltig und also sehr verlockend für Plünderer gewesen sein muß, denn sie war schon in früher Zeit ausgeraubt worden, wobei die Räuber einen äußerst kunstgerechten Stollen in das Hügelinnere vorgetrieben hatten.

Zur Freude der Archäologen übersahen die Räuber dabei aber ein Doppelgrab: Hier hatte man die Leichen eines Mannes und einer Frau auf Rinderfellen niedergelegt, auch sie in einer holzverkleideten Grabkammer. Zwar waren die Skelette längst vergangen, aber ihr Geschlecht ließ sich an den Beigaben und ihrer Fundlage bestimmen. Hier fanden sich der Überrest eines vierrädrigen Wagens mit Wagen- und Pferdegeschirr (aber kein Pferd) aus Bronze wie auch drei Gefäße mit Spuren goldumwirkter Gewebe, Reste eines Gürtels mit Bronzeblechgarnierung, Bronzefibeln, zwei Ketten – die eine aus 351 Bernsteinperlen, die zweite aus 2360 grünen Glasperlen –, ein Hiebmesser, ein eiserner Halsreif, ein lederner, bronzeverzierter Köcher mit 51 Pfeilen und der Überrest eines Langbogens von vermutlich 2,10 Meter Größe. Die hölzernen Wände der Grabkammer waren offenbar mit Stoffen ausgekleidet, zumindest die Decke.

Wer waren diese Toten? War der beraubte Leichnam in der Zentralbestattung der Ahnherr der Heuneburg-Dynastie, falls es eine solche überhaupt gegeben hat? Die Keramikfunde aus dem Hohmichele stammen immerhin aus der Gründungsepoche der Heuneburg, abwegig ist daher diese These nicht. Gehörte der Mann mit dem Langbogen »zu einer Spezialtruppe der Heuneburgbesatzung«? (so Gustav Rieck, der die Ausgrabung leitete): »Vermutlich war diese Bogenschützentruppe bei der Verteidigung der Burg mit Sonderaufgaben betraut.« Das ist reine Spekulation, für die es nicht die mindesten Beweise gibt, also ein Versuch, den Abglanz farbigen Lebens auf die toten Funde zu projizieren, aber solche Spekulationen müssen auch dem Wissenschaftler erlaubt sein.

Außer diesen beiden Grabkammern wurden noch weitere zwölf Gräber gefunden: sieben Körperbestattungen und fünf Brandgräber. Vermutlich bargen sie die Reste von Gefolgsmitgliedern jener, die man dem Adel zuzurechnen hat.

Zwei- bis dreihundert Grabhügel haben sich im Umkreis der Heuneburg nachweisen lassen, davon gelten neun als »Fürstenhügel«, d. h., hier wurden mit Sicherheit die Burgherren mit ihrem Gefolge beigesetzt. Wo die Bevölkerung selbst bestattet wurde, wissen wir nicht. Von allen diesen Gräbern ist der Hohmichele mit 13,50 Metern Höhe und 50 Metern Durchmesser einer der höchsten mitteleuropäischen Grabhügel überhaupt. Erst zwischen 1954 und 1956 wurde der Hügel in sein ursprüngliches Aussehen zurückversetzt, und so präsentiert er sich heute – im Wald gelegen – seinen Besuchern.

Von den neun sogenannten »Fürstenhügeln« wurden bisher erst zwei wissenschaftlich erforscht: »der »Hohmichele« (1938/39) und 1954 ein Hügel der Vierergruppe in Giesübel/Talhau. Diesen hatte man über einem 25 Meter langen und 11,50 Meter breiten Holzhaus mit etwa vier Räumen und einer Vorhalle errichtet. Bei der Bestattung wurde dieses Holzhaus – das Wohnhaus des Toten? – niedergebrannt und eine hölzerne Grabkammer eingefügt. Auch sie war beraubt worden. Und auch hier stand ein vierrädriger Wagen, der zerschlagen wurde. Im Gegensatz zu anderen Gräbern aber war hier das Skelett des Toten erhalten geblieben, und dieses befand sich in einer so merkwürdig gekrümmten Lage, daß man daraus schließen muß, der Tote sei noch im Verwesungszustand beraubt worden. Dieser Grabhügel enthielt zwanzig Nachbestattungen.

Die Heuneburg selbst, zu der diese Toten einmal in enger Beziehung gestanden haben mußten, wurde erst vom Sommer 1950 an systematisch ausgegraben. Diese Grabung ist auch heute noch nicht gänzlich beendet – die letzte Grabungskampagne fand im Herbst 1977 statt und wird jetzt für längere Zeit die letzte gewesen sein –, aber sie vermittelt inzwischen ein klares Bild.

Die Heuneburg muß schon etwas vor der Mittelbronzezeit besiedelt gewesen sein, oder sagen wir vorsichtiger: Es ließ sich ein Grabensystem mit Doppelpalisade aus dieser Zeit nachweisen, allerdings fehlen keramische Funde, die eine genauere zeitliche Fixierung möglich gemacht hätten. Eine Siedlung aber muß während der Mittelbronzezeit auf dem Hügel bestanden haben: Es fanden sich eine Fülle von Scherben und auch zwei Nadeln. Auch eine Befestigung des Bergsporns ließ sich nachweisen, nämlich ein Mauersystem, das aus mit Steinen gefüllten Holzkästen bestand. Diese bronzezeitliche Siedlung lag unter fünf Metern Schutt. Um die Mitte des 6. Jahrhunderts v. Chr. müssen sich die Hallstattzeitleute hier niedergelassen haben.

Will man sich das Areal in jener Zeit verdeutlichen – 600 Meter hoch, 300 Meter lang und 150 Meter breit –, so ist zu berücksichtigen, daß die Landschaft damals anders ausgesehen hat als heute. Die Donau fließt heute – längst reguliert – in einem neuen Flußbett zu Füßen der Heuneburg. Vom Bergsporn geht heute der Blick über den Fluß auf wohlbestellte Felder in breiter Niederung. Damals aber, in vorchristlicher Zeit, war das Donautal völlig versumpft. Der Fluß strömte nicht in geradem Verlauf, sondern schuf in trägen Windungen ein riesiges Feuchtgebiet. Knochenfunde beweisen: Hier hausten damals Biber, hier breitete sich ein ökologisch völlig ungestörtes Vogelparadies aus mit Fischadlern und Gänsegeiern, Enten, Gänsen, Reihern, Störchen, Birkhühnern, Uhus und Kolkraben. Auch Wild war reichlich vertreten: Rothirsch, Wildschwein, Auerochs, Wolf, Luchs, Elch und Bär.

Auf diese Wildnis blickte man damals von der Heuneburg herab, und von jener Seite, dem Steilhang zur Donau, war am wenigsten mit einem Angriff zu rechnen. Die anderen Seiten der Burg aber waren weit weniger geschützt, denn hier fiel der Bergsporn allmählich ab ins Land und bot keinen natürlichen Schutz, so daß diese Seiten immer wieder stark befestigt wurden. Auf welche Weise, das zeigte die Grabung von 1951, und sie erschien damals einigermaßen sensationell: Die Menschen der Heuneburg hatten neben den üblichen Mauern aus Holz und Stein einmal auch eine Befestigung aus luftgetrockneten Lehmziegeln errichtet, samt den Bastionen eindeutig nach mediterranem Modell und von der Technik her für unser feuchtes Klima wenig geeignet.

Auch hier schossen Spekulationen ins Kraut. Da man ähnliche Konstruktionen aus dem ganzen Mittelmeerraum kannte:

Sollten sich die Herren der Heuneburg etwa Techniker aus dem Süden an die Donau geholt haben? Nach allem, was wir wissen, ist die Erklärung viel einfacher. Nicht Gastarbeiter waren hier tätig, sondern Einheimische, die im Mittelmeerraum gelernt haben. Am ehesten wohl in der Gegend von Marseille, denn mit der griechischen Kolonie Massilia (heute Marseille) bestanden Handelsverbindungen. Vielleicht aber hatten die Baumeister auch in Italien gelernt, doch Einheimische müssen es gewesen sein, wie Details zeigen. Sie mauerten einen drei Meter breiten und 60 Zentimeter hohen Sockel aus Weißjurakalksteinen (die in etwa sechs Kilometer Entfernung gebrochen und herangeschleppt wurden) und errichteten darüber eine etwa drei bis vier Meter hohe Mauer, deren Lehmziegel (vermischt mit Sand und Häcksel) eine mit Holzbalken abgedeckte Mauerkrone bekamen. Darüber wurde ein hölzerner Wehrgang gesetzt, dessen Aussehen wir nicht kennen. Von ihm fanden sich große Reste verkohlten Holzes zu Füßen der Mauer. Und da luftgetrocknete Ziegel in unserem Klima wenig haltbar sind, versah man das gesamte Mauerwerk, das offenbar das ganze Burgareal umschloß, mit einem dicken weißen Kalkverputz als Wetterschutz. Diese Lehmziegelmauer (der Ziegel zu 40 × 40 Zentimeter bei einer Dicke von 6–8 Zentimetern) wurde auf der Nordfront der Burg mit zehn Türmen bestückt.

Der Sinn solcher Turmkonstruktion scheint den Heuneburgern damals nicht ganz verständlich gewesen zu sein, denn sie nutzten sie nicht militärisch, sondern entfremdeten sie zu Wohnzwecken. So installierte man in dieser Befestigungsanlage, die »geradezu als ein erstes Beispiel echter Festungsarchitektur auf mitteleuropäischem Boden gelten darf« (so der Ausgrabungsbericht von 1954), eine Wohnsiedlung mit Herden und zivilen Einrichtungen und machte sie dadurch für die Verteidigung untauglich.

Diese Lehmziegelbefestigung fiel in der späten Hallstattzeit einer plötzlich hereinbrechenden Brandkatastrophe durch gewaltsame Einwirkung von außen zum Opfer. Der hölzerne Oberbau brach dabei ins Innere und zerstörte hier Herdstätten und Inventar, so etwa an der Wand aufgereihte Gefäße. Die Archäologen hatten den Eindruck, »der brennende Raum« sei »erst im letzten Augenblick verlassen worden«.

Unter dem Brandschutt einer ebenfalls zerstörten jüngeren Ansiedlung fanden sich auch schwarzfigurige attische Scherben von etwa einem Dutzend Gefäßen. Diese schwarzfigurige Keramik war offenbar als Beifracht mitgeliefert worden zu den Öl- und Weinamphoren, die in der Provence hergestellt waren. »Man hat den hier residierenden keltischen Adelsgeschlechtern auch gleich das zum Trinken notwendige kostbare Geschirr mitgeliefert, so wie die Chinesen im 18. Jahrhundert ihrem Tee auch das zugehörige feine Porzellan als Beifracht für ihre europäischen Verbraucher zugesellt haben« (Wolfgang Kimmig).

Das bedeutet natürlich nicht, daß es auf der Heuneburg an einheimischem Trinkgeschirr gefehlt habe, im Gegenteil: Die dort gefundene Keramik weist ein reiches Spektrum auf. Neben großem Tongeschirr gibt es auch bemalte Gefäße mit roten und grauen Ornamenten auf weißem Grund, aber auch rot oder schwarz polierte Gefäße, die in Anlehnung an etruskische Vorbilder geschaffen worden sind. Was es aber nicht gab, waren figürliche Darstellungen, so wie wir sie von griechischer Keramik kennen. Die Heuneburger haben ausschließlich ihre alteinheimischen geometrischen Ornamente als Gefäßdekor benutzt.

Daß sie aber figürlicher Darstellung keineswegs bewußt auswichen, beweist das Fragment einer Gußform (4,6 Zentimeter hoch und 2,4 Zentimeter dick ist der daraus gewonnene Guß) mit der Darstellung einer Maske als Attasche einer Bronzekanne. Auch dieses Fragment weist auf die Beziehungen zum mediterranen Raum hin, denn sein Stil deutet auf Vorbilder aus dem etruskischen Vulci. Wie bei der Lehmziegelmauer ist aber auch hier nicht an das Werk von Fremdarbeitern zu denken; vielleicht hat der Heuneburger Bronzegießer in Vulci gelernt. Und zweifellos stammt aus dem Süden die Verwendung von Töpferscheibe und Metalldrehbank, die aber erst in der jüngsten Heuneburgzeit verwendet wurden.

»Die Heuneburg« – so heißt es im Grabungsbericht von 1966 – »ist die erste große Späthallstattsiedlung in Mitteleuropa, die wesentliche Einblicke in die materielle Kultur dieses Zeitabschnitts ermöglichen wird.« Diese Voraussage hat sich erfüllt, auch wenn bisher erst die Hälfte des Areals ausgegraben worden ist.

Wenn man von der Heune*burg* spricht, so darf man dabei

nicht an unseren Begriff von »Burg« denken, der uns in unserer Vorstellung an Burgen des Mittelalters denken läßt. Die europäische Burg der Ritterzeit war ausschließlich Adelssitz, zu dessen Füßen das abhängige Volk siedelte. Die Heuneburg hingegen war weit mehr; in ihren Mauern hatte auch ein Teil der Bevölkerung Platz. Auch wenn bisher nur die Hälfte des Innenraums freigelegt wurde, so steht doch schon jetzt fest, daß es auf der Heuneburg Wohn- wie Handwerkerquartiere gegeben hat. Gebäude von zum Teil beträchtlichen Abmessungen ließen sich nachweisen, so in der Südostecke ein dreischiffiger Hallenbau von vermutlich über 30 Metern Länge, dessen Mittelschiff eine Breite von 4,50 Metern aufwies, das nördliche Seitenschiff maß 4,50 Meter und das südliche 3,80 Meter. Mit diesen Dimensionen übertrifft der Bau an Größe die bisher bekannten Dreischiffbauten der Hallstatt- und Latène-Zeit vom Goldberg bei Nördlingen und Befort in Luxemburg.

Neben diesem Typus, dessen Verwendungszweck wir nicht kennen, gab es auf der Heuneburg Ständerbauten mit Fachwerkkonstruktionen aus lehmverputztem Flechtwerk. Ihre Fußböden bestanden aus gestampftem Lehm, dem gelegentlich Kies, aber auch Tierknochen beigemengt wurden. Die hier buchstäblich tonnenweise gefundenen Tierknochen konnten in ihrem wesentlichen Bestand bestimmt werden. Danach ist schon jetzt deutlich, daß man sich beim Fleischverzehr vorzugsweise an Haustiere hielt – Rind, Schwein, Schaf und Ziege – und daß Wildbret auf der Heuneburger Tafel viel seltener war, als wir uns das vorstellen: Nur drei Prozent aller Knochen stammen von Wildtieren. Auch konnten die mit der Analyse beauftragten Zoologen feststellen, daß etwa das Rind damals noch viel kleiner war als heute. Die wichtigste Entdeckung bei diesen Untersuchungen aber: Auf der Heuneburg gab es Hühner. Der Zeitgenosse von heute mag das für selbstverständlich halten, aber Hühner gab es jenseits der Alpen damals nicht; man hatte sie – wie übrigens auch den Esel – aus dem Mittelmeerraum importiert. Und damit hängt auch zusammen, daß erst jetzt, in der späten Hallstattzeit, zum erstenmal in der keltischen Kunst Hähne dargestellt werden. Der gallische Hahn – ein keltischer Import.

Ebenfalls im Südosten des Burginneren fanden sich schmale

Rechteckbauten (11,90 × 3,30 Meter), die wohl einmal Handwerkerhallen waren, in denen Handwerker wohnten – offenbar ein ganzes Quartier. Hier wurde Metall verarbeitet, das ließ sich nachweisen, aber keine Keramik, was bei den reichen Keramikfunden auf der Heuneburg überrascht. Es ist allerdings nicht auszuschließen, daß man ein Töpferviertel noch nicht gefunden hat, nur spricht nach dem derzeitigen Forschungsstand nichts dafür. Sehr wahrscheinlich lag es außerhalb der Burg in der Nähe der Tongruben.

Auf jeden Fall ist die Heuneburg stets außerordentlich dicht besiedelt gewesen, wobei das Siedlungsbild in jeder Periode wechselte. So lagen zum Beispiel während der Zeit der Lehmziegelmauer Gehöfte auf dem Areal. Die Heuneburg war eine Volksburg, auf der ein Burgherr mit seinem Volk wohnte – also nicht, wie im Mittelalter, streng getrennt vom Volk residierte. Und offenbar war hier gut 150 Jahre lang ein einziges Adelsgeschlecht als Herrscherkaste ansässig. Wo aber der Fürst der Heuneburg residierte, weiß man bislang nicht, denn Spuren eines Palastes oder Herrensitzes wurden nicht gefunden, es sei denn, er befinde sich im noch nicht ausgegrabenen Teil der Burg. Das ist ebenso merkwürdig wie der Umstand, daß wir zwar die Grabstätten der dort Herrschenden und ihrer Gefolgsleute kennen, aber nicht wissen, wo die Bevölkerung beigesetzt worden ist. Mit Sicherheit jedenfalls nicht auf der Burg, die – trotz eines Skelettfunds – keinerlei Bestattungsplätze umschloß.

Da man heute weiß, daß auch zu Füßen der Heuneburg gesiedelt worden ist, kann man sich die Heuneburg wie eine Art Akropolis vorstellen, die hoch über den Siedlungen lag und in Kriegszeiten der Bevölkerung auch als Fluchtburg diente. Lagen deshalb die wertvollen Metallhandwerkerbetriebe im Burginnern und die weniger bedeutenden Töpfereien außerhalb ihrer Befestigung?

Auch das Sozialgefüge dieser Gemeinschaft kennen wir nicht. Herrschte hier vielleicht ein Feudalherr über Leibeigene? Und womit mögen die Heuneburger gehandelt haben, wenn sie Waren aus dem Mittelmeerraum bezogen? Hochwertige Waren, die sie selbst herstellten, hatten sie im Gegengeschäft nicht anzubieten, außer einer: Sklaven, ein in der Geschichte der Menschheit selbst heute noch geschätzter Handelsartikel und wahrscheinlich der einzige, mit dem die Völkerschaften diesseits der Alpen den mediterranen Hochkulturen dienen konnten.

Zwischen 500 und 450 v. Chr. kam das Ende der späthallstattzeitlichen Heuneburg. Die jüngste Burgmauer zeigt Spuren eines gewaltigen Brandes, in dem die Burg zugrunde gegangen ist. Wer ihre Zerstörer waren, wissen wir nicht. Damals, gegen Ende des 5. vorchristlichen Jahrhunderts, setzten sich die Wanderzüge der Kelten in Bewegung, und dabei mag auch die Heuneburg erstürmt und vernichtet worden sein. Auch wenn bislang Hunderte von Töpfen, über 300 Fibeln, Hals- und Armringe, Ohrschmuck, Nähnadeln, Glasperlen, Bernsteinanhänger und Haarnadeln mit Köpfen aus Lignit (fossiles Holz), Gagat oder Bernstein gefunden wurden, dazu die genannten Reste attischer Gefäße: Auffallend bleibt doch eine gewisse Spärlichkeit. Die entdeckten Bronze- und Eisenfragmente waren Reste von schon damals zerbrochenen Gerätschaften, auch wurden kaum Waffen gefunden. Entweder wurde die Burg bei ihrer Zerstörung gründlich geplündert, oder die Bevölkerung konnte sie noch vorher beim Abzug mitnehmen.

Als die Römer um 40 n. Chr. diese Gegend systematisch zu besetzen begannen und ihre ersten Kastelle und Lager anlegten, war die Heuneburg längst ein weitgehend überwachsener Ruinenhügel. Militärisch war der mächtige Bergsporn für die Legionäre uninteressant, denn er lag außerhalb ihrer Militärgrenze, des sogenannten Donau-Limes. Und nach der Vorverlegung des Limes geriet die Heuneburg in römisches Hinterland. Neugierigen Soldaten mag sie anfangs als Ausflugsziel gedient haben, denn es fanden sich ein paar Zufallsfunde aus römischer Zeit, aber nichts, was auf eine Besitznahme schließen ließe, am wenigsten Bauspuren. Erst das Mittelalter hat dann die Heuneburg wieder entdeckt und sie bebaut.

Für das württembergische Land ist die Heuneburg bei weitem nicht das einzige Zeugnis hallstattzeitlicher Kultur. Spuren dieser Epoche haben sich hier auch sonst in großer Zahl gefunden, und die Art der Funde legt die Frage nahe, ob es sich hier in diesem Raum vielleicht um einen Großraum gehandelt haben mag, den sich Fürsten der Hallstattzeit untertan gemacht hatten, wenngleich sich über die Strukturen ihrer Herrschaft und Einflußbereiche nur Vermutungen anstellen lassen.

Zwei Grabfunde vor dem Zweiten Weltkrieg hatten erste Einblicke in die hallstattzeitliche Kultur in diesem Raum gewährt. Bei der Anlage eines Neubaus in Steinhaldenfeld stieß man im Oktober 1934 auf ein reichgeschmücktes Grab, offenbar das eines Fürsten. Wie im Hohmichele war auch hier dem Toten ein vierrädriger Wagen (von dem sich allerdings nur Reste erhalten hatten) beigegeben worden, Lanzen- und Speerspitzen aus Eisen und kostbarer Schmuck: ein goldener Kopfreif, eine goldene Schale, ein goldenes Armband, zwei Goldringe und zwei goldpattierte Paukenfibeln aus Bronze.

Das zweite Grab wurde im Juni 1936 – gleichfalls bei der Ausschachtung eines Neubaus – in Sirnau bei Eßlingen gefunden. Beigesetzt war hier eine etwa zwanzigjährige Frau, der man zwei goldene Armbänder, achtzehn Goldringe, Fibeln und Ringe aus Bronze und Korallenschmuck mitgegeben hatte.

Dem Typus dieses Grabes entsprach ein drittes, das im April 1951 bei Bauarbeiten in Schöckingen bei Leonberg aufgedeckt wurde. Auch hier war die Tote eine etwa zwanzig- bis fünfundzwanzigjährige Frau, der gleichfalls Gold-, Bronze- und Korallenschmuck beigegeben worden war, darunter sechs goldene Armbänder. War es eine keltische Prinzessin, wie gemutmaßt wurde? Alle drei Gräber stammten aus der Zeit zwischen 500 und 400 v. Chr., und alle drei sind auch räumlich eng benachbart, rings um Stuttgart. War das Zufall?

Nur zehn Kilometer nordöstlich von Schöckingen, zwischen Asperg und Ludwigsburg, liegt ein Grabhügel, der schon seit vielen Jahrhunderten den Namen »Grafenbühl« (Bühl = Hügel) trägt, was darauf hindeutet, daß man hier schon lange den Platz einer Fürstenbestattung vermutete. Schon 1580 hatte einmal der Stuttgarter Registrator Rüttel auf eigene Faust eine Grabung auf dem Grafenbühl unternommen, aber offenbar ohne ein nennenswertes Ergebnis. Immerhin: Daß hier Beisetzungen stattgefunden hatten, war allgemein bekannt, denn, so Rüttel, konnte man hier doch »iederzeitenn Cörper« (d. h. Gebeine) finden.

Erst spät nahm sich die Archäologie des Grafenbühls an, wie so oft von einer vorangetriebenen Bebauung dazu gezwungen, die ein wichtiges Indiz lieferte: Ende Januar 1964 stieß man auf Skelettreste mit einer Bronzespirale als Fibel. Die nun vorgenommene gründliche Untersuchung des Grafenbühl vom 1. 9.

bis 3. 11. 1964 und vom 9. 8. bis 3. 9. 1965 erwies sich als außerordentlich ergiebig. Wie im Hohmichele fand sich auch hier eine hölzerne Grabkammer vergleichbarer Größe (4,5 × 4,5 Meter), dazu 33 Nachbestattungen (d. h. in einer späteren Zeit vorgenommene Beisetzungen). Aber wie im Hohmichele waren auch beim Grafenbühl die Grabräuber den Archäologen längst zuvorgekommen, etwa zehn bis zwanzig Jahre nach der Bestattung hatten sie das Grab geplündert, wobei ihr Interesse allen Gegenständen aus Edelmetall, Bronze und Eisen gegolten hatte. Ihrer Aufmerksamkeit entgangen waren nur zwei bronzene Löwenfüße eines Kesseluntergestells, die im Boden eingelassen gewesen waren und darum wohl nur mit großem Zeitaufwand zu bergen gewesen wären, denn den dritten nahmen sie mit. Auch zwei bronzene Aufsätze übersahen sie, aber sonst raubten sie gründlich. Gefunden wurden auch hier die Reste eines Wagens, ein Löwenfuß aus Elfenbein und zwei Elfenbeinsphinxe. Aber auch dies wenige läßt ahnen, mit welchem Reichtum hier ein Fürst – und ein solcher war es offenbar – beigesetzt worden war. Die Skelettreste weisen den Toten als etwa dreißigjährigen Mann aus. Demgegenüber nahmen sich die Beigaben aus den Nachbestattungen bescheiden aus: Hals-, Arm- und Fußringe, eine Stangengürtelkette, Glas- und Bernsteinperlen, Fibeln und anderer Schmuck. Allerdings waren diese Nachbestattungen zum Teil schon ziemlich zerstört und an keiner Stelle unversehrt geblieben.

Da in diesem Areal schon früher hallstattzeitliche Gräber gefunden worden waren, so 1879 im sogenannten »Kleinaspergle« (1,3 Kilometer südlich vom Hohenasperg) und 1963 nur 200 Meter vom Kleinaspergle entfernt in einem weiteren Hügel, deutet alles darauf hin, daß der Hohenasperg in der Hallstattzeit offenbar eine Fürstenresidenz gewesen sein könnte. Der Hohenasperg selbst entzieht sich einer gründlichen archäologischen Untersuchung, denn er trägt noch heute eine Festung, die schon seit Jahrhunderten als Gefängnis genutzt wird. Bei der Anlage dieser Festung und ihrer tiefreichenden Grundmauern dürften vorhanden gewesene Reste der Hallstattzeit ohnehin zerstört worden sein. Auf jeden Fall bietet der Hohenasperg alle Voraussetzungen für die Existenz einer Fürstenresidenz.

Die dort ansässigen Fürsten müssen einflußreiche Männer

gewesen sein, wichtige Herrscher für die Kaufleute, die den Handel mit dem europäischen Süden betrieben. Und manches Geschenk – oder Heiratsgut – dürfte für sie abgefallen sein, um sie bei Laune zu halten.

Zwei attische rotfigurige Schalen, um 450 v. Chr. entstanden, hatte man schon 1879 im Kleinaspergle gefunden. Was jetzt im Grafenbühl entdeckt wurde, bestätigt nur die enge Verbindung dieser Herzen zum mediterranen Raum und dessen regen Handel. Die beiden bronzenen Löwenfüße von einem Stabdreifuß (er muß etwa 80 Zentimeter hoch gewesen sein) sind eindeutig griechischen Ursprungs, man vermutet als ihre Herkunft eine peloponnesische Werkstatt. Eine gleichfalls hier gefundene Elfenbeinschale von 10 Zentimetern Durchmesser, »wohl die ornamentale Bekrönung eines Griffes«, stammt, so Ausgräber Hartwig Zürn, »aus dem Orient, wo die Werkstatt im nordsyrisch-südostanatolischen Raum, im ›spätethitischen‹ Kulturkreis, zu suchen ist«. Griechischer Herkunft ist der elfenbeinerne Löwenfuß. Auch kleinere Stücke, wohl »Einlagen eines Möbelstückes«, verweisen auf den Mittelmeerraum. Das gilt auch für die beiden Elfenbeinsphinxe, von denen eine besonders gut erhalten ist mit einem Gesicht aus Bernstein: »Es ist ein Meisterwerk antiker Schnitzkunst, das auch im Bereich der griechischen Kunst bisher einzig dasteht. Stilvergleiche lassen auf eine Herkunft aus der süditalischen Griechenstadt Tarent schließen.«

Welchen Machtbereich mögen die Herren vom Hohenasperg einmal gehabt haben, und wie groß war ihr politischer Einfluß? Hier ist des Spekulierens kein Ende. Vorstellbar wäre ein Herrschaftsbereich, gelegen zwischen Hohenasperg und dem Rand der Schwäbischen Alb, wofür die Gräberfunde sprechen, wenn wir uns vorstellen, daß sie die letzte Ruhestätte kleinerer, vielleicht lehenspflichtiger Fürsten gewesen sind: Außer den schon genannten Steinhaldenfeld, Sirnau und Schöckingen gehören dazu die älteren Funde vom Römerhügel bei Ludwigsburg (auch hier enthielt das Grab einen vierrädrigen Wagen), Dußlingen und Baisingen am Schwarzwaldrand. Sie alle entstammen dem gleichen Zeitraum.

Und noch zwei weitere Grabhügel müssen wir hinzurechnen, deren Anlage unser Bild bereichert.

Nicht Bauarbeiten, sondern die Flurbereinigung erzwang 1962 die Beseitigung eines nur einen Meter hohen Grabhügels auf einer Wiese bei Hirschlanden im Kreis Ludwigsburg. Schon am ersten Tag der Ausgrabung, am 5. November 1962, kam ein absolut ungewöhnlicher Fund ans Licht: die Statue eines nackten Kriegers.

Sie hatte einmal die Bekrönung eines hallstattzeitlichen Grabhügels gebildet, dessen Sockel von einem Steinkranz gebildet wurde. Die Statue war in Wadenhöhe abgebrochen, den Hügel hinabgerollt und neben dem Steinkranz liegengeblieben, wobei beide Beine oberhalb der Knie abbrachen und der im Laufe der Zeit langsam auseinanderfließende Erdhügel sie schützend bedeckt hatte mit einer nur 20 Zentimeter dicken Erdschicht. Sie stürzte demnach, als der Steinkranz selbst noch frei, der Hügel also noch unverändert war. Der Rest der Figur, also die Füße mit den Unterschenkeln bis zur Wadenmitte, blieb auf der Hügelkuppe stehen und wurde später beim Ackerbau als lästiges Hindernis beseitigt.

Diese Plastik gehört zweifellos zum Schönsten und Großartigsten, was bisher an frühgeschichtlichen Skulpturen auf deutschem Boden gefunden wurde, vielleicht ist sie sogar das bedeutendste Zeugnis frühgeschichtlicher Bildhauerkunst in Deutschland.

Gefertigt ist sie aus Stubensandstein, der westlich von Stuttgart gebrochen wurde. In ihrer jetzigen Gestalt mißt sie 1,50 Meter; nimmt man den abgebrochenen und nicht mehr erhaltenen Rest hinzu, dürfte sie eine Lebensgröße von 1,80 Metern gehabt haben. Sie zeigt einen wuchtig dastehenden nackten Krieger mit erigiertem, am Körper anliegendem Penis (ithyphallisch), verschränkten Armen, um die Hüfte einen Gürtel mit schräg eingestecktem späthallstattzeitlichem Hufeisendolch, auf dem Kopf einen Helm, um den Hals einen dicken geschlossenen Reif.

Auffallend aber ist dies: Während die Rücken- und Beinpartie vollplastisch durchmodelliert sind und stark an archaische griechische Plastik erinnern, wirkt die Vorderseite ausgesprochen roh und flach. Da nichts für Witterungseinflüsse spricht, muß diese bildhauerische Behandlung einen ganz bestimmten Grund gehabt haben. Aber welchen? Denkbar wäre dieser: Vermutlich sollte die Figur den im Grab beigesetzten Krieger darstellen. Und ganz zweifellos hat der Künstler – und diese Bezeichnung verdient er wahrlich – sich von Plastiken des Mittelmeerraums inspirieren lassen. Da es ganz unwahrscheinlich ist, daß in dieser Zeit – Funde im Grab sprechen für eine Datierung zwischen später Hallstattzeit und früher Latène-Zeit – archaische Plastiken in diese Gegend importiert wurden (es gibt dafür nicht den mindesten archäologischen Beleg), hat der Bildhauer entweder im Mittelmeerraum gelernt, oder er kam sogar von dort, eine Vermutung, die zugegebenermaßen unsere Phantasie mächtig beflügelt. Nur: Für die Gestaltung der Vorderseite durfte er vermutlich einheimische Traditionen nicht durchbrechen, die eine vergleichsweise realistischere Durchmodellierung untersagten, für die Rückseite hingegen mag sie ihm freigestellt gewesen sein.

Auf Stileinflüsse aus dem süd- und südostalpinen Raum, wenn nicht gar aus dem Bereich situlischer Kunst, d. h. dem zwischen Etrurien und dem Donaugebiet verbreitetem Stil, verweist die Gestaltung des Helms. Merkwürdig ist auch das Gesicht, das maskenhaft wirkt, vermutlich sogar eine Maske darstellen soll. Ist es eine Totenmaske?

Auf jeden Fall haben wir es in dieser Figur mit einer ganz ungewöhnlichen Neuerung in der Art der Darstellung zu tun. Menhire als Bekrönung eines Grabhügels sind keineswegs selten, nur lassen die bisher bekannten Figuren den Unterkörper im Steinblock, statt ihn sorgfältig herauszuarbeiten. Nicht ungewöhnlich hingegen ist die ithyphallische Darstellung für eine Grabstele. Außer einem bei Montceau-les-Mines gefundenen 56 Zentimeter hohen Steinpfeiler (heute im Musée de Chalons-sur-Saône) kennen wir solche Bilder auf deutschem Boden auf einer 1948 in Stammheim (Kreis Calw/Württ.) gefundenen 1,62 Meter hohen Stele und – aus weit späterer Zeit – auf einem 42 Zentimeter hohen fränkischen Grabstein im Rheinischen Landesmuseum in Bonn. Da wir ithyphallische Hermen aus Griechenland und phallusbekrönte etruskische Grabhügel aus Italien kennen, wäre dies ein weiteres Indiz für die engen Beziehungen zwischen Hallstattkultur und Mittelmeerraum. Die Bedeutung solcher ithyphallischer Darstellung ist klar: Zum einen symbolisiert sie ungebrochene Lebenskraft, zum anderen ist sie ein Imponier- und Abwehrgestus, der Wissenschaftlern heute aus der Primatenforschung vertraut ist und der als Abwehr- und Imponiergestus in Urzeiten vielleicht auch dem Menschen zu eigen war.

Der Grabhügel, den dieser steinerne Wächter bekrönte, wurde zwischem dem 5. 11. bis 14. 12. 1962 und (wegen Wintereinbruchs) dann vom 22. 3. bis 3. 4. 1963 eingehend untersucht. Der Hügel – umgeben von einem Steinkranz von 19 Metern Durchmesser – enthielt 16 Gräber mit zum Teil verbrannten Knochen, einem Paar großer Kahnfibeln und einem Gürtelhaken aus verschiedenen Zeitabschnitten. Vermutlich wurde die Statue nach der letzten Beisetzung aufgestellt, die wohl im 6. Jahrhundert v. Chr. erfolgte.

Gleichfalls mit einer Stele aus Stubensandstein bekrönt war ein Grabhügel aus dem 6. Jahrhundert v. Chr., der 1968 in Tübingen-Kilchberg erforscht wurde. Es handelte sich um das Doppelgrab zweier Frauen. Der Grabhügel hatte einen Durchmesser von 13 Metern, und der Steinkranz am Fuß bestand aus 48 senkrecht gestellten Platten, gleichfalls aus Stubensandstein. Die Grabbeigaben – soweit sie erhalten waren – beschränkten sich auf die Scherben einiger reichverzierter Gefäße der Mittleren Hallstattzeit. Die Stele in einer Höhe von 1,15 Metern war – wie die von Hirschlanden – herabgestürzt, am Hals durchgebrochen und auch hier neben den Steinkranz gerollt und von der herabfließenden Hügelerde überschüttet und so bewahrt worden. Während im Falle des Hirschlander Grabhügels die Fundstelle planiert werden mußte, konnte der Tübinger Hügel trotz ursprünglich geplanter Zerstörung dann doch erhalten und rekonstruiert werden. So läßt sich an diesem Fundplatz heute noch das Aussehen eines hallstattzeitlichen Grabhügels ablesen.

Das ist heute auch noch in einem zweiten Fall möglich und ungleich imponierender in seiner Größe: Gemeint ist der Magdalenenberg bei Villingen im Schwarzwald. Ähnlich dem Grafenbühl beim Hohenasperg war auch der Magdalenenberg (mundartlich-zärtlich auch »Magdalenenbergle« genannt) schon seit langem als alte Grabstätte bekannt oder doch wenigstens vermutet. Wie viele solcher Hügel erhielt auch der Villinger den Namen der Maria Magdalena (warum, ist unbekannt), und so wird er auch in der ältesten schriftlichen Urkunde von

1320 »sanct Maria magdalena bückel« genannt, der später sogar als Hexentanzplatz denunziert wird. Im Magdalenenberg ruhe ein Schatz, erzählte sich das Volk noch bis gegen Ende des 19. Jahrhunderts, ein Beweis, daß hier, ähnlich wie beim Grafenbühl, die Tradition einer Fürstenbestattung offenbar lebendig geblieben war.

Die erste Grabung dort fand vom 2. bis 20. Oktober 1890 statt, stieß auch auf die Grabkammer eines Fürsten (mit 7,65 Metern Länge, 4,83 Metern Breite und 1,5 Metern Höhe die bisher größte), fand Reste eines Wagens und Teile von Pferdegeschirr, blieb aber, vom heutigen Forschungsstand aus gesehen, doch recht dürftig im Ergebnis. Hier setzte nun eine erneute Grabung von 1970 bis 1973 ein, die zu ungleich ergiebigeren Ergebnissen führte. Sie galt dem »größten vorgeschichtlichen Grabhügel Mitteleuropas« (Konrad Spindler), an dem offenbar etwa fünfzehn Jahre lang gearbeitet wurde, bis er einen Durchmesser von 102 Metern, eine Höhe von etwa 8 bis 10 Metern und einen Rauminhalt von 45 000 Kubikmetern erreichte.

Schon bei der Grabung von 1890 hatte man enttäuscht feststellen müssen, daß die Zentralbestattung, das Fürstengrab, ebenso beraubt worden war wie die Grabkammern vom Hohmichele und vom Grafenbühl. Die Knochen des Toten waren in der ganzen Kammer verstreut. Gleichwohl konnten auch hier Reste eines Wagens nachgewiesen werden. Zwar hatten die Grabräuber alles aus dem Hügel geschafft, was buchstäblich nicht »niet- und nagelfest« war, aber ein paar zurückgelassene Reste erlaubten eine Rekonstruktion. Sie besagte, daß alle Holzteile des Wagens mit »feinem Leder umkleidet« gewesen waren, »welches mit Birkenpech und zusätzlich mit kleinen Eisenstiften befestigt wurde«. Auch fanden sich Reste der Speichen (aus Apfelbaumholz), der Felden und eisernen Radreifen, dazu Fragmente von Bronzebeschlägen des Wagens, so ein Vogelmotiv, das wiederum auf Beziehungen zum Mittelmeerraum schließen läßt.

Die Grabung von 1970/73 förderte neben der beraubten Zentralbestattung von 133 Nebengräber ans Licht, und zwar, wie Untersuchungen ergaben, waren dies 70 Männer- und 63 Frauengräber, darunter auch einige von Kindern. Ihre Grabbeigaben waren bescheiden: Gefunden wurden etwa 60 Fibeln verschiedenen Typs (meist Bronze), zwei eiserne Lanzenspitzen, sieben eiserne Pfeilspitzen und zwei Dolche, davon einer mit einer bronzedrahtumwickelten Scheide. In den Gräbern der Männer fanden sich vorzugsweise Gegenstände aus Eisen, auch waren hier die Fibeln eher größer denn in den Frauengräbern. In den Beigaben aber erwiesen sich die Frauengräber reicher besetzt als die der Männer.

Mit Waffen waren nur zwölf der Männergräber versehen, eines enthielt die Ausrüstung eines Bergmanns. Auf rege Handelsbeziehungen ließen zwei Funde schließen: ein iberischer Gürtelhaken und eine slowenische Fibel.

Wichtiger aber war ein anderer, ganz unscheinbarer Fund im Fürstengrab selbst: das Bruchstück einer sogenannten Schrötlingsform für keltische Münzen (die sogenannten »Regenbogenschüsselchen«) aus dem 1. Jahrhundert v. Chr. Wie sie in dieses Grab gekommen sind, bleibt ein Rätsel. Man könnte natürlich vermuten, das Grab sei auch um diese Zeit beraubt worden, gäbe es nicht die dendrochronologische Datierung.

Die dendrochronologische Analyse des Villinger Fürstengrabes ergab, daß die Balken der Grabkammer im Spätjahr 577 v. Chr. gefällt und auch sofort verbaut wurden. Eine zweite Pfostenreihe wurde fünf Jahre später um das Grab angelegt. Nun hatten die Grabräuber bei ihrer Arbeit hölzerne Spaten benutzt, von denen drei bei ihrer Tätigkeit zerbrachen und liegengelassen wurden. Sie waren aus Tannenholz, und zwar aus ein und derselben Tanne gefertigt, die 530 v. Chr. oder etwas später gefällt worden war. Die Beraubung hatte also etwa 47 Jahre nach der Beisetzung stattgefunden. Ein gleichfalls im Magdalenenberg gefundener Spaten aus Eichenholz ließ sich auf 393 v. Chr. datieren, also hatten Grabräuber damals noch einmal ihr Glück versucht. Und da die Münzform aus noch späterer Zeit stammt, bleibt nur der Schluß, daß noch ein drittes Mal, diesmal im 1. Jahrhundert v. Chr., Grabräuber eingedrungen waren, die allerdings dann enttäuscht feststellen mußten, daß die älteren Zunftgenossen bereits gründliche Arbeit geleistet hatten.

Nichts ist bitterer für Archäologen, als bei einer Grabung festzustellen, daß Räuber ihnen zuvorgekommen sind. Dabei geht es gar nicht einmal so sehr um Arbeiten aus Edelmetallen: Die Anlage selbst ist empfindlich gestört worden. Es ist also nicht mehr festzustellen, was beigegeben wurde und wo man es aufgestellt hat. Denn der Totenkult sagt viel aus über die Lebensgewohnheiten der Hinterbliebenen; er vermittelt einen Einblick in das soziale Gefüge, die Handelsbeziehungen und die Kultur einer Epoche.

Darum kam es einer wahren Sensation gleich, als im Herbst 1978 bekannt wurde, daß den Archäologen in Hochdorf bei Ludwigsburg die Entdeckung eines vollkommen unversehrten Fürstengrabes aus der Hallstattzeit (etwa um 500 v. Chr.) geglückt war.

Der erste Hinweis war von einer Hausfrau gekommen, einer ehrenamtlichen Mitarbeiterin des Stuttgarter Landesdenkmalamts, der aufgefallen war, daß auf einem Acker am Ortsrand des Dorfes immer wieder große Steine aus dem Lößboden zum Vorschein kamen. Als nun die im Frühjahr einsetzenden Grabungen eine so gewaltige Steinmenge zutage förderten, wie sie für einen Grabhügel der Hallstattzeit mit umgebendem Steinkranz eher untypisch ist, war die erste Vermutung, es könnte sich möglicherweise um die Reste einer mittelalterlichen Befestigung handeln; der Erdhügel selbst war längst durch Witterung und Bodenbestellung eingeebnet.

Aber es war ein hallstattzeitliches Keltengrab, und die Gesteinsmassen hatten einmal eine mächtige Toranlage mit fünf Meter breiter Durchfahrt gebildet, durch die der Tote in den Grabhügel getragen worden war, hinein in ein gewaltiges Monument, denn der von einer Steinmauer abgestützte Grabhügel maß 60 Meter im Durchmesser und muß eine Höhe von etwa acht Metern gehabt haben. Ob auch dieser Hügel von einer steinernen Stele bekrönt wurde wie in Hirschlanden und Kilchberg, ist ungewiß; bisher wurde keine gefunden, aber fast ein Viertel des Hügels blieb bislang ununtersucht, das soll 1979 geschehen.

Ein solcher weit ins Land ragender Grabhügel hat zweifellos schon früh Schatzsucher angelockt, aber selbst wenn sie sich durch 17000 Kubikmeter aufgeschütteter Erde hindurchgewühlt hätten: Die Grabkammer war wie ein riesiger Tresor angelegt, zwei Meter tief in den Erdboden eingelassen und an allen Seiten durch Steinmassen gesichert. Wie auch bei den anderen Gräbern der Hallstattzeit waren sie mit Holz verschalt, in ihren äußeren Abmessungen 8 × 8 Meter groß und darin eingelassen

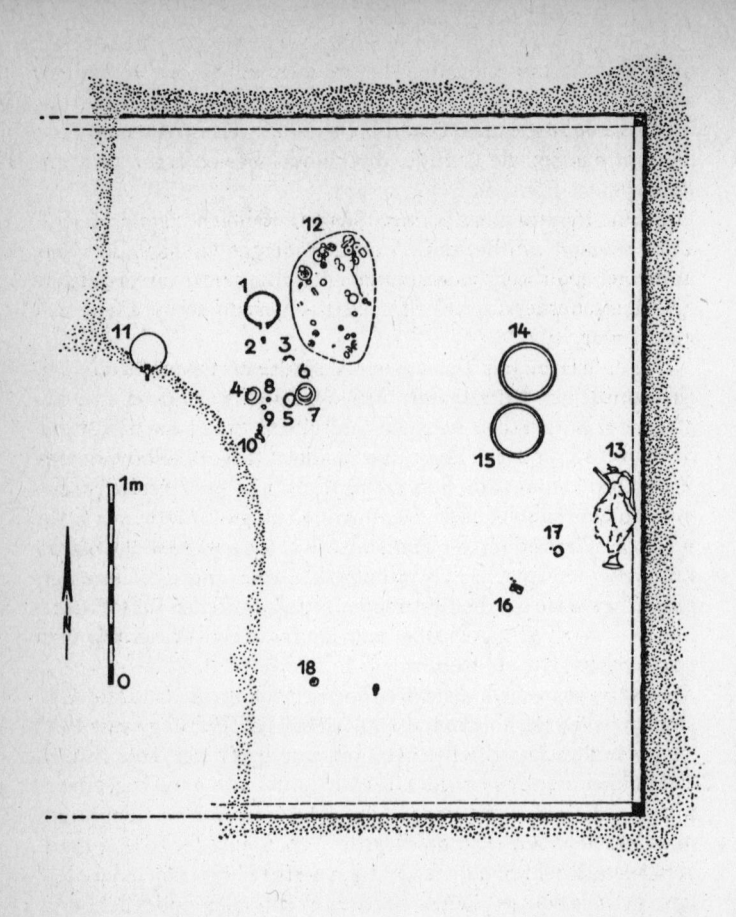

Reinheim. Grundriß des 2,20 m tief gelegenen Grabes der Fürstin mit Beigaben: 1 Torques, 2 Goldscheibenfibel, 3 Maskenfibel, 4 Goldarmreif, 5 Goldarmring, 6 Glasarmring, 7 Schieferarmring, 8 Fingerring, 9 Fingerreif, 10 Hahnenfibel, 11 Handspiegel, 12 Schmuckkasten, 13 Röhrenkanne, 14 und 15 Bronzeteller, 16 und 17 Goldbeschläge, 18 Goldscheibenfibel (Quelle: Josef Keller »Das keltische Fürstengrab von Reinheim«, Mainz 1965)

(die Zwischenräume mit Gestein ausgefüllt) die eigentliche Grabkammer von 5 × 5 Meter Größe. Darüber wie eine große Verschlußplatte aufgeschichtet eine Abdeckung aus mehreren Balkengefachen mit Steinfüllung, eine Last von fünfzehn Tonnen.

Etwa fünf Jahre nach der Beisetzung (das errechneten Mediziner nach der Skelettlage des hier Beigesetzten) muß diese schwere Abdeckung eingestürzt sein, und damit versiegelte sie die Grabkammer für die nächsten zweieinhalb Jahrtausende vor jedem Zugriff.

Der tote Fürst (ein – für seine Zeit – Hüne von 1,83 Meter und zwischen 30 und 40 Jahre alt, und das war bei der damaligen Lebenserwartung schon das Höchstalter) lag auf einem bronzenen Ruhebett von 3 Meter Länge und 40 cm Breite. Acht 30 cm hohe Figuren (vier Männer, vier Frauen) aus massiver Bronze bildeten die Beine; zwischen ihren Knöcheln waren drehbare Speichenräder befestigt: Die Prunkliege konnte also gerollt werden. Sie war ein Import aus Norditalien, nur: Ein solches Stück ist bisher noch nie gefunden worden, auch nicht im Mittelmeerraum. Aber dieses fahrbare Totenlager war längst nicht die einzige Überraschung. Beigegeben war (an der Ostseite) auch ein vierrädriger Wagen, ganz mit Eisen überzogen; die abgenommenen Räder zu 12 Speichen lehnten an der Wand. Dieser Wagen diente nicht täglichem Gebrauch, sondern wohl nur kultischen Zwecken. Vielleicht wurde der tote Fürst auch auf ihm ins Grab gefahren. Auf dem Wagen lag ein sechzehnteiliges Bronzegeschirr, daneben ein hölzernes Doppeljoch mit Bronzebeschlägen, auf ihm eine (bisher noch nie gefundene) Peitsche mit Bronze umwickelt und ein Pferdegeschirr.

Der Tote selbst, dessen Kopf nach Süden lag, war mit reichem Schmuck versehen worden. Er trug einen goldenen Halsring, einen goldenen Armreif, zwei goldene Schlangenfibeln, ein goldenes Gürtelblech, einen Eisendolch mit goldplattiertem Antennengriff und goldener Scheide. Seine Füße steckten in goldbeschlagenen Schnabelschuhen, und neben seinem Kopf lag ein runder Hut aus Birkenrinde und ein hölzerner Kamm. Sein Köcher enthielt Pfeile mit eisernen und bronzenen Spitzen.

Bemerkenswert waren die vielfach überraschend gut erhaltenen Textilreste, aus denen sich vermutlich sogar die Kleidung des Fürsten wird rekonstruieren lassen, und die in solcher Vielzahl noch nie gefunden worden sind. Die gewebten Stoffe zeigen ein kleinkariertes farbiges Muster, mit ihnen waren auch die hölzernen Wände der Grabkammer bespannt, befestigt mit Eisenkrampen, Bronzeköpfen und Schlangenfibeln.

In der Nordwestecke der Grabkammer (die etwa zwischen 1 m und 1,50 m hoch gewesen ist) stand auf einem mit Fell überzogenen Holzgestell ein Kessel von 1,20 m Durchmesser und 70 cm Höhe, der bei der Beisetzung mit Wein gefüllt war, wie die verharzten Reste erwiesen; in ihm lag eine goldene Trinkschale von 15 cm Durchmesser. Auch dieser Kessel ist ein Import aus Italien. An seinem Rand waren drei Henkel befestigt, zwischen ihnen drei ruhende Bronzelöwen, mit Blei gefüllt.

An der Südwand lag ein 85 cm langes eisernes Trinkhorn, mit Gold umwickelt. Neben verzierten Knochen- und Bernsteinperlen aber fand sich noch ein Gegenstand, für den die Archäologen bisher noch keine Erklärung wissen: Er ist fünf Meter lang und aus Leder und sehr dünner Bronze gefertigt. Acht Goldbänder sind um ihn gewickelt, dazu sind Bronzehenkel zum Tragen angebracht.

Übrigens enthielt das Hügelgrab – soweit bisher festzustellen war – nur eine einzige Nachbestattung, in der sich zwei Lanzenspitzen, ein Halsring und eine bronzene Paukenfibel fanden.

Das Besondere dieses Fundes, den man mit Recht einen »Jahrhundertfund« genannt hat, liegt nicht allein in seiner Unversehrtheit. Zum einen ist es das älteste Grab im Bereich des Hohenasperg aber jünger als der Hohmichele bei der Heuneburg. Zum anderen läßt es uns ahnen, wie geradezu verschwenderisch andere Fürstengräber dieser Region ausgestattet gewesen sein müssen, denn das Grab von Hochdorf gehörte sicher nicht zu den reichsten; das vom Grafenbühl muß üppiger versehen gewesen sein. Es muß damals, als der Tote von Hochdorf bestattet wurde, schon ein sehr ausgeprägtes höfisches Leben in diesem Gebiet gegeben haben, mit regen Handelsbeziehungen nach Norditalien und zum südlichen Tessin, keineswegs nur zur griechischen Kolonie Massilia (das heutige Marseille), wie bisher vermutet worden war.

Bei aller Begeisterung über den Hochdorfer Fund muß aber doch gesagt werden, daß es nicht das erste ungestörte Keltengrab ist, das auf deutschem Boden gefunden wurde, auch wenn es das bislang am reichsten mit Beigaben versehene ist. Ihm voraus ging ein Grabfund im Februar 1954 bei Reinheim im Saarland (Kreis St. Ingbert), vermutlich das Grab einer keltischen Fürstin.

Begonnen hatte es damit, daß hier im April 1952 ein Grab gefunden worden war, das sowohl Reste eines Skelettes als auch eines in drei Stücke zerbrochenen Bronzereifs enthielt; auch damals wurde vermutet, dieses Grab müsse Teil einer Gräbergruppe gewesen sein, und diese Vermutung bestätigte sich zwei Jahre später.

Der Mann, der dieses Grab 1952 fand und zwei Jahre später ein weiteres Mal die Archäologen alarmierte, hieß Johann Schiel, Besitzer einer Sand- und Kiesgrube bei Reinheim, und seiner sei hier dankbar gedacht, weil es nur seiner Aufmerksamkeit und seinem Interesse zuzuschreiben war, daß wir heute das Reinheimer Fürstengrab kennen. Schiel hat die Verzögerung beim Abbau seiner Kiesgrube von vornherein bewußt in Kauf genommen, als er die ersten Spuren sichtete.

Er hatte Mitte Februar 1954 in seiner Sandgrube ein wenig gegraben und dabei ein Bronzefigürchen gefunden. Schiel grub nicht weiter, deckte den Fund zu und benachrichtigte die Archäologen, die in dem Figürchen den Handgriff eines Bronzespiegels der früheren Latène-Zeit erkannten, den der Finder beim Graben leider zerstoßen hatte. Was er nicht wissen konnte: Beim Abtragen der Sandschicht über dem Kies war er bereits in eine Grabkammer gelangt, deren längst vermoderte Holzwände noch deutlich als »ein senkrecht stehender, schwarzer Streifen von etwa 60 Zentimetern Höhe sichtbar« war, so Josef Keller: »Spiegel waren in so früher Zeit nördlich der Alpen selten und konnten sich nur im Besitze hochgestellter Personen befinden. Der außerordentliche Fund ließ vermuten, daß er aus einem besonders reichen Grabe stammte.«

Diese Vermutung wurde zur Gewißheit, als am 3. März 1954, nach Abklingen der Frostperiode, eine systematische Grabung begonnen werden konnte. Nachdem das Grabungsareal in genügender Größe abgesteckt war, wurde vorsichtig der Boden in dünnen Schichten abgetragen, bis in einer Tiefe von 1,62 Metern der Grundriß der Kammer sichtbar wurde. Zwar war durch den

Abbau, den Schiel selbst vorgenommen hatte, ohne etwas von seinem Fund ahnen zu können, ein Teil der Grabkammer zerstört worden, so daß sich die exakten Maße nicht mehr ermitteln ließen, vor allem für die zerstörte Westseite. Aber die Nordseite hatte eine Breite von 2,70 Metern, die Ostseite 3,48 Metern, und von der Südseite waren noch 2,03 Meter intakt geblieben. Die Höhe der Grabkammer betrug 90 Zentimeter, sie war offenbar mit einer flachen Decke aus Holzdielen abgedeckt gewesen, die beim Verfallen von der darüberliegenden Erde eingedrückt worden war. Das Grab selbst lag in einer Tiefe von 2,18 Metern (gemessen von der heutigen Erdoberfläche), und hier, wo sich auch der Bronzespiegel gefunden hatte, stieß man auf weitere Grabbeigaben.

Der Sandboden hatte das Skelett des Leichnams restlos aufgelöst, nicht einmal Zahnreste waren übriggeblieben. Auch einen sogenannten »Leichenschatten« (die Verfärbung im Boden durch den Leichnam) konnte man nicht mehr identifizieren, weil der vermodernde hölzerne Kammerboden (die Analyse ergab die Verwendung von Eichenholz) alles in eine gleichmäßig dunkle Schicht verwandelt hatte. Nur die Lage der einzelnen Schmuckstücke erlaubte eine Rekonstruktion, wie die Leiche gelegen haben mußte, nämlich »auf dem Rücken liegend, den Kopf im Norden, die Füße im Süden mit einer kleinen Abweichung gegen NNW und SSO (...) Ihre Unterarme waren leicht angewinkelt, die Hände über dem Leib zusammengelegt.«

Die Beigaben von Schmuck und Spiegel und das Fehlen jeglicher Waffen erlaubte die Identifizierung als Frau, die Kostbarkeit der Beigaben ließen auf eine Fürstin schließen. Die Tote trug einen goldenen Halsreif, den sogenannten »Torques«, ein sehr typisches Charakteristikum der keltischen Kultur, der übrigens auch von Männern getragen wurde: einen dreilamelligen, achtmal um sich selbst gedrehten Reif (lat. torquere = drehen, winden). Die weitere Ausstattung beschreibt Josef Keller, der die Ausgrabung leitete, so:

»Über der Mitte der Brust war ihr Gewand von einer Goldblattfibel zusammengehalten. Eine sogenannte Maskenfibel aus Bronze schmückte die linke Brustseite. Am rechten Handgelenk trug sie einen schweren Armreif aus Gold und an der rechten Hand zwei goldene Fingerringe. Der Schmuck des linken Unterarms bestand aus drei Ringen, einer am Handgelenk aus Gold, der zweite weiter oben aus Glas und der dritte dicht daneben aus Ölschiefer. Wenige Zentimeter unterhalb der rechten Hand befand sich eine dritte Fibel; sie ist aus Bronze mit Koralleneinlagen und stellt einen Hahn dar, dessen Gefieder exakt gezeichnet ist.

Zu ihrer Rechten lag der Handspiegel aus Bronze. Von der fein gewebten Tasche, in welcher der Spiegel steckte, fand sich nur noch ein Rest; sonst war das Stoffgewebe noch als Abdruck in der unmittelbar einhüllenden Erde sichtbar. Zu ihrer Linken, neben dem Kopfe, stand offenbar ein Behälter aus vergänglichem Stoff mit einem überaus anziehenden Inhalt. Daß ein Behälter vorhanden gewesen sein muß, ergibt sich daraus, daß die Menge der Bernstein- und Glasperlen sowie der anderen kleinen Dinge kompakt zusammenliegend vorgefunden wurde. Wären ihre zahlreichen Lieblingsbesitztümer, die Ketten und Perlen, die Amulette und Talismane, die anderen Kostbarkeiten und Raritäten nicht in einem Behälter eingeschlossen und von diesem zusammengehalten gewesen, so hätten sie bei der Auffindung viel weiter zerstreut liegen müssen. Der Behälter war vielleicht aus Holz, und es liegt nahe, ihn als ihre Schatulle, ihren Schmuckkasten anzusehen.«

Auch Reste eines Bronzeservices fanden sich; sie lagen im östlichen Teil der Grabkammer. Das kostbarste Stück war eine wegen der schräg emporstehenden Ausgußröhre sogenannte »Röhrenkanne« aus vergoldeter Bronze, die schönste aller bekanntgewordenen Kannen dieses Typus, die bisher nur auf keltischem Gebiet gefunden wurden. Auf dem abnehmbaren Deckel steht ein Pferd mit bärtigem Menschenkopf, am Kannenhenkel sind oben und unten ein Widderkopf und zwei bärtige Männermasken als Attaschen angebracht. Zum Service gehörten außerdem zwei Bronzeteller und zwei Hülsen aus plastisch getriebenem und ornamentiertem Goldblech, die Beschläge zweier Becher aus einem nicht bekannten, in der Erde restlos vergangenen Material. Das Ganze muß einmal in einem Tuch aus weißem Leinen mit blauen Streifen eingehüllt gewesen sein, denn Reste dieses Stoffes hatten sich an den Stellen erhalten, wo sie unmittelbar die Bronze berührten, denn oxydierende Bronze konserviert.

Auch eine runde Goldblattfibel, die im südlichen Teil des Grabes isoliert lag, mag zu einem Ensemble von Textilien verschiedener Art gehört haben, die in Form von Kleidung, Matten, Decken und Tüchern zu jenen Teilen einer Grabausstattung gehören, die naturgemäß ebenso vergangen sind wie andere leicht lösliche Materialien.

Nach dieser kostbaren Ausstattung, die das außerordentlich hohe künstlerische Niveau und die Eleganz des Geschmacks jenes keltischen Kulturkreises bezeugen, mag die Annahme, hier habe eine Fürstin ihre letzte Ruhestätte gefunden, wohl berechtigt sein. Daß dieses Grab so spät entdeckt wurde, lag daran, daß schon in sehr früher Zeit, vermutlich während der römischen Okkupation, alle Grabhügel eingeebnet worden waren, denn wenn sich auch Reste einer steinernen Einfriedung wie bei den Hügeln von Hirschlanden oder Tübingen-Kilchberg in Reinheim nicht nachweisen ließen, dürfte das ursprüngliche Aussehen dieses Grabes den älteren ähnlich gewesen sein.

Sosehr ein solches Grab und die Schönheit seiner reichen Beigaben auch unsere Phantasie beflügelt, sich die Fürstin und ihren Einflußbereich aufs farbigste auszumalen: Allein schon der Versuch wäre nichts anderes als pure Spekulation. Viel detaillierter hingegen sind die Auskünfte, die uns die Ausgrabungen keltischer Oppida bisher über die soziale Struktur der Kelten in Süddeutschland geliefert haben, vor allem das Oppidum von Manching bei Ingolstadt, von dem Werner Krämer, der seit über zwanzig Jahren dessen Freilegung leitete, meint, dieses Oppidum sei vielleicht »wirklich die größte geschlossene Ansiedlung im prähistorischen Europa«.

Wie dieses Oppidum geheißen hat, wissen wir nicht, ja es ist nicht einmal sicher, ob es eine Siedlung der Vindeliker gewesen ist, die damals hier im bayerischen Alpenvorland ansässig waren. Die Archäologen haben die Bezeichnung »Stadt« für die keltischen Siedlungsplätze immer tunlichst vermieden und Cäsars Begriff »oppidum« benutzt, und das mit gutem Grund. Was die Griechen »polis« und die Römer »urbs« nannten, waren, denkt man an Athen oder Rom, Städte mit einer Burganlage im Mittelpunkt, die zugleich einen Tempelbezirk umschlossen, und/oder eine Residenz mit Verwaltungsgebäuden; man denke nur an die Akropolis von Athen oder das Capitol und das Forum von Rom. Auch wenn die Städte nicht Hauptstädte waren, also politische Zentren, gilt dieses Schema. Das lateinische »oppidum« bezeichnet einen festen und befestigten Platz, kann auch Befestigung schlechthin bedeuten, enthält also nicht den Begriff einer Verwaltungseinheit mit ausgeprägtem politischem und kultischem Zentrum.

Wie die keltischen Oppida beschaffen waren, wissen wir bis jetzt nur sehr ungefähr, denn nicht ein einziges Oppidum auf deutschem Boden ist bisher restlos freigelegt und analysiert worden. Bislang sind uns 27 keltische Oppida in Deutschland bekannt: elf in Bayern, sieben in Hessen, vier in Baden-Württemberg, jeweils zwei in Rheinland-Pfalz und Thüringen und eins im Saarland. Von ihnen ist die Altenburg bei Niedenstein (Hessen) die am nördlichsten gelegene.

Wie vage der Begriff »Stadt« auf das Oppidum zutrifft, zeigt z. B. das Oppidum von Kelheim. Mit 600 Hektar umwalltem Siedlungsgelände ist das Kelheimer Oppidum das größte in Süddeutschland, gegründet wohl im letzten Jahrhundert v. Chr., also in der Spät-Latène-Zeit. Obwohl dort ausgedehnte Grabungskampagnen 1964, 1970, 1971 und 1972 stattgefunden haben, die eingehende Aufschlüsse über die Art der Befestigung erbrachten, weiß man bis heute nicht einmal annähernd, wie es im Inneren dieser Umwallung ausgesehen hat. Nach den bisher vorliegenden Ergebnissen hatte das Kelheimer Oppidum offenbar nur eine geringe Besiedlung; eigentliche Siedlungsstrukturen ließen sich nicht nachweisen. Wohl aber ist innerhalb des ummauerten Areals Eisenabbau und Verhüttung betrieben worden, denn es fanden sich sowohl Schürfgruben wie Verhüttungsplätze. Sollte dieses Oppidum vielleicht nur ein fortifikatorisch gesichertes Industriegebiet gewesen sein? Erinnern wir uns an die Heuneburg: Auch sie war zweifellos nicht »Burg« in dem Sinne, wie wir ihn seit Jahrhunderten kennen, nicht (allein) nur hochgelegene Fürstenresidenz, dagegen spricht die Vielzahl dort ansässiger Handwerksbetriebe auf jener Hügelposition.

Das Oppidum von Manching war mit etwa 380 Hektar zwar kleiner als das von Kelheim, aber offenbar doch weit dichter besiedelt. Ausgegraben (und untersucht) wurden dort in den letzten zwanzig Jahren erst 6,7 Hektar, also erst etwa zwei Prozent des Ganzen, wobei hinzuzufügen ist, daß diese Grabungen keineswegs kontinuierlich vorgenommen werden konnten, nicht einmal jährlich. Denn Grabungen kosten viel Geld, und um allein diese 6,7 Hektar freizulegen, mußte die Deutsche Forschungsgemeinschaft, die dieses Unternehmen finanzierte, bis 1975 immerhin 1 845 000 DM aufwenden.

Manching ist ein Beispiel dafür, in welchem Ausmaß an einer eminent wichtigen archäologischen Fundstätte gesündigt worden ist.

Die erste Grabung dort fand 1887 statt, und schon ein Jahr später war klar, daß der das Oppidum umgebende Ringwall nicht römischen, sondern keltischen Ursprungs sei. Eine zweite Grabung wurde 1892 vorgenommen, dann ruhte das Unternehmen. Schon damals war das Areal nicht mehr unberührt, denn beim Ausbau der Befestigung von Ingolstadt 1879 war das Westtor des Oppidum durch die Anlage eines Forts zerstört worden, ohne daß eine archäologische Untersuchung vorher stattgefunden hätte.

Dann entstand auf dem Gelände des Oppidum zwischen 1936 und 1938 ein Militärflugplatz im Ostteil des Ringwalles, dessen Anlage nahezu 50 Prozent zerstörte oder überdeckte. Der Krieg brachte die Vernichtung dieses Flugplatzes und demgemäß auch die Zerstörung von Teilen des Oppidum. Dann erfolgte 1955 die Wiederherstellung und der Ausbau des Flugplatzes, eine Bundesstraße wurde durch das Oppidum gezogen, Industrie siedelte sich an, und der Ort Manching dehnte sich auf den Oppidumbereich aus. Wäre in jenen Jahren eine archäologische Erforschung des so zerstörten Areals in einer Weise möglich gewesen, wie sie auf so vorbildliche Weise im Bereich der Aldenhovener Platte zu realisieren war, dann wüßten wir heute ungleich mehr. Was wir bisher wissen, ist dies:

Das Oppidum von Manching war von einer sieben Kilometer langen Stadtmauer umzogen in der Technik des sogenannten *Murus Gallicus*, dessen Konstruktion uns Cäsar in seinem »De Bello Gallico« (VII,23) beschrieben hat:

»Die gallischen Mauern haben alle etwa folgende Bauart: Balken werden rechtwinklig zur Mauerrichtung in einem Abstand von zwei Fuß, gleichmäßig in dieser Richtung verlaufend, auf den Boden gelegt. Dann werden sie nach der Innenseite fest

7 Die Krümme des Bischofsstabs aus »Grab 18« im Bremer Dom, vor (links) und nach der Restaurierung (rechts).

8 Krümme des Bischofsstabs aus »Grab 19« mit dem Detail des Tierkopfes.

9 Die Jupiter-
gigantensäule von
Hausen.

10 Die Jupiter-
gigantensäule von
Walheim.

11 Die Säule von
Hausen trägt an ihrem
Sockel die Bilder der
Diana (links), der
Venus und des
Vulcanus (rechts).

12 Ein Hahn (oben)
und ein Penis (unten)
sind die Steinmetz-
zeichen römischer
Legionäre, die
Trachtgestein im
Drachenfels brachen.

13 Zwischen 1966
und 1968 wurde bei
Iversheim am Rhein
erstmals eine voll-
ständige römische
Kalkbrennerei ge-
funden, deren Aus-
sehen hier im Modell
wiedergegeben ist.

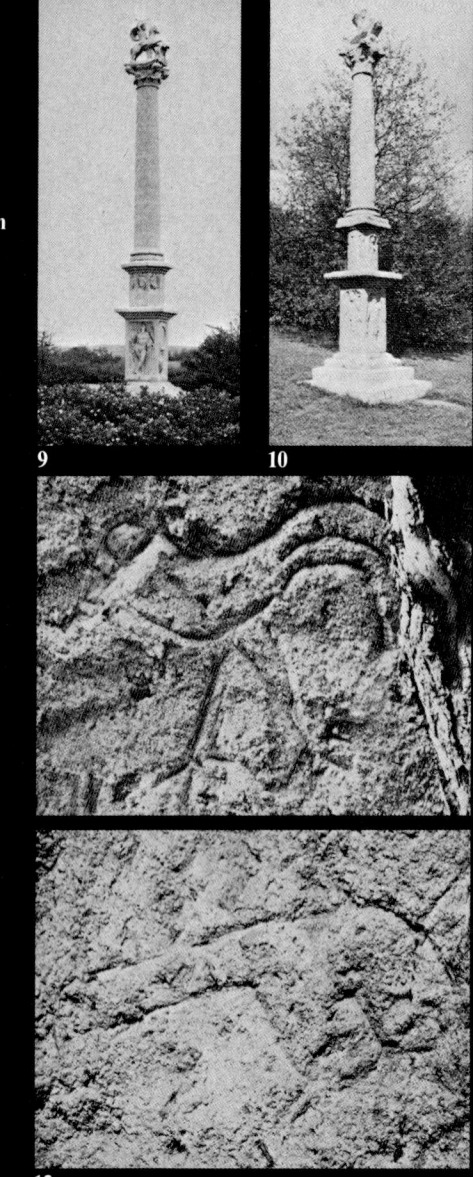

11

13

14 Aus dem Grab des »Herrn von Gellep«: ein goldener Schwertknauf mit eingelegten Almandinen (oben); filigranverzierte Messergriffe aus Goldblech (unten); bronzene, mit Goldblech bezogene und mit Almandinen und Filigranverzierung geschmückte Beschläge eines Zaumzeugs (Mitte); Riemenverteiler vom Zaumzeug, gearbeitet aus Gold und Almandinen, filigranverziert.

15 Ein eiserner Spangenhelm, mit vergoldetem, reichpunziertem Bronzeblech überzogen, gehört zum Grabschatz eines hochgestellten fränkischen Herrn, gefunden 1962 auf dem Gräberfeld von Krefeld-Gellep.

15

16 Wie römische Bürger um 200 n. Chr. in der CVT wohnten, zeigt das Modell eines Wohnhauses, gesehen von der Gartenseite aus.

17 Reste der Römerstadt Colonia Ulpia Traiana am Ortsrand von Xanten werden heute als archäologischer Park rekonstruiert. Das Luftbild zeigt das Amphitheater und die zum Teil wieder errichtete Stadtbefestigung mit Wehrtürmen.

18 Zu den schönsten antiken Bronzen, die auf deutschem Boden gefunden wurden, zählt die Statuette eines Attis aus Trier.

19 Das mit einem Frauenkopf gekrönte Vorderteil eines bronzenen römischen Votivschiffes wurde 1963 auf dem Grund der Mosel entdeckt.

20 Diese Teile eines römischen Tafelservice aus Silber wurden 1955 auf dem Gelände des keltischen Oppidum Manching ausgegraben.

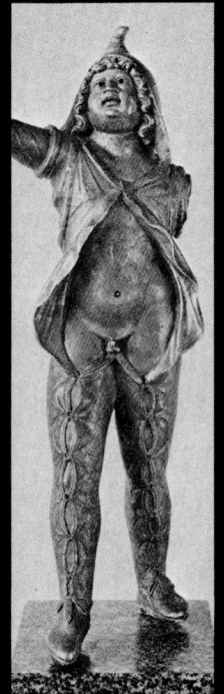

17

20

21 Der bedeutendste Fund spätantiker Malerei war eine um 320 n. Chr. geschaffene Deckenmalerei eines konstantinischen Palastes in Trier. Der Ausschnitt zeigt eine vornehme Römerin mit Schmuckkassette; wahrscheinlich ein Portrait der regierenden Kaiserin Maxima Fausta.

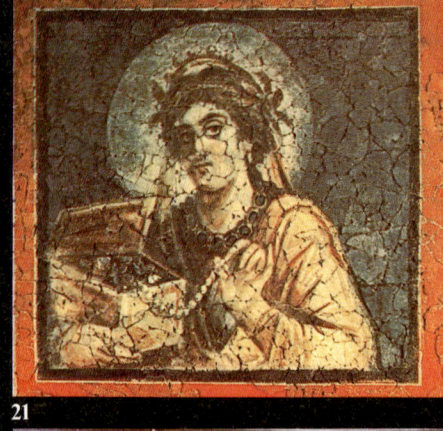

22 Reste von Wandmalereien, die offenbar die Unterkunft eines römischen Kavallerieoffiziers schmückten, fand man 1965 im Limeskastell Echzell. Sie stammen aus der Mitte des 2. Jahrhunderts n. Chr. Unser Bild zeigt einen Ausschnitt: Dädalus legt letzte Hand an die Flügel des Ikarus, bevor dieser zu seinem verhängnisvollen Flug aufsteigt.

verankert und mit einer Erdschicht belegt. Die Abstände aber werden auf der Außenseite mit großen Steinen ausgefüllt. Sind diese fest zusammengestampft und zusammengefügt, wird eine zweite Schicht daraufgelegt, so daß derselbe Zwischenraum bleibt und die Balken sich nicht berühren, sondern, einzeln in gleichen Zwischenräumen gelegt, durch die dazwischengelegten Steine ohne Spielraum festgehalten werden. So wird das ganze Werk nacheinander gleichmäßig aufeinandergeschichtet, bis die richtige Mauerhöhe erreicht ist. Wie ein solches Mauerwerk einerseits im Aussehen und in seiner Mannigfaltigkeit bei dem Wechsel von Balken und Steinen, die in geraden Linien geordnete Reihen bilden, nicht häßlich ist, so hat das andererseits vor allem den sehr großen Vorteil, höchst praktisch und ein sicherer Schutz zu sein, da die Steine die Balken vor Feuer und die Balken diese gegen die Mauerbrecher schützen. Meistenteils durch 40 Fuß lange durchlaufende Querbalken stadteinwärts verankert, können sie weder eingestoßen noch auseinandergerissen werden.«

Wir wollen hier jetzt nicht im einzelnen nachrechnen, welche Mengen von Holz und Steinen die keltischen Bewohner des Oppidum von Manching für die Konstruktion einer sieben Kilometer langen Stadtbefestigung beschaffen mußten, die vier Meter hoch und vier Meter breit war. Allein um die mit Steinen gefüllten Balkengefache zu zimmern, muß man etwa 300 Tonnen eiserner Nägel benutzt haben.

Das Oppidum von Manching lag damals direkt am Südufer der Donau, die inzwischen ihren Lauf verändert hat, und entlang dem Fluß lief damals eine Handelsstraße. Der Stein- und Holzbedarf kam damals über die Donau, die Steine brach man im etwa 30 Kilometer entfernten Neuburg an der Donau.

Die günstige Lage am Fluß und an der Handelsstraße begünstigte die Wirtschaft des Oppidum. Die Kelten kannten bereits die Töpferscheibe, und die Scherben von »mindestens 12 000 Gefäßen« bezeugen, daß hier in diesem Oppidum eine beträchtliche Keramikproduktion bestanden haben muß.

Das Areal – mit ursprünglich etwa 380 Hektar »fast doppelt so groß wie das mittelalterliche Nürnberg oder Frankfurt« (Jürgen Driehaus) – war unterteilt in Quartiere mit verschiedenen Handwerksbetrieben. So fanden sich eine Bronzegießerei,

Schmieden, Produktionsstätten für Glas und Keramik, und auch Münzprägung wurde hier in Großproduktion vorgenommen in Form der sogenannten keltischen »Regenbogenschüsselchen«, nach innen gebogenen Goldmünzen mit einer noch nicht gedeuteten ornamentalen Gestaltung, denn römische oder gar arabische Zahlen waren den Kelten unbekannt.

Alles in allem muß einmal hier ein beträchtlicher Handel geherrscht haben, und nach vorsichtigen Schätzungen mögen es an die zehntausend Menschen gewesen sein, die einmal das Oppidum von Manching bewohnt haben, das vielleicht im 2. Jahrhundert v. Chr. gegründet wurde. Aber wir kennen die Siedlungsdichte sowenig wie seine Lebensdauer.

Gern wüßte man, wie diese Menschen gelebt haben und wovon. Bisher fehlt es uns an Pflanzenfunden, die uns über die Ernährung Auskunft geben. Sie wird – wie damals und noch lange Zeit später – vornehmlich aus Getreide in Breiform bestanden haben, zu dem Fleisch nur als Zukost kam. Welches Fleisch?

Knochen »von mindestens 8000 Haustieren und wenigen Wildtieren« wurden bisher gefunden. Unter den Haustieren waren es Pferd, Rind, Schaf, Ziege und Schwein, die sowohl zur Bewirtschaftung wie zur Ernährung dienten, auch scheinen nach den Knochenfunden und ihrer Beschaffenheit Hunde, vor allem junge, als besondere Delikatesse gegolten haben. Vom Wild ernährte man sich damals weniger, als wir es uns heute vorstellen. Knochen von Bär, Hirsch, Reh, Elch und Ur kommen vor, aber nur in sehr geringer Zahl. Eine Passion ist das Jagen für die Kelten offenbar nicht gewesen, aber andererseits: Würde man die Stadtbevölkerung von heute und ihren Verzehr allein nach den Knochenfunden analysieren, so wäre auch da der Wildanteil verschwindend gering, vielleicht sogar noch geringer. Fisch und Geflügel? – könnte man einwenden. Aber deren Knochen und Gräten lösen sich am ehesten im Boden auf. Hühner, Hähne, Enten und Graugänse lassen sich aber nachweisen, desgleichen Wels, Hecht und Karpfen.

Die Häuser waren wohl meist ebenerdige Pfostenbauten mit Vorratsgruben und vermutlich auch Backöfen, manchmal einräumig, manchmal auch mit mehreren Räumen. Ein Haus – das bisher größte der gefundenen – wies die beträchtliche Länge von 19 Metern und eine Breite von 9 Metern auf, durch Querpfosten unterteilt in drei Räume. Auch Abflußrinnen für Regenwasser gab es.

Der auf das Oppidum von Kelheim angewendete Begriff »Industriegebiet« mag in etwa auch auf Manching zutreffen, aber nur in dem Sinne, daß hier eine Vielzahl von Produktionsstätten beieinander war, wenn auch mehr handwerklichen Zuschnitts, und dies bei dichterer Besiedlung. Wahrscheinlich war das Manchinger Oppidum ein Exportzentrum von Rang, aber mehr als diese Vermutung läßt sich bisher nicht aussprechen.

Das Oppidum wurde noch im 1. vorchristlichen Jahrhundert zerstört, und zwar durch Eroberung. Allein an einer Stelle fanden sich die Skelette von 200 meist männlichen Bewohnern, deren schwere Verletzungen auf Gewalt schließen lassen, auch lagen ringsherum Waffen, und auch versteckte Wertgegenstände deuten auf die gewaltsame Vernichtung des Oppidum.

Man vermutet heute, daß die Angreifer und Eroberer die Römer waren, und hat dafür auch einen Termin: Es handelt sich um den in dieser Gegend im Jahre 15 v. Chr. geführten Feldzug der Römer unter Drusus und Tiberius, Auftakt der allgemeinen Unterwerfung der nördlich der Alpen gelegenen keltisch-germanischen Gebiete. An ihrem Ende stand die römische Okkupation des gesamten linksrheinischen Raums und der Donauprovinzen. So ausgeklügelt und technisch durchdacht auch die keltischen Befestigungswerke waren mit ihren steingefüllten Holzkastenmauern: Den römischen Belagerungsmaschinen mit ihrer raffinierten Technik waren sie nicht gewachsen. Was Cäsar in Gallien so unvergleichlich demonstriert hatte, wiederholten jetzt seine Nachfolger in Süddeutschland. Wo einst in Kelheim und Manching die Kelten siedelten, deren Oppida systematisch vernichtet wurden, gründeten die Römer ihre Provinz Raetia mit dem neuen Zentrum Augusta Vindelicum, aus dem das heutige Augsburg hervorging.

Damit endete die keltische Vorherrschaft im Süden Deutschlands, die ohnehin nie so etwas wie eine politische Einheit gewesen ist, und damit begannen die Jahrhunderte der *pax Romana*, der römischen »Befriedung«, die für die nächsten Jahrhunderte das Bild von Süd- und Westdeutschland nachhaltig prägte.

Dann kamen die Römer

Von 58 bis 50 v. Chr. eroberte Gaius Iulius Cäsar Gallien und unterwarf damit nicht nur das Gebiet des heutigen Frankreich, Belgien und Luxemburg der römischen Herrschaft, sondern erweiterte die Grenzen des Imperium Romanum bis zum Rhein. Die weitere Expansion kam dann zunächst zum Stillstand, denn die Ermordung Cäsars 44 v. Chr. hatte einen anhaltenden Bürgerkrieg zur Folge, aus dem Cäsars Großneffe und Adoptivsohn Octavian schließlich als Sieger hervorging.

Octavian, am 16. Januar 27 v. Chr. vom römischen Senat mit dem Titel »Augustus« (d. h. der Erhabene) bedacht und von da an der erste Kaiser des römischen Reiches, begann sofort neben der innenpolitischen Konsolidierung die Sicherung und Erweiterung der neugewonnenen römischen Provinzen jenseits der Alpen mit aller Energie zu betreiben, denn immer wieder überschritten germanische Stämme den Rhein und machten dem nur schwach geschützten Grenzgebiet der Römer schwer zu schaffen. Als es dem Stamm der Sugambrer dann 16 v. Chr. sogar gelang, eine ganze römische Legion aufzureiben, begab sich der Kaiser selbst an die Front. Die eroberten gallischen Provinzen erhielten eine neue Verwaltungsstruktur, und das neue militärische Konzept des Augustus sah vor, das römische Reich weiter auszudehnen: im Norden bis zur Donau als Grenze, im Nordosten bis zur Elbe.

Ein Jahr später setzten sich die römischen Legionen unter dem Befehl der Adoptivsöhne des Kaisers, Drusus und Tiberius, in Marsch und eroberten binnen Jahresfrist das gesamte Alpengebiet und Alpenvorland bis zur Donau. Sechs Jahre später standen die von Drusus geführten Legionen bereits an der Elbe. Zwar konnte der neugewonnene Donauraum nachhaltig gesichert werden, nicht aber das nur sehr locker besetzte Gebiet zwischen Rhein und Elbe, denn die römische Armee verlor in kurzer Zeit ihre beiden besten Feldherren: Drusus erlag den Folgen eines Sturzes vom Pferd am 14. September 9 v. Chr., und Tiberius wurde aus innenpolitischen Gründen abberufen. Ihren Nachfolgern mangelte es nicht an militärischem Talent, eher an psychologischem Geschick gegenüber den unterworfenen Stämmen.

Im Jahre 9 n. Chr. lockten die Cherusker im Teutoburger Wald die Winterlager beziehenden Truppen des Publius Quinctilius Varus in einen Hinterhalt und vernichteten drei Legionen (die 17., 18. und 19.) sowie drei Alen und sechs Kohorten. Etwa 25 000 römische Soldaten fanden den Tod. Damit hatte das Imperium Romanum nicht nur eine der schwersten Niederlagen seiner Geschichte erlitten, das gesamte Gebiet zwischen Elbe und Rhein war nun von römischen Truppen entblößt. Zwar gab es dann zwischen 13 und 16 n. Chr. den Versuch, die Scharte auszuwetzen, und dies – unter Germanicus, dem Sohn des Drusus – auch nicht ohne Erfolg, aber Tiberius, der 14 n. Chr. als Nachfolger des Augustus Kaiser geworden war, verzichtete auf weitere Operationen. Die Römer zogen sich auf die natürlichen Grenzen von Rhein und Donau zurück. Erst um 80 n. Chr. begannen sie, das von Rhein und Donau gebildete Knie durch eine Landtangente zu verkürzen mit dem sogenannten Süddeutschen Limes, der bis um 150 n. Chr. immer weiter ausgebaut und östlich vorgeschoben wurde, aber das Traumziel Elbe erreichten sie nie wieder, es war auch wohl in durchaus realistischer Erkenntnis gar nicht mehr angestrebt.

Ehe wir nun zu den römerzeitlichen Funden der letzten Jahrzehnte kommen, ist nach diesem historischen Exkurs noch ein militärischer notwendig, denn diese Funde müssen in ihren Ergebnissen unverständlich bleiben, unterbliebe ein Wort zur Struktur der römischen Armee, die schließlich nicht nur durch die Eroberung, sndern auch durch eine umsichtige Verwaltung und später auch politische Einflußnahme nachhaltig das von ihr besetzte und abgesicherte Gebiet für das Imperium Romanum bewahrte und das kulturelle Erbe prägte.

Das eroberte Gebiet wurde – soweit es Regionen der heutigen Bundesrepublik Deutschland betrifft – in vier Provinzen eingeteilt. Im Norden lag die Provinz *Germania inferior* mit der Hauptstadt Köln (der Einfachheit halber werden hier die modernen Städtenamen benutzt), im Süden (beide linksrheinisch) die *Germania superior* mit der Hauptstadt Mainz. Beide Provinzen wurden nach 85 n. Chr. unter Kaiser Domitian geschaffen. Dazwischen schob sich mit einer ostwärts zeigenden Spitze, in der das Moselgebiet lag, die schon 16 n. Chr. von Tiberius geschaffene Provinz *Gallia Belgica* mit der Hauptstadt Reims. Im süddeutschen Donauraum (Oberschwaben und Bayern) befand sich im Land der Vindeliker die zwischen 41 und 45 n. Chr. unter Kaiser Claudius gegründete Provinz *Raetia* mit der Hauptstadt Augsburg.

Diese vier Provinzen sicherte eine Armee mit einer Vielzahl von Militärstützpunkten entlang von Rhein und Donau und später auch noch entlang der binnenländischen Grenze des Limes, der von Koblenz bis Regensburg reichte. Diese besonders gefährdete Grenze, die nicht von breiten Flüssen gebildet wird, schützte eine Vielzahl von römischen Militärlagern, unterteilt in *castra* (= Legionslager) und *castella* (= Auxiliarlager).

Unter einem *castrum* versteht man ein Legionslager in der Größe von 18 bis 25 Hektar. Hier ist eine ganze Legion stationiert, d. h. etwa 5500 Soldaten, gegliedert in zehn Kohorten mit insgesamt 64 Centurien. Die Legion ist eine Infanterie-Einheit von streng hierarchischem Aufbau. In ihr dienen ausschließlich römische Bürger, und sie beschäftigt sich auch keineswegs allein mit militärischer Tätigkeit, sondern unterhält auch eigene Handwerksbetriebe, ja ist sogar weitgehend unternehmerisch tätig, wie in diesem Kapitel noch beschrieben werden wird.

Neben den Legionslagern, die Stadtstruktur haben oder umgekehrt ihre Lagerform auf die *colonia*, die Stadtgründungen, übertragen, gibt es die Lager der Hilfs-(Auxiliar-)Truppen, *castella* genannt, die wesentlich kleiner sind, nämlich zwischen 0,6 und 6 Hektar. Hier dienen die nichtrömischen Soldaten (in der Kavallerie vor allem Germanen), die nach 25 Jahren treu geleisteter Dienstzeit ehrenvoll aus der Armee entlassen werden und das römische Bürgerrecht verliehen bekommen. Diese Hilfstruppen tun vor allem am Limes Dienst. Sie gliedern sich in *alae* (das sind etwa jeweils 500 Reiter), in *cohortes* (das sind 1000 Infanteristen bei der *cohors milliaria* oder 500 bei der *cohors quingenaria*), in *cohortes equitatae* (untergliedert in 4 oder 8 *turmae* = Reiterzüge, das sind 120 bzw. 240 Reiter) und in *numeri* (Kleinverbände von etwa 200 Soldaten).

Zwischen Lager und Kastell ist also genau zu unterscheiden, ebenso zwischen einem Kastell, in dem nur Reiter stationiert sind, die entsprechend Platz für ihre Pferde brauchen, oder Infanteristen. Bei aller hochentwickelten Militärtechnik der Römer: Sie waren hervorragende Fußsoldaten, aber miserable Reiter, aus welchem Grunde auch immer; die Qualität germanischer Reiterei war Cäsar 52 n. Chr. beim Kampf um Gervovia bewußt geworden. Weder *castrum* noch *castellum* sind einer Festung gleichzusetzen, es handelt sich jeweils nur um ein befestigtes Kasernen-Ensemble mit strengem Grundriß und exakt zugewiesenen Funktionen. Über beide geben die Grabungen der letzten dreißig Jahre Auskunft.

Viele Lager und Kastelle, die in den letzten Jahrzehnten besonders erforscht wurden, sind nicht zugleich auch neue Entdeckungen gewesen. Bei einigen wurden erste Grabungen schon im 19. Jahrhundert vorgenommen, bei anderen sind Grabungskampagnen durch den Zweiten Weltkrieg abgebrochen worden. Manche sind uns aus der Geschichtsschreibung bekannt, aus manchen sind auch Städte hervorgegangen, und manche gerieten früh in Vergessenheit und unter die Erde. Zu diesen letzteren gehört das Lager von Dangstetten am Hochrhein (Kreis Waldshut), das hier – wie die folgenden – nur als Beispiel für viele stehen soll.

Wo einst auf einem Gelände von 12 Hektar eine ganze Legion stationiert war, befindet sich heute eine entsprechend große Kiesgrube, und der Kiesabbau war es auch, der im Sommer 1967 zur Entdeckung des Lagers führte. Zum Teil war es zerstört, so daß sein Grundriß sich nicht vollständig rekonstruieren ließ, nachweisbar aber war die Umwallung in einer Länge von 1,3 Kilometern mit hölzernen Wachtürmen in Abständen von je 40 Metern. Die Umwallung selbst bestand aus Holzwänden, die mit Erde aufgefüllt waren. Auch die noch nachweisbaren Lagerbauten bestanden durchweg aus Holz, deren Dächer mit Schindeln oder Stroh gedeckt gewesen sein müssen, da sich nirgends

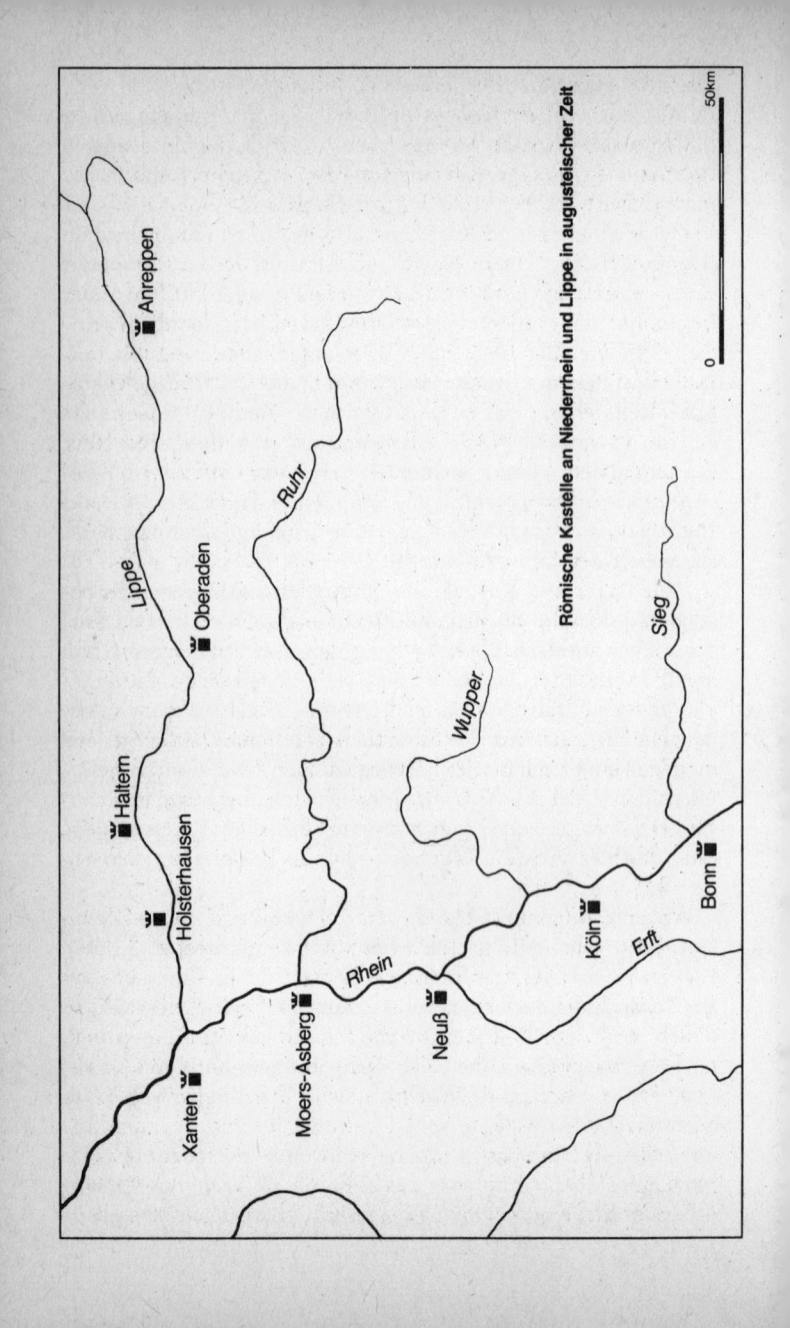

Römische Kastelle an Niederrhein und Lippe in augusteischer Zeit

Reste von Dachziegeln fanden. Wichtiger aber noch als diese Bauten waren die Einzelfunde auf dem Areal, vor allem der Inhalt von 1200 Abfallgruben.

Sie weisen die 19. Legion als Besatzung aus (Bronzetäfelchen mit Inschrift), der keltische Reiter, orientalische Bogenschützen und möglicherweise auch einige Germanen als Hilfstruppen zugeordnet waren. Die Legionäre selbst stammten überwiegend aus Oberitalien und unterhielten im Lager eigene Handwerksbetriebe für die Herstellung von Keramik, Eisen- und Bronzegerät, Holz- und Lederverarbeitung und die Bearbeitung von Bein und Horn. Und natürlich wurden hier auch alle anfallenden Reparaturen an Waffen und Gerät vorgenommen. Das Alltagsleben wird symbolisiert durch Funde von beinernen und eisernen Schreibgriffeln, Knochenwürfeln, verschiedenfarbigen gläsernen Spielsteinen und natürlich durch Amulette für Mensch und Pferd. Dennoch war das Lager nicht wirtschaftlich autark: Zwar stellte man einfache Töpfe und Krüge im Lager selbst her, aber das rote Sigillata-Geschirr – Platten, Teller, Tassen, Kelche – kam aus Mittel- und Oberitalien, Feinkeramik aus Südgallien, wo man in der Gegend um Lyon auf dünnwandige Trinkgefäße spezialisiert war.

Dekorierte Schüsseln und Töpfe keltischer Provenienz lieferten die einheimischen Siedlungen in der Umgebung des Lagers, desgleichen Amphoren zur Aufbewahrung von Öl und Wein. Da in der Nähe des Stabsgebäudes *(principia)* sowohl einfarbige wie farbige Gläser gefunden wurden, scheinen sie aus dem Besitz der Offiziere zu stammen, die sich edlere Trinkgefäße leisten konnten.

Angelegt wurde das Lager – das (neben Haltern und Oberaden) bislang älteste auf deutschem Boden – wohl um 15 v. Chr., als die Eroberung des Alpen- und Voralpenlandes begann. Aus den Münzfunden ist zu schließen, daß die Legion um 9 oder 8 v. Chr. das Lager räumte; da nur beschädigte Waffen zurückblieben, wurde das Lager also nicht durch Kampfhandlungen zerstört, sondern planmäßig verlassen. Die 19. Legion wurde dann nach Köln verlegt und möglicherweise von da nach Haltern, ehe sie dann im Teutoburger Wald restlos aufgerieben wurde.

Das Indiz für einen Aufenthalt in Haltern besteht allerdings nur aus einem 64 Kilogramm schweren Bleibarren, der auf dem Gelände des Hauptlagers im Herbst 1964 gefunden wurde und als Gewicht diente. Er trägt neben der Gewichtsbezeichnung die Legionsziffer XIX (= 19). Der Fund dieses Barrens beweist aber nicht, daß diese Legion auch in Haltern stationiert gewesen wäre. Denn solche Inschriften bezeugen für gewöhnlich nur den Produzenten, nicht aber den Eigentümer. Daß Soldaten Bergbau (in diesem Fall Bleigewinnung) betreiben, ist für uns heute ungewöhnlich, für die Römer aber keineswegs. Wir wissen nicht nur aus Dangstetten, daß in den Lagern Handwerksbetriebe unterhalten wurden (in Dangstetten ja auch Eisenverhüttung, die Schmelzöfen ließen sich noch nachweisen), die römischen Legionäre betätigten sich auch durchaus unternehmerisch, wovon in diesem Kapitel noch zu sprechen sein wird.

Wo konnte die 19. Legion im Bleibergbau tätig gewesen sein? Diese unglückliche Einheit hatte nur eine kurze Geschichte. Sie war eine Neugründung von Augustus, der sie nach der Seeschlacht von Actium (31 v. Chr.) – jener Entscheidungsschlacht, die ihn zum Alleinherrscher machte – aufstellen ließ. Stationiert wurde sie möglicherweise zunächst in Gallien, wo sie auch Bleibergbau betrieben haben könnte, aber beides ist absolut ungewiß. Sicher war sie in Dangstetten, wo es aber keine Bleivorkommen gibt. Bleiabbau durch Legionäre gab es hingegen in der Eifel, und hier könnte auch, während der Stationierung in Köln, der Barren gegossen worden sein. Er mag dann als Gewichtseinheit nach Haltern geliefert worden sein, als Beweis für die Stationierung jedenfalls kann er nicht gelten. Dagegen spräche auch unsere bisherige Kenntnis von diesem Lager, dessen Größe die Aufnahme einer ganzen Legion nicht zugelassen hätte.

Erste Grabungen wurden hier schon 1899 vorgenommen, aber erst 1949 fortgesetzt, als die auf das Lagergelände vorrückende moderne Bebauung eine archäologische Untersuchung erzwang, wobei dennoch nicht zu verhindern war, daß der Innenraum des Hauptlagers nur zu drei Vierteln erforscht werden konnte, das übrige verschwand unter den Neubauten.

Hauptlager bedeutet: Anders als in Dangstetten hat man es in Haltern nicht allein mit einem einzigen Lager zu tun, sondern mit fünf verschiedenen römischen Siedlungsplätzen, dazu einem Gräberfeld. Das Hauptlager wurde allerdings auf dem Gelände eines früheren Feldlagers errichtet. Die anderen drei Plätze waren befestigte Stellen.

Das Feldlager (etwa 600 × 600 Meter) wurde vermutlich im letzten Jahrzehnt v. Chr. angelegt und war nur leicht befestigt. Erst 1974 konnte nachgewiesen werden, daß die Umwallung nur aus einer mit Grassoden gesicherten Erdaufschüttung bestand, deren Erde aus einem Spitzgraben stammte, den man an der Außenseite zur weiteren Sicherung anlegte in einer Breite von 2,5 Metern und Tiefe von 1,8 Metern. Dieses Feldlager bestand nur kurze Zeit und wurde dann zum Teil von einem kleineren Hauptlager überbaut, der nicht überbaute Teil diente den Legionären als Müllgrube. Das Hauptlager existierte bis zur Katastrophe des Jahres 9 n. Chr., wir wissen aber nicht, welche Einheit dort stationiert war. Eine ganze Legion kann es nicht gewesen sein, denn die aufgefundenen Legionärsbaracken boten nur Platz für sechs, maximal acht Kohorten (eine reguläre Legion umfaßt 10 Kohorten). Auffallend war dagegen die »recht große Anzahl von zum Teil aufwendigen Wohnhäusern« (S. v. Schnurbein).

In den Straßen des Hauptlagers wurden fünf Töpferöfen für Gebrauchskeramik, Feinkeramik und Lampen entdeckt und sehr schöne keramische Einzelfunde. Die Datierung dieser Funde – vor allem der hier gefundenen fast 3000 Münzen – ergibt, daß mit ziemlicher Sicherheit das Lager nach 9 n. Chr. nicht mehr belegt worden ist, sondern von den Römern aufgegeben wurde.

Daß der Flußverlauf der Lippe eine Bedeutung für die Anlage von Legionärslagern haben könnte, war schon länger vermutet worden. Ausgehend von Xanten (dem römischen *Vetera*), liegen entlang der Lippe das 1952 gefundene Lager von Holsterhausen, dann die schon früher bekannten Haltern und Oberaden. War die Lippe für den römischen Vormarsch nach Osten so etwas wie eine Leitlinie? Luftaufnahmen und Geländebegehungen führten zu keinen neuen Entdeckungen. Aber im Mai 1968 stieß der Bauer Hermann Begger in Anreppen auf seinem Hof beim Aufwerfen einer Rübenmiete auf Scherben aus augusteischer Zeit.

Die im Herbst 1968 vorgenommenen Grabungen erwiesen: Hier hatte einmal ein römisches Lager gestanden, das sich mit seiner Nord- und Westseite an den Lauf der Lippe anlehnte, wobei der Fluß offenbar in den seither vergangenen Jahrhunderten seinen Lauf änderte und dabei die nördliche und westliche Lagerbegrenzung zerstörte, jedenfalls waren von ihr keine Spuren mehr vorhanden. Das erschwert auch die exakte Bestimmung der Lagergröße. Die Ausdehnung nach Südwest-Nordost beträgt ca. 720 Meter, von der Südseite bis zum Fluß in seinem heutigen Verlauf sind es ca. 400 Meter. Hat sich der Fluß möglicherweise um 200 bis 250 Meter nach Süden verlagert, so böte das Areal dann Platz für zwei Legionen. Mit Sicherheit wird sich das aber wahrscheinlich nie mehr feststellen lassen. Auch weiß man bis heute nicht, ob der Bau des Lagers unmittelbar an der Lippe auf die Verwendung des Flusses als Wasserstraße schließen läßt.

Für die These der Leitlinie aber spricht dies: Vom Rhein bis Holsterhausen sind es 34 Kilometer, von Holsterhausen bis Haltern 18 Kilometer, von Haltern bis Oberaden 32 Kilometer, von Oberaden bis Anreppen 70 Kilometer. Als tägliche Marschleistung der römischen Legionäre gelten 18 Kilometer, und dieser Tagesleistung entspricht auch die Entfernung von Anreppen bis zu den Lippequellen, wo Tiberius den Winter von 4 auf 5 n. Chr. mit seinen Truppen verbrachte. Bezogen nun die Legionäre Lager im Abstand der täglichen Marschleistung – und zwischen Holsterhausen und Haltern liegen ja auch tatsächlich 18 Kilometer –, dann, so eine erwartungsfrohe These, müßten zwischen Oberaden und Anreppen gar noch drei Lager unter der Erde stecken.

In sechs Abfallgruben fanden sich Keramikscherben, Münzen, Schuhnägel, Waffen, Fibeln und das Fragment eines Dachziegels, dem insofern eine besondere Bedeutung zukommt, als man in Westfalen bisher erst einmal Dachziegelbruchstücke gefunden hat, 1962 im Hauptlager von Haltern (und keine in Dangstetten). Scherben und Münzen ermöglichten eine Datierung auf etwa 10 bis 3 v. Chr. Demgegenüber läßt sich für das nächst Anreppen gelegene Lager von Oberaden nur eine Belegung zwischen 12 und 8 v. Chr. nachweisen, woraus man schließen könnte, daß Anreppen erst etwas später angelegt wurde.

Das Lager von Oberaden – »mit 54 Hektar Innenfläche das größte Römerlager Deutschlands« (S. v. Schnurbein) – hatte man schon 1906 entdeckt und bis 1914 untersucht, dann wurden die Grabungen erst 1962 wieder aufgenommen und im Sommer 1977 fortgesetzt, da die Bebauung des Geländes unmittelbar bevorsteht. Wie die Vorkriegsfunde von Haltern, so sind auch die von Oberaden fast sämtlich im Bombenkrieg zugrunde gegangen.

Das Lager war mit einer drei Meter breiten Holz-Erde-Mauer befestigt, für deren Schalwände etwa 20000 Eichenbohlen von vier Metern Länge eingerammt worden waren. Im Lagerinneren fanden sich die Reste von kleinen Holzbaracken (10 × 10 und 12 × 10 Meter) für die Mannschaften und eine Anzahl holzverschalter Brunnen, zum Teil aus Weinfässern konstruiert und zum Teil wohl auch für die Kellerung von Wein gedacht. Reste von Amphoren, in denen Öl, eingelegte Früchte und vor allem die von den Römern so sehr geliebte Fischsauce angeliefert wurden, dazu die Fragmente von Terra Sigillata, Lampen, Bechern und Ölflaschen zeigen, daß die Legionäre auch im rauhen Norden gut bevorratet wurden. Aber länger als drei bis vier Jahre ist das Lager nicht belegt worden, dann wurde es aufgegeben.

Erheblich länger bestand das Kastell Asciburgium bei Moers, das zwar auch schon 1898 entdeckt worden war, dessen systematische Erforschung aber erst im Sommer 1956 begonnen wurde, nachdem man 1953 zwei Töpferöfen gefunden hatte, als die Abbaggerung des Geländes zur Kiesgewinnung einsetzte.

Hier hatte sich einst ein Lager aus augusteischer Zeit befunden, angelegt offenbar zu dem Zweck, das Mündungsgebiet der Ruhr zu kontrollieren. Von ihm hat man – außer den Befestigungsspuren mit der üblichen Holz-Erde-Mauer – wenig gefunden, allerdings ein nicht allzu häufiges Detail: nämlich das etwa 60 Zellen umfassende Lagergefängnis, das dazu diente, Untersuchungsgefangene aufzunehmen, denn eine Gefängnisstrafe kannte das römische Militärrecht nicht. Im Jahre 69 n. Chr., als der von Tacitus beschriebene große Bataveraufstand losbrach, befand sich hier ein Alenkastell, das von den Aufständischen eingenommen wurde. Asciburgium blieb Standort einer Kavallerie-Einheit bis in das 2. Jahrhundert hinein, gegen dessen Ende, vermutlich um 190, es zerstört wurde, als germanische Stämme über den Rhein vorstießen. Und da der nahe dem Kastell liegende Rheinarm inzwischen versandete, hatten die Römer kein Interesse mehr, ihren Militärstützpunkt wieder aufzubauen.

Die Grabungsstätte Asciburgium ergab eine Fülle von Kleinfunden. Etwa 1300 Münzen – von der augusteischen Zeit bis zu einem 181 in Rom geprägten Sesterz des Kaisers Commodus –, etwa 280 Fibeln und eine Fülle gallischer Terra Sigillata mit einigen sehr schönen Exemplaren.

Spuren des großen Bataveraufstands von 69/70 n. Chr., der auch Asciburgium heimsuchte, fand man auch in Krefeld-Gellep. Gellep – identisch mit dem bei Plinius und Tacitus erwähnten Kastell Gelduba – war im November 69 schwer umkämpft gewesen. Gräber der bei diesen Gefechten gefallenen Legionäre wurden 1970/71 entdeckt. Die Toten waren offenbar sehr hastig beigesetzt worden; obwohl damals Brandbestattung bevorzugt wurde, hatte man sie beerdigt, zum Teil mit angezogenen Knien, um die Gruben klein zu halten, auch fanden sich kaum Grabbeigaben. Vor allem aber: Bis 1977 wurden die Skelette von rund fünfzig Pferden gefunden, die man zum Teil gemeinsam mit den Menschen begraben hatte, wobei in einigen Fällen der menschliche Leichnam quer über das Pferd gelegt worden war.

Zu den Lagern, die damals vom Bataveraufstand erfaßt wur-

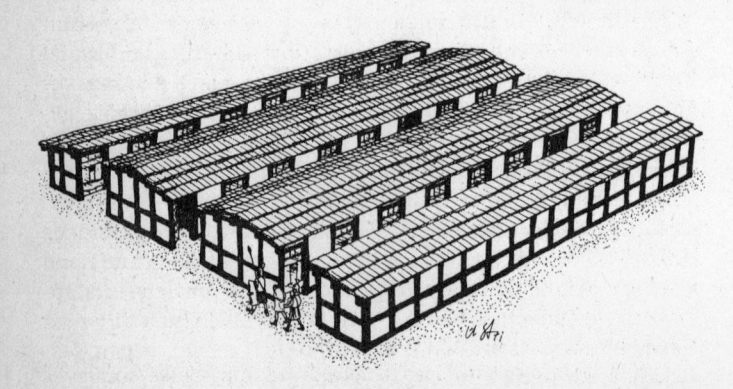

Asciburgium. Rekonstruktionsversuch des Lagergefängnisses nach dem Baubefund. (Quelle: H. U. Stevens, Duisburg)

den, gehörte auch Novaesium, das heutige Neuß. Hier hatte schon von 1887 bis 1900 eine erste Großgrabung die Reste eines Lagers aus tiberianischer Zeit freigelegt. Von 1955 bis 1972 kamen die Spuren von neun Lagern dazu, davon allein sechs aus der Zeit zwischen 19 v. Chr. und 35 n. Chr., die Vorläufer des 1887 entdeckten Lagers. Das früheste war nicht vor 19 v. Chr. und nicht nach 16 v. Chr. angelegt worden; es war polygonal konstruiert und umfaßte 13 bis 14 Hektar Grundfläche. Es besaß keine festen Innenbauten, die Truppe war – wie die Reste von Zeltpflöcken bewiesen – in Zelten untergebracht. Ein Münzfund deutet darauf hin, daß dieses Lager der augusteischen Zeit um 10 v. Chr. aufgegeben wurde.

Wesentlich größer war das folgende Lager auf einem Areal von 34 Hektar. Auch hier gab es keine festen Innenbauten; die Umwallung bestand aus der üblichen Holz-Erde-Konstruktion mit einem 3,8 Meter breiten Spitz- und über 6 Meter breiten Sohlgraben von 3,2 Metern Tiefe.

Mit über 80 Hektar Grundfläche erreichte die Nachfolgeanlage die größte Ausdehnung mit einem über 5 Meter breiten Graben von 2,8 Metern Tiefe. Vermutlich handelt es sich hier um die Anlage des von Tacitus erwähnten Sommerlagers aus dem Jahre 14 n. Chr., in dem vier niedergermanische Legionen stationiert waren.

Damit war der Höhepunkt überschritten, das Lager verkleinerte sich in den folgenden Jahren um die Hälfte der Grundfläche. Mit der Errichtung von Steinbauten wurde erst um 50 n. Chr. durch die hier stationierte *Legio XVI* begonnen, die auch zwei mächtige Speicherbauten *(horrea)* im Innern anlegte von 20,5 × 14,3 Metern und 24 × 10 Metern Grundfläche. Diese Bauten fielen zwei Jahrzehnte später dem Bataveraufstand zum Opfer, aber die *Legio VI victrix* baute sie wieder auf.

Um die Mitte des 2. Jahrhunderts n. Chr. wurde das Legionslager, in dem neben den genannten auch die *Legio V* und *Legio XX Valeria victrix* stationiert waren (nur diese sind uns namentlich bekannt), in ein Auxiliarlager umgewandelt, das bis zum Ende des 4. Jahrhunderts existierte.

Die Ausgrabung der römischen Lager von Neuß auf einer Grundfläche von 8 Quadratkilometern war nicht nur die erste große Nachkriegsgrabung nach 1945 überhaupt, sondern wurde

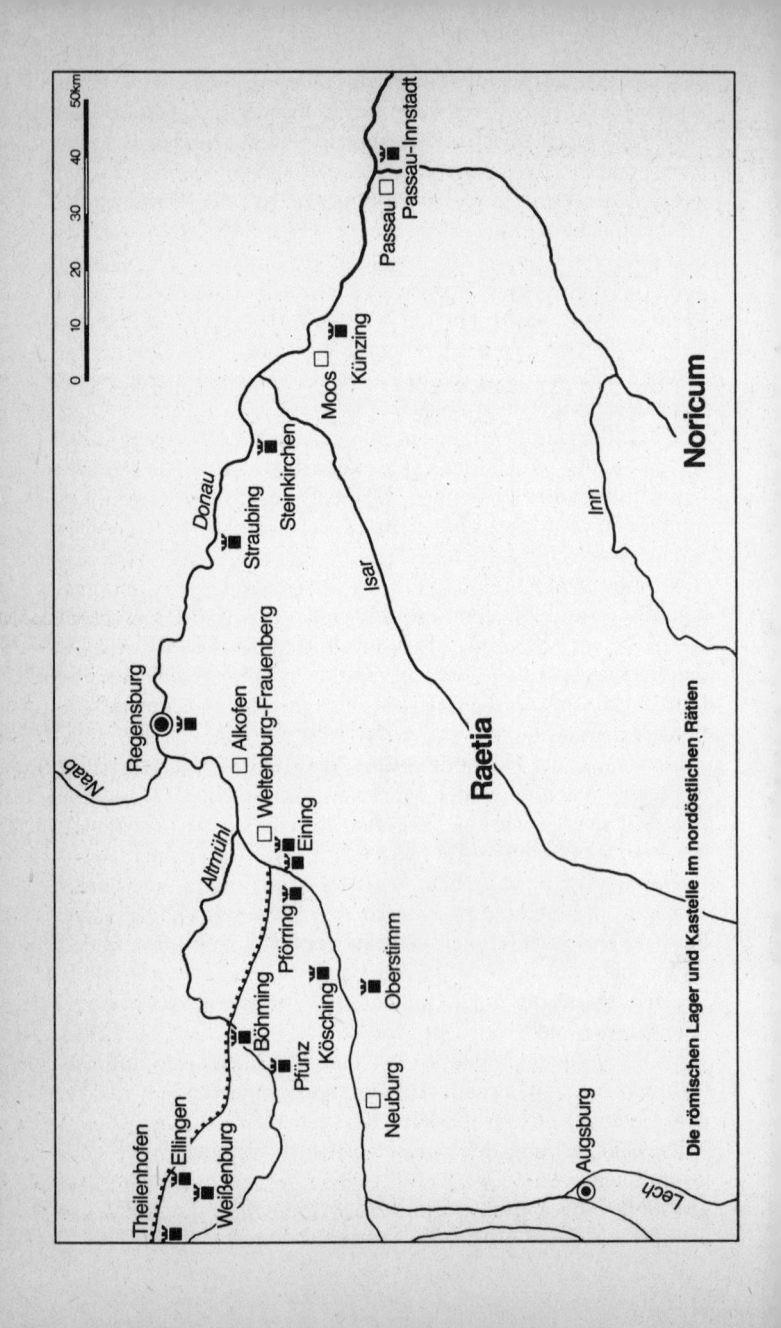

Die römischen Lager und Kastelle im nordöstlichen Rätien

auch modellhaft für alle späteren Untersuchungen römischer Legionslager. Im Gegensatz zu den übrigen bekannten Funden dieser Art war keines dieser Lager von rechteckigem bzw. quadratischem Grundriß, sondern alle, der Topographie entsprechend, durchweg polygonal gestaltet.

Die neuen Ausgrabungen von Novaesium erbrachten vor allem reiche Funde an Pflanzenresten, die uns, deutlicher als in anderen Lagern, ein Bild von der Ernährung der römischen Legionäre vermitteln.

Die Kornmagazine des Lagers (*horrea*), an der Rheinseite gelegen, faßten 100000 Hektoliter Getreide. Sie gingen 70 n. Chr. beim Bataveraufstand zugrunde, und das Feuer verkohlte eine Fülle von Pflanzenresten, die auf diese Weise die fast zwei Jahrtausende überdauerten. Aufgrund der Angaben römischer Schriftsteller und aufgrund der Funde läßt sich dies rekonstruieren:

Jeder Legionär erhielt eine Tagesration von 1 *bilibra* Getreide = 0,655 Kilogramm. Der Jahresverzehr einer Legion von 6000 Soldaten betrug 1500 Tonnen Getreide, was nach den Funden vornehmlich Gerste und Weizen bedeutete, während Roggen und Hafer von den Legionären offenbar weniger geschätzt wurden. Um diese Getreidemenge zu erzeugen, waren 3500 Hektar Ackerland erforderlich. Wo wurde der Boden für Novaesium bestellt? Da die Getreidefelder nicht gleichmäßig dicht besät wurden, breitete sich Unkraut aus; folglich gerieten Unkrautsamen auch in das geerntete Getreide. Die Analyse der Unkrautbeimengungen – deren Sorten ja wieder bodenspezifisch sind – ergab das niederrheinische Hinterland als Provenienz. Das Getreide wurde also nicht von weither herangeschafft, es wurde sozusagen vor den Toren des Lagers, jedenfalls nicht weit davon entfernt, geerntet.

Nun wäre, da die Legionäre kaum Fleisch aßen, Gerste und Weizen eine viel zu einseitige Ernährung für die Soldaten gewesen. Um also den Küchenzettel mit eiweißhaltiger Nahrung anzureichern, gab es zusätzlich Bohnen, Linsen und Erbsen. Als Zukost wurden Oliven und Feigen importiert. Dazu kamen Früchte: Haselnüsse, Pfirsiche, Kirschen und Brombeeren. Zur Ölgewinnung verwendete man Leindotter und Leinsamen, die gleichfalls in Lagernähe angebaut wurden (mineralische Öle

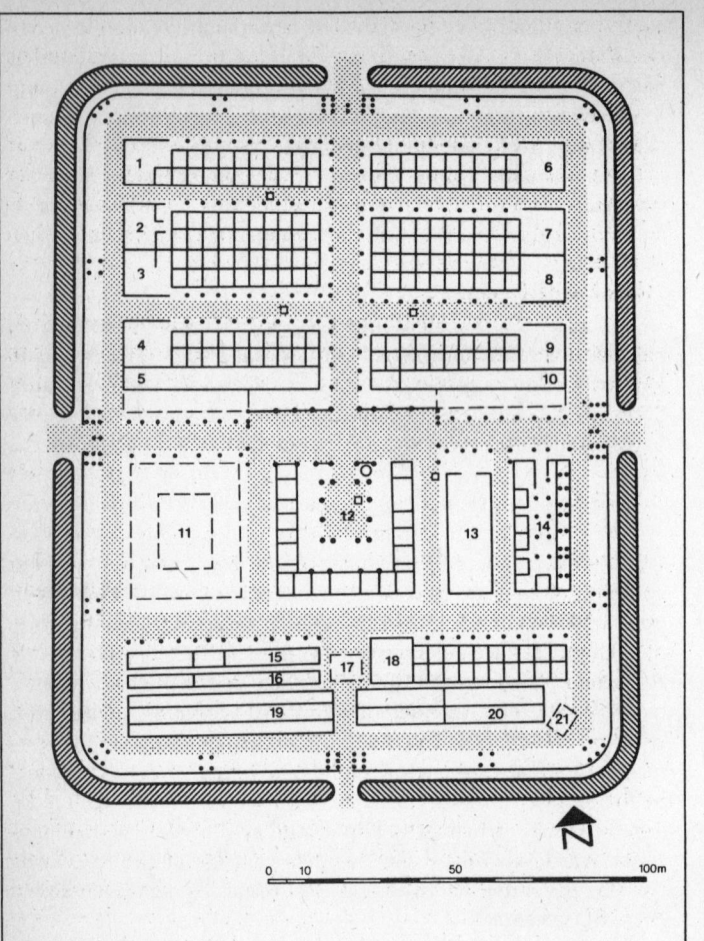

Kastell Künzing. Grundriß des Kastells in der ersten Periode von ca. 90–120 n. Chr. Abgrenzung durch einen Kastellgraben. Innenbauten aus Holz: 1–4, 6–9, 18 Mannschaftsbaracken, 11 Kommandantenhaus, 13 Vorratsspeicher, 17 und 21 Wasserbehälter, 12 Stabsgebäude, 14 Lazarett, 19 und 20 Ställe, 5, 10, 15 und 16 unbekannt.

kannte man übrigens noch nicht). Auch Gemüsepflanzen wurden direkt beim Lager gepflanzt: Sellerie, Senf, Dill, Koriander, Bohnenkraut, Knoblauch, Thymian, Ackerminze, Origanum und Kümmel.

Der ungewöhnlichste Fund in diesem Speisezettel aber war ein Importartikel, nämlich Reis. »Für den Reis ist dies bisher der einzige europäische Nachweis aus einer Zeit, in der es im Mittelmeergebiet noch keinen Reisanbau gab. Diese Körner mußten den langen Handelsweg aus Indien zurückgelegt haben« (Karl-Heinz Knörzer).

Ein Pflanzenfund im Innern, an einer Stelle konzentriert, markierte die Stelle, an der die Lagerapotheke gestanden haben mußte, denn hier fanden sich auf engem Raum durchweg nur Heilkräuter, deren Anwendungsbereich aus den Schriften von Plinius bekannt war: Tausendgüldenkraut, Bockshornklee, Johanniskraut, Eisenkraut und das als Narkotikum verwendete Bilsenkraut.

Daß die Römer auch reine Versorgungs- und Nachschublager für ihre Truppen unterhielten, wurde 1961 klar, als man das Lager Rödgen bei Bad Nauheim entdeckte. Hier kamen drei mächtige Getreidespeicher zum Vorschein in den Ausmaßen von 47,2 × 29,5 Metern, 29,5 × 33 Metern, 35,5 × 30,7 Metern. Auf dem Areal waren nur etwa 1000 Legionäre stationiert.

Auch das Kastell Oberstimm (etwa 3 Kilometer vom keltischen Oppidum Manching entfernt) hatte einmal eine Funktion wie Rödgen. Es wurde erst 1968 entdeckt und war bei seiner Gründung in den vierziger Jahren des 1. Jahrhunderts n. Chr. das östlichste Kastell an der oberen Donau mit einer Innenfläche von 132 × 108 Metern. Offenbar war hier eine *cohors quingenaria equitata* stationiert, das ist eine Truppe mit etwa 480 Infanteristen und 120 Reitern. Da entlang der Donau das nächste Kastell erst rund 230 Kilometer weiter bei Linz lag, mußte Oberstimm »neben dem üblichen Grenzschutz offenbar auch noch die Aufgabe einer Versorgungsstation für die weiter östlich eingesetzten Truppenteile übernehmen« (Hans Schönberger), Lazarett und Vorratsräume deuten darauf hin.

Erst um 90 n. Chr. wurde die Strecke zwischen Oberstimm und Linz verkürzt durch die Anlage des Kastells Künzing (Landkreis Deggendorf) mit einer Größe von 158 × 125 Metern.

1. Bauperiode

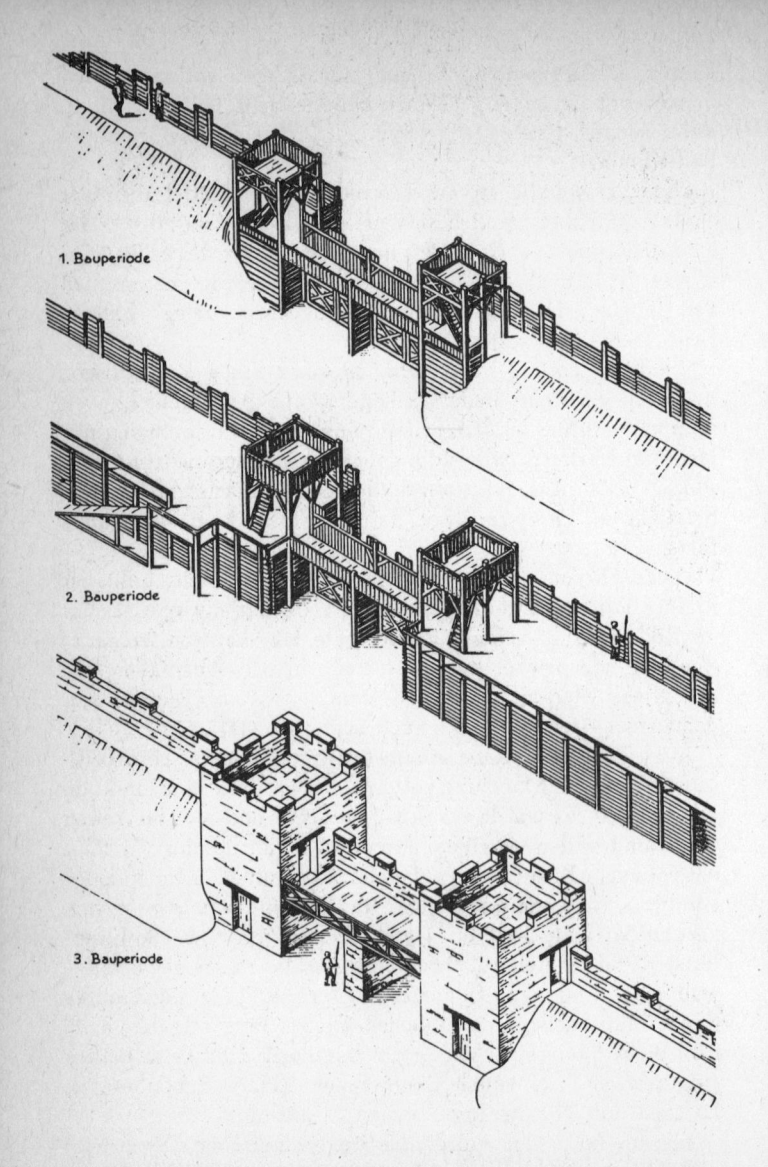

2. Bauperiode

3. Bauperiode

Kastell Künzing. Rekonstruktion des Osttors in den drei Bauperioden. Blick von innen nach außen. (Quelle: Hans Schönberger »Kastell Künzing-Quintana«, Limesforschungen Bd. 13, Berlin 1975)

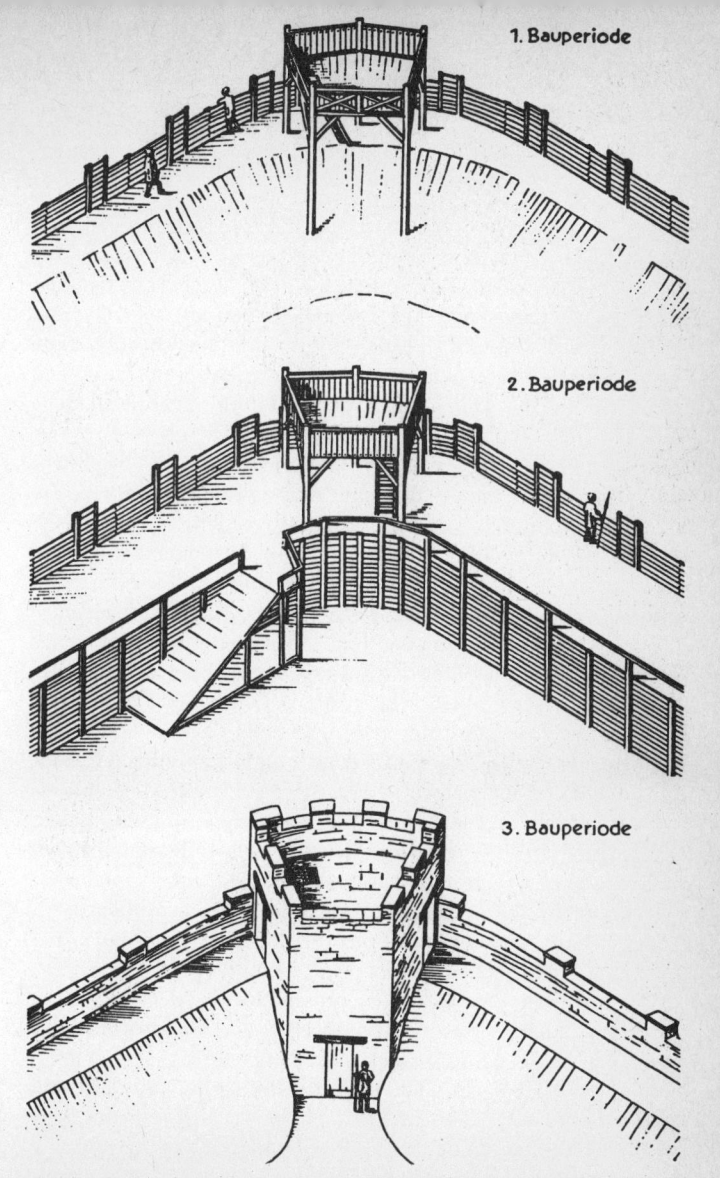

1. Bauperiode

2. Bauperiode

3. Bauperiode

Kastell Künzing. Rekonstruktion des südöstlichen Eckturms in den drei Bauperioden. Blick von innen nach außen. (Quelle: Hans Schönberger »Kastell Künzing-Quintana«, Limesforschungen Bd. 13, Berlin 1975)

Das Kastell Quintana – so sein amtlicher Name – lag damals auf einer überschwemmungsfreien Hochterrasse, etwa 260 Meter von der Donau entfernt. Der Fluß hat im Laufe der Jahrhunderte sein Bett verändert, so daß Quintana heute etwa 1,7 Kilometer südlich der Donau liegt. Auf dieses Kastell war man schon 1830/31 gestoßen, aber damals galten die ersten Grabungen den wie üblich außerhalb der Befestigung gelegenen Thermen. Im letzten Viertel des 19. Jahrhunderts wurden auch Teile der Kastellmauer freigelegt. Erst die drohende Bebauung des Geländes initiierte 1958 eine umfassende Ausgrabung, die bis 1966 dauerte, das Kastell aber nicht mehr ganz freilegen konnte, denn wie meist konnten die Archäologen mit den Bauunternehmern nicht Schritt halten.

Das Kastell Künzing hat vier Bauperioden erlebt. Die erste – von 90 bis 120 n. Chr. – war eine Anlage mit Holzbauten, die zwischen 120 und 135 n. Chr. erneuert wurden. Dann erfolgte um 150/160 ein völliger Neubau in Stein, für den die Holzreste der früheren Anlagen niedergebrannt wurden. Zwischen 200 und 245 erfuhr diese Anlage noch einmal starke Umbauten.

Ziegelstempel – die von den römischen Legionären in eigener Verwaltung hergestellten Ziegel trugen Stempel mit der Bezeichnung dieser Einheit – erwiesen, daß die 3. Thrakerkohorte offenbar die Besatzung der ersten Kastellanlage stellte. Diese Kohorte war wie in Oberstimm eine *equitata*, die etwa 6 Centurien zu je 60 Infanteristen (*pedites*) und 4 *turmae* zu je 30 Reitern umfaßte. Stationiert waren diese Soldaten in acht Baracken von 51 × 4 Metern Größe, wobei jeweils sechs Soldaten in einem Schlafraum untergebracht waren. Zur Zeit des Steinkastells hat vermutlich die 5. *Cohors Bracaraugustanorum* den Platz bezogen, was dem Kastell seinen Namen gab, denn »Quintana« bedeutet *castra quintana*, als Lager der Fünften.

Ausgegraben wurde die Kommandantur (*principia*) mit 49 × 13,5 Meter, das Lagerlazarett (*valetudinarium*) mit 32,5 × 14 Meter und der Speicher (*horreum*) mit 30 × 12 Meter, allerdings verhinderte die rasch fortschreitende Neubebauung des Geländes die genauere Erforschung des Inneren des *horreum*. Die Funde – südgallische Sigillaten, Münzen, Ziegel und Amphoren – ließen eine genauere Datierung der einzelnen Bauphasen zu.

Ein im doppelten Sinne abseitiger Fund soll nicht unerwähnt bleiben, zeigt er doch, daß bei einer wissenschaftlichen Erforschung heute selbst das kleinste Detail nicht mehr unbeachtet bleibt. Untersucht wurde nämlich das Erdreich in jenem Bereich, in dem sich einst die Latrine des Kastells zwischen 140 und 250 n. Chr. befunden hatte. Bei der Analyse stieß man auf große Mengen von Eiern des Peitschenwurms (Trichuris trichiura), eines Darmschmarotzers. Die damals dort stationierten Legionäre müssen also unter einer recht unangenehmen Wurmverseuchung gelitten haben, was auf mangelnde hygienische Verhältnisse im Kastell schließen läßt.

Als die Grabung von Künzing gerade abgeschlossen wurde, 1966, entdeckte man auf dem Gelände des Römerlagers von Eining – zwischen Oberstimm und Regensburg – das Bruchstück eines Ziegels mit dem Stempel LEG III IT CON. Man schloß daraus auf eine vorübergehende Stationierung der 3. Italienischen Legion vor dem Lagerbau in Regensburg. Einen Monat später fanden sich auf dem Gelände noch weitere Ziegelstempel der 3. Legion, etwa 1,2 Kilometer nordöstlich des schon bekannten Auxiliarkastells Eining. Hier war offenbar um 171/172 n. Chr. – so ergab die Grabung vom Herbst 1968 – ein kleineres Lager errichtet worden, das wohl als Umschlag- oder Stapelplatz der römischen Donauschiffahrt diente, denn die Donau führte damals näher am Lager vorbei als heute. Für einen solchen Stapelplatz sprach, daß die Befestigung des Platzes nur sehr schwach war, er konnte also kaum der Verteidigung gedient haben. Die Donau bildete hier ja nicht nur eine natürliche Grenze, sie war auch der wichtigste Versorgungsweg für den Nachschub der römischen Truppen in Ober- und Unterpannonien, der von drei Flotteneinheiten besorgt wurde, deren Konvois zusätzlich von afrikanischen und maurischen Reitern geschützt wurde. Denn der damals ausbrechende Markomannenkrieg bedrohte nicht nur die Grenze, sondern stellte auch die Getreideversorgung der kämpfenden Truppe ernsthaft in Frage. So mag diesem Versorgungslager eine wichtige Aufgabe zugefallen sein.

In jenen Jahren, in denen an der Donau die genannten römischen Befestigungen freigelegt wurden, galt in Hessen das archäologische Interesse dem Kastell Echzell (Kreis Büdingen), das 1897 entdeckt worden war. Hier setzten die ersten Neugrabungen 1958 ein. Das Kastell Echzell war um 90 n. Chr. zur Zeit der Herrschaft Domitians errichtet worden, wie gewöhnlich als Holz-Erde-Bau mit einer Grundfläche von 5,2 Hektar. Als diese Anlage in der zweiten Hälfte des zweiten Jahrhunderts niederbrannte, wurde die Umwallung durch eine Steinkonstruktion ersetzt; die Bauten im Innern, zum Teil auf Steinfundamenten, bestanden aus Holz oder einer Fachwerkkonstruktion. Der große Alamanneneinfall des Jahres 233 zerstörte auch diese Anlage, die aber um 235 wiedererrichtet wurde und vermutlich bis um 260 existierte; Hinweise auf die endgültige Zerstörung gibt es nicht.

Über die Besatzung dieses Kastells gibt es nur Vermutungen, die sich vor allem auf die Abmessungen der Gebäude stützen. So war auffallend, daß hier Reste einer Mannschaftsbaracke gefunden wurden, die mit einer Länge von 67 Metern die größte ist, die jemals in einem römischen Auxiliarkastell gemessen werden konnte. Vermutlich gab es hier zwölf solcher Baracken, was auf die Belegung durch eine *Ala milliaria* mit 24 *turmae* (= 720 Reiter) schließen ließ. So kam zunächst die Vermutung auf, die in Frankfurt-Heddernheim stationierte *Ala I Flavia Gemina milliaria* könnte hierher verlegt worden sein; später mutmaßte man, die Besatzung könnte vielleicht aus einer *cohors quingenaria* und einer *ala quingenaria* bestanden haben.

Aufsehen erregten aber zwei Funde im Innern des Kastells. Im Herbst 1965 stieß man auf Reste von Wandmalereien, die offenbar die Unterkunft eines Kavallerieoffiziers (*decurio*, etwa unserem Rittmeister entsprechend) geschmückt hatten. Die 3,12 Meter breite und 2,20 Meter hohe Malerei auf Fachwerkverputz zeigte drei Szenen aus der antiken Mythologie: Fortuna und Hercules; Theseus erschlägt den Minotaurus; Daedalus und Icarus. Gemäß den Stilmerkmalen ließ sich ihre Entstehung auf die Zeit zwischen 135 und 155 n. Chr. datieren. Als Künstler wird man kaum malfrohe Legionäre vermuten dürfen, sondern eher in der Provinz ansässige Meister, die auch sonst zur Ausschmückung von Kastellen herangezogen wurden, denn Echzell ist keineswegs ein Einzelfall. Wandmalereien in römischen Militäranlagen sind uns – neben Echzell – bisher von 24 Fundplätzen in Westdeutschland bekannt, allerdings nirgends in dieser

Größe erhalten geblieben. Ihre Qualität ist bescheiden; sie können sich allerdings nicht mit den Funden aus Trier und Köln messen, geschweige denn mit den bekannten Malereien aus Pompeji und Herculaneum. Aber sie zeigen doch, daß römische Soldaten, jedenfalls die Offiziere, auf einen gewissen kulturellen Standard auch in den germanischen Provinzen nicht verzichten mochten.

Aber Echzell lieferte noch einen zweiten beachtlichen Fund. Am 20. September 1967 fanden die Archäologen eine eiserne, mit Silberblech überzogene römische Kavallerie-Gesichtsmaske, wie sie zur Zeit des Kaisers Hadrian gern bei militärischen Reiterspielen verwendet wurde, entstanden im zweiten Viertel des 2. nachchristlichen Jahrhunderts. »Hadrian«, so Hans Klumbach, »hatte für die militärischen Reiterspiele, bei denen man dem Zeugnis Arrians die Gesichtshelme verwendet wurden, ein betontes Interesse, da sie ein hohes Maß an reiterlichem Können voraussetzten. Der kaiserliche Befehl, diese Übungen der berittenen Truppe in großem Umfang auszubauen, führte ohne Zweifel zu einem vermehrten Bedarf an Gesichtshelmen, zu dessen Befriedigung der durch das Echzeller Exemplar und die mit ihm verwandten Stücke repräsentierte Typus neu geschaffen wurde. Der (...) Neufund, der zwischen 175 und 185 n. Chr. in die Erde kam, ist hierfür ein hervorragendes Beispiel.«

Es ist aber auch ein nicht minder hervorragendes Beispiel für die eminente Restaurierungskunst des Römisch-Germanischen Zentralmuseums in Mainz. Denn die Maske »war bei ihrer Auffindung ein von starken Rostwucherungen entstelltes Gebilde, das in mehrere Teile zerbrochen war und wenig Hoffnung auf eine brauchbare Restaurierung erweckte« (Hans Klumbach). Nach Röntgenaufnahmen, die Einzelheiten der plastischen Gestaltung deutlich hervortreten ließen, wurde das unscheinbare Roststück mittels feinem Sandstrahlgebläse sorgfältig gereinigt und anschließend konserviert.

Als sie endlich in geradezu makelloser Schönheit wiedererstanden war, zeigte sich die enge Verwandtschaft im Typus mit einem ähnlichen Maskenfund, der 27 Jahre zuvor beträchtliches Aufsehen erregt hatte.

Am 27. Oktober 1950 stießen in Straubing Arbeiter bei Ausschachtungsarbeiten für eine Kläranlage auf einen umgestürzt im Boden liegenden Kupferkessel, dem sofort mit einer Spitzhacke der Boden eingeschlagen wurde. Zum Vorschein kamen bronzene Gegenstände, deren Ungewöhnlichkeit die Lokalpresse dazu verführte, hier von einem »Straubinger Schatzfund« zu sprechen, und dieser Name ist ihm bis heute geblieben.

Das Areal, auf dem der Fund gemacht wurde, war nicht unbekannt, denn man hatte es schon zwischen 1925 und 1929 flüchtig untersucht und dabei festgestellt, daß sich hier einmal ein römischer Gutshof mit einem Industriebetrieb befunden hatte. Wie kam der Fund hierher?

Geborgen wurden sieben Gesichtsmasken aus Bronze, fünf reliefverzierte Beinschienen, sechs Knieplatten und fünf bronzene Kopfschutzplatten für Pferde, dazu sieben Statuetten aus einem häuslichen Lararium – dem Platz, an dem in einem Wohnhaus die »Laren«, die Hausgötter, ihren Standplatz hatten. Hinzu kamen neben dem Kupferkessel liegende Waffen und Geräte (ein Langschwert, eine Dolchklinge, Lanzenspitzen, Pferdegeschirre, Sägen usw.). Die Masken waren zum Teil versilbert oder vergoldet.

Wie im Falle der Maske von Echzell dienten auch diese als Ausrüstung ritueller Reiterspiele, bei denen prunkvolle Paradeausrüstungen selbstverständlich waren.

Die Wahllosigkeit, mit der dieser »Schatz« zusammengestellt worden war, deutet darauf hin, daß er die Beute eines Plünderers war. Er hatte sich von überallher – sei's Kaserne, sei's Wohnhaus – zusammengestohlen, was sich einmal zu Geld würde machen lassen, gesetzt den Fall, man käme mit dem Leben davon. Denn das Gelände dieses Gutshofs – war ihr Bewohner der Kommandant des nur 3 Kilometer entfernten Kastells? – wurde offenbar während des Alamannenaufstands 233 n. Chr. im Sturm genommen, und der Schatzräuber hatte keine Gelegenheit mehr, seine Beute zu holen.

Einer ähnlichen Situation begegnete man im Herbst 1968 bei Grabungen auf dem Gelände des Kastells Isny, dem römischen Vemania (bei Burgwang, Gem. Großholzleute, Krs. Wangen). Hier fand sich reicher Frauenschmuck in einer von Ziegeln abgedeckten Grube, deponiert in einem Holzkästchen, auf das ein mit 193 Münzen gefüllter Leinenbeutel gelegt worden war. Der Schmuck, der aus dem 3. Jahrhundert n. Chr. stammte, umschloß Halsketten, Armreifen, Fingerringe, Ohrgehänge aus Gold, Silber und Glasperlen. Ein Jahr später stieß man in nur 15 Metern Entfernung auf 771 Münzen, eingeschlagen in ein Leintuch und abgedeckt mit einer fünfeckigen Sandsteinplatte. Auch hier kennen wir weder den Besitzer noch wissen wir, wie dieser Schatz an diese Stelle kam. Vermuten aber läßt sich dies: Die Münzen verweisen auf das Datum 302/303 als den Zeitpunkt, an dem sie vergraben wurden, und das genau ist die Zeit eines weiteren Alamannenaufstands. Nach den Funden muß eine Frau sie verborgen haben; war sie eine vermögende Einheimische, gehörte sie zur Familie eines römischen Offiziers, oder war sie eine Durchreisende, die von den Kampfhandlungen überrascht wurde und durch hastiges Vergraben ihren Besitz zu retten suchte? Auf jeden Fall: Sie konnte ihren Schatz, der immerhin einen beträchtlichen Wert darstellte, nicht bergen, also kam sie damals ums Leben oder wurde als Sklavin verschleppt. Wie auch immer: Das Vergraben des Schatzes und die Eroberung des Kastells Vemania müssen 302/303 erfolgt sein, denn damals wurde dieses Kastell zerstört und nicht wieder aufgebaut.

Auf einen ähnlichen Schatzfund stieß man 1955 während der Ausgrabungen im keltischen Oppidum von Manching: Hier war es ein aus einem römischen Service stammendes Gedeck für eine Person, aus Silber gearbeitet und vermutlich um 200 n. Chr. entstanden. Das Gedeck bestand aus einem runden Teller, einer ovalen Vorlegeplatte mit zwei flachen, ornamentierten, ohrförmigen Henkeln, zwei verschieden großen runden Näpfchen, einem Töpfchen mit flachem Griff und drei Löffeln verschiedener Größe.

Aus einem in Berlin verwahrten römischen Papyrus kennen wir die Zusammensetzung eines römischen Tafelservices (beim Manchinger Fund fehlten allerdings die dazugehörigen Trinkgefäße) und wissen, daß ein vollständiges Service in der Antike für vier Personen gerechnet wurde, während das hier gefundene nur für eine berechnet war. Eine mögliche Erklärung wäre, daß dieses Silberservice während des Alamannensturms von 233 n. Chr. den Siegern in die Hände fiel und – entsprechend aufgeteilt – hier der vierte Teil der Beute vorlag, was freilich nicht erklärt, warum der Silberraub dann liegenblieb. Oder es war der Rest eines Bestandes, den sein römischer Besitzer vor den Eroberern versteckte. Die geringen Abnutzungsspuren lassen darauf schließen, daß zwischen Herstellung und Vergraben nicht allzuviel Zeit vergangen sein dürfte. Der flache Griff des Töpfchens trägt die Buchstaben T R K. Ist es der Name seines Besitzers, oder bezeichnen sie den Hersteller? Beides ist bis jetzt noch nicht schlüssig beantwortet, auch ließ sich nicht nachweisen, wo das Silbergeschirr gefertigt wurde.

Nicht nur die Anlage von Neubauten oder das Abbaggern von Kies hilft oder schadet der archäologischen Forschung: In Trier führte die zwischen 1957 und 1964 betriebene Kanalisierung der Mosel zur unerwarteten Untersuchung der römischen Moselbrücke. Diese Kanalisierung – die angestrebte Verbindung von Rhône-Saône über die Mosel zum Rhein – entsprach einem Projekt, das die Römer erstmals 58 n. Chr. entwickelt hatten, wie in den »Annalen« des Tacitus nachzulesen. Dazu war es nötig, die Schiffahrtsrinne auszubaggern, womit die Reste einer römischen Pfahlrostbrücke – nur fünf Meter unterhalb der heutigen Römerbrücke – beseitigt werden mußten, was Anlaß bot, die römische Konstruktion genauer zu untersuchen.

Diese Brücke – sie war der Schauplatz eines heftigen Gefechtes während des Bataveraufstandes im Jahre 70 n. Chr., bei dem es der Trierer Besatzung gelang, die Aufständischen zurückzuschlagen – ruhte auf mächtigen Eichenholzpfeilern. Jeweils 170 Eichenpfähle bildeten ein Pfeilerbündel, das bis zu fünf Metern in den Flußgrund gerammt worden war, wobei die Pfahlspitzen eiserne Kappen trugen. Um die Pfeilerbündel noch zu verstärken, füllte man in ihre Zwischenräume Ton und Steine, legte eine Balkenschicht über die Stützen und setzte darauf Steinquader als Aufbau.

Aus uns nicht bekannten Gründen wurde um 140 n. Chr. eine zweite Brücke nur fünf Meter oberhalb der alten errichtet. Bei dieser wurden die Pfeiler durchweg aus Steinquadern errichtet; die Baustelle dichtete man mit Spundwänden ab und setzte die Pfeiler fünf Meter tief in den felsigen Grund bei einer Höhe von insgesamt zwölf Metern. Diese Brücke, deren neun Pfeiler später bei Umbauten auf sieben reduziert wurden, überstand die

Jahrhunderte. Zwar versuchten die Franzosen sie 1689 zu zerstören, aber bei den Sprengungen gelang es nur, zwei Pfeiler restlos zu vernichten und drei schwer zu beschädigen. Die restlichen zwei aber hielten nicht nur stand, sogar der römische Brückenbogen zwischen ihnen wankte nicht, ein Beweis für die Trefflichkeit römischer Ingenieurkunst, die an anderen Stätten ihre Dauerhaftigkeit selbst unter den Bomben des Zweiten Weltkriegs bezeugte. Auch wenn diese Brücke immer wieder repariert wurde: Die alte römische Konstruktion trägt (und erträgt) noch heute den über sie hinweggehenden modernen Fernverkehr, eine Belastung, der so manche moderne Brückenkonstruktion heute nur wenige Jahre ohne schwere Beschädigungen standhält.

Der Abbruch der älteren Moselbrücke machte es möglich, zum erstenmal eine solche Brückenkonstruktion genau zu untersuchen und zu den oben beschriebenen Ergebnissen zu kommen. Und noch etwas kam hinzu: Bisher herrschte Unklarheit, wann die ältere Brücke gebaut worden war. Die dendro-chronologische Untersuchung der unter ständigem Luftabschluß unter Wasser hervorragend erhaltenen Eichenpfähle ergab das Jahr 41 n. Chr. als Fällungsjahr und, da das Holz in frischem Zustand verarbeitet worden war, damit auch als Baujahr.

Wie beim Bau der zweiten Brücke, so wurden auch zum Abbruch der Pfeilerreste der ersten Brücke Spundwände zur Abdämmung des Wassers errichtet und dabei der Flußgrund gründlich untersucht. Dabei fanden sich nicht nur Werkzeuge, die beim Brückenbau in den Fluß gefallen waren, und Reste von Schiffsladungen, sondern auch Opfergaben, die man der Flußgottheit gespendet hatte, dazu natürlich alles das, was man dem Wasser als unerschöpflicher Müllkippe anvertraut hatte.

Von diesen Funden seien nur zwei besonders schöne Exemplare herausgehoben. Das eine erwies sich als der mit einem Frauenkopf gekrönte Vorderteil eines bronzenen Votivschiffs, das der Berufsverband der Moselschiffer nach geglückter Reise geopfert hatte, und zwar nicht der Gottheit des Flusses, sondern »dem Schutzgott der Vorschiffsleute«, wie die Inschrift ausweist, die uns die Brüder Mettus und Cracuna als Stifter nennt. Daß eine Berufsgruppe über einen eigenen Schutzgott verfügt, war in der Antike so selbstverständlich wie in späteren christlichen Zeiten, als sich Zünfte und Gilden unter das Patronat eines Heiligen stellten, etwa die Maler unter das des St. Lucas oder die Schützen unter das des St. Sebastian.

Eine zweite Figur wurde 1963 aus dem Moselschlamm gebaggert, die Statuette eines Attis aus dem 2. Jahrhundert n. Chr. Attis, ein phrygischer Vegetationsgott, war der Geliebte der Kybele, der als Naturgottheit in Kleinasien, Griechenland und Rom verehrten »Großen Mutter«. Als er ihr untreu wurde, schlug sie ihn mit Wahnsinn; rasend entmannte er sich selbst und fand dabei den Tod. Er galt als ein Gott der Auferstehung. Man beging im März das Attis-Fest, seinen Tod betrauernd, seine Auferstehung feiernd. Der Trierer Attis trägt eine phrygische Mütze und ein offenes Hosenkleid, das Bauch und Geschlecht frei läßt und über der Brust mit einer Fibel geschlossen ist. Der Gott ist als lockiger Knabe dargestellt mit noch kindlichen Genitalien. Dieses Figürchen von sorgfältigster plastischer Durchmodellierung zählt zu den schönsten antiken Bronzen, die nach 1945 auf deutschem Boden gefunden wurden.

Aber auch auf dem Gebiet der römischen Wandmalerei konnte Trier mit einer geradezu sensationellen Entdeckung aufwarten. Bei Grabungen im Dom, errichtet über einem Palastbau aus konstantinischer Zeit, stieß man im Zentrum der antiken Anlage auf einige tausend Fragmente einer 25 Quadratmeter bedeckenden Wandmalerei, die in über fünf Jahre währender mühsamer Puzzlearbeit wieder zusammengesetzt werden konnte. Und es war ein ungewöhnlicher Glücksfall, daß es bei der Domrestaurierung 1965 bis 1968 gelang, die noch fehlenden Reste dieser Malerei zu finden, die fünfzehn Felder einer Kassettendecke schmückten und auf die Zeit zwischen 316 und 326 n. Chr. zu datieren waren. Diese Decke zierte einmal einen 6,86 × 9,46 Meter großen Saal, dessen Wände gleichfalls bemalt waren und dessen Fußboden ein Mosaik bedeckte. Die Kassettenfelder zeigen außer den Brustbildern von sieben festlich geschmückten Frauen auch acht Erotenpaare mit brennenden Opferschalen, Füllhörner und möglicherweise auch Blütengirlanden, also die charakteristischen Embleme antiker Hochzeitsfeierlichkeiten, worauf auch eine den Schleier hebende Frau hinweist. Bei zwei der Frauenporträts weisen Kleidung und Schmuck darauf hin, daß wir es mit Mitgliedern der kaiserlichen

Familie zu tun haben und daß auf eine Hochzeit im Kaiserhaus angespielt ist.

In Trier residierte damals – seit 318 – Flavius Julius Crispus, der älteste Sohn Kaiser Konstantins. Drei Jahre später heiratete er seine Frau Helena. Aber schon nach weiteren fünf Jahren ließ ihn 326 sein Vater hinrichten, weil er angeblich ein Verhältnis mit seiner Stiefmutter Maxima Fausta gehabt haben sollte. Da nun unter dem Schutt dieses Saales eine 326 zu datierende Münze gefunden wurde, ergab sich der Schluß: »Die Hinrichtung von Crispus und der Abbruch des Saales fallen also in dasselbe Jahr! Bilder einer kaiserlichen Person und deren Familie werden, sobald sie eines Staatsverbrechens überführt und hingerichtet wurden, zerstört *(damnatio memoriae)*. Es liegt also nahe, den Palast, zu dem diese Deckengemälde gehörten, für die Wohnung des Cäsar Crispus und seiner Gattin Helena zu halten« (J. G. Deckers). Möglicherweise ist die Zerstörung aber auch nur darauf zurückzuführen, daß hier schon bald eine frühchristliche Kirche errichtet wurde.

Da die den Schleier hebende Frau (Hochzeitsgestus!) im Zentrum der Decke gemalt ist, stellt sie vermutlich Helena, die Braut des Crispus, dar. Eine etwas ältere Frau mit einer geöffneten Schmuckkassette in der Linken, aus der sie mit der Rechten eine Perlenkette zieht, scheint Maxima Fausta, des Crispus Stiefmutter und Schicksal, zu sein, die schon durch die Art ihres Schmucks als Mitglied der kaiserlichen Familie ausgewiesen ist. Aber mehr noch: Die überlieferten Porträts der Maxima Fausta offenbaren individuelle Ähnlichkeit mit Darstellungen aus der Malerei.

Nicht nur wegen der schicksalhaften Beziehungen dieses Kunstwerks zu den Dargestellten berührt uns diese Malerei, wo einmal für einen Augenblick das individuelle Los einiger Menschen erahnbar wird: Die Trierer Deckenmalerei ist gerade auch als künstlerisches Dokument einzigartig auf deutschem Boden. Mehr noch: Es handelt sich hier um den bedeutendsten Fund spätantiker Malerei überhaupt. Römische Deckenmalereien sind von größter Seltenheit, diese stammen aus einem kaiserlichen Palast, was bedeutet, daß an die ausführenden Künstler natürlich höchste Ansprüche gestellt und darum nur erste Kräfte beschäftigt wurden.

Demgegenüber sind die zu Anfang des 2. nachchristlichen Jahrhunderts entstandenen Wandmalereien, die 1955 und 1969 südwestlich des Kölner Doms gefunden wurden, eher bescheidenen Zuschnitts, wenngleich sie in nichts dem Trierer Festsaal und seiner Dekoration gleichen. Die in Köln gefundenen Fragmente bedeckten zwei knapp acht Meter große Längs- und zwei etwa vier Meter große Schmalwände eines römischen Privathauses. Sie zeigen Motive, wie sie uns aus Pompeji und Herculaneum geläufig sind: Bellerophon, dargestellt als Putto, im Kampf gegen die Chimaira, Eroten bei der Weinlese, assistiert von einem Satyr, die Früchtegöttin Pomona, dazu Fabelwesen in größter Fülle: Meeresungeheuer, geflügelte weibliche Genien, Greifen, Sphingen, Sirenen und Harpyen, der Weingott Bacchus mit dem Panther, dazu Tiere wie Schwäne und Vögel, dazu Kandelaber, Amphoren und Masken, das Ganze in leuchtenden Farben und als Umrahmung großer monochromer Felder. Vielleicht haben wir es hier mit dem Innendekor eines Speisesaals zu tun, dessen Wandhöhe etwa 2,75 Meter betragen haben muß. Die individuelle Gestaltung eines Künstlers (wie in Trier) hat hier überhaupt keine Rolle gespielt. Nicht nur lag das dekorative Konzept schon seit langem in der Überlieferung fest, wenn es um die malerische Ausschmückung solcher Räume ging; diese Gebrauchskünstler arbeiteten mit bewährten Vorlagen und konnten ihrer Kundschaft vermutlich Musterbücher vorlegen. »Gliederungssystem und Ausstattung sind also auswechselbar. Sie sind einem Repertoire entnommen, das offenbar über längere Zeit an verschiedenen Orten zur Verfügung stand« (Andreas Linfert). Wir sollten das nicht geringschätzen. Anders als die Trierer Fresken, die der festlichen Überhöhung eines Repräsentationsaktes dienten, zeigen uns die Kölner Malereien römischen Alltag, freilich den der begüterten Bevölkerungsschicht.

Gewiß, an Rhein und Mosel befand sich der Römer nicht nur in jeder Weise in rauherem Klima, er lebte auch in der Provinz, aber das bedeutete noch lange nicht, daß er zu bescheidenem Leben gezwungen gewesen wäre und auf den gewohnten heimischen Luxus hätte verzichten müssen. Schon die Vielzahl großzügig angelegter Villen mit ihren bemalten und großflächig mit Mosaiken gezierten Räumen sind dafür Beweis genug. Nur ist der Tourist, der etwa seinen Besuch in Pompeji und Herculaneum oder gar in der erst kürzlich entdeckten Villa von Oplontis im Gedächtnis hat, oft enttäuscht, steht er den Funden auf deutschem Boden gegenüber. Denn er macht sich meist nicht klar, daß er die Funde am Fuße des Vesuv in einem außergewöhnlichen Erhaltungszustand (bedingt durch die jahrhundertelange Konservierung unter der Vulkanasche) kennenlernt. In Deutschland hingegen sind die Zeugnisse römischer Kultur entweder schon früh zerstört worden durch die Invasionen zerstörungswütiger Germanenstämme, oder sie dienten späteren Zeiten als wohlfeile Steinbrüche, während das Inventar vernichtet, verschleudert wurde oder durch die harten klimatischen Bedingungen verfaulte und verwitterte. Auch der Haß auf die »heidnische Abgötterei« trug dazu bei, weil ein mißverstandenes Christentum Werke der Antike oft genug mutwillig demolierte. Waren antike Bauten ungeschützt dem Zugriff preisgegeben, wurden sie vielfach bis auf die Fundamente »entkernt«, und es blieb buchstäblich kein Stein auf dem andern. Manche überdauerten, weil die Natur sie so stark überwuchs, daß sie wenigstens in ihren Grundresten überdauern konnten.

Dies letztere war zum Beispiel der Fall bei einer Villa am Ortsrand von Bad Kreuznach, gelegen an einem Hang, der allmählich die Reste mit fortgeschwemmter Erde überspülte und überwuchs. Erstes Zeugnis ihrer Existenz erbrachte ein privates Bauvorhaben 1893, bei dem man auf ein wohlerhaltenes Mosaik mit Gladiatorenszenen stieß, das heute im städtischen Museum ausgestellt ist. Aber aus diesem Fund wurden kaum archäologische Konsequenzen gezogen, und eine gründliche Untersuchung, die doch nahegelegen hätte, unterblieb. Ein weiteres Mosaik – nach seiner Thematik Okeanusmosaik genannt – kam hier 1966 beim Ziehen eines Kabelgrabens ans Licht. Zwischen beiden Fundstellen verläuft heute die Hüffelsheimer Straße, die den Komplex durchtrennt, ganz abgesehen davon, daß auf dem Areal ohne voraufgehende wissenschaftliche Untersuchung nach 1945 einige Einzelhäuser gebaut wurden. Erst im April 1975 begann man auf dem Gelände mit der systematischen Ausgrabung, der freilich durch Straßenziehung und Bebauung schmerzliche Grenzen gezogen sind.

Kreuznach war vom 1. bis 4. Jahrhundert eine römische Zivilsiedlung, die erst zur Zeit der valentinianischen Grenzbefestigung (zwischen 364 und 375) ein Kastell erhielt, lag hier doch der zu sichernde Übergang über die Nahe. Zu dieser Zeit aber diente die Villa bereits als Steinbruch, gerade auch für das Kastell. Eine Inschrift auf dem Okeanusmosaik macht eine Datierung auf das Jahr 234 n. Chr. möglich, aber nach dem weiteren Fundmaterial scheint es sich dabei um einen späteren Anbau gehandelt zu haben; vermutlich wurde die Anlage gegen Ende des 2. nachchristlichen Jahrhunderts begonnen.

Dem Zeitgenossen muß sich damals ein wahrhaft imposanter Anblick geboten haben. Im Osten, Süden und Westen war diese Anlage von Hängen eingefaßt, ihre Schauseite öffnete sich nach Norden, talabwärts. Hier nun bestand der Bau, die Hanglage nutzend, aus mehreren Stockwerken mit einer aus Nischen gegliederten Fassade. Da die Grabung, während diese Zeilen geschrieben werden, noch längst nicht abgeschlossen ist, müssen wir uns auf Andeutungen beschränken, die auf den ersten Grabungsergebnissen fußen.

Die Fundamente der Villa liegen zum Teil 2,70 Meter tief. Als Baumaterial diente vornehmlich ein in der Umgebung gebrochener grüngrauer Sandstein, das Dach war mit Ziegeln gedeckt, zum Teil wohl auch mit Schiefer. Die vier Gebäudetrakte umschlossen einen Innenhof, dem »pultdachüberdeckte Portiken vorgelagert« waren, also ein Säulenvorbau mit weißgetünchten Sandsteinsäulen.

Von den Räumen ließen sich erst einige wenige bestimmen. Wo das Okeanusmosaik gefunden wurde, befand sich vermutlich der Speisesaal mit einer Fontäne in Raummitte, der Blick der Tafelnden ging in den gärtnerisch gestalteten Innenhof (Peristyl). Zu ermitteln war ferner die mit Herdeinbauten versehene Küche, ein Windfang, ein Korridor, ein Treppenaufgang und die Toilette. Unter dieser zog sich »ein unterirdischer, solid gemauerter Gewölbekanal von 90 Zentimeter Breite und 130 Zentimeter Höhe« (Gerd Rupprecht) entlang, der zuvörderst die Aufgabe hatte, das Regen- und Schmelzwasser aufzufangen und abzuleiten, der zugleich aber dazu diente, auch alle Abwässer der Villa aufzunehmen, vor allem die Fäkalien, denn der Kanal führte genau unter der Toilette hindurch. Zufließendes Frischwasser wurde in die Küche geleitet, seinen Überschuß nahm der Abwässerkanal auf.

Beheizt wurde die Anlage mit der traditionellen Fußboden-Warmluftheizung der Römer (Hypokaustum) oder, wo diese nicht vorhanden war, mit halboffenen, kaminartigen Ziegelherden, auf denen Holzkohle verbrannt wurde. Die Fenster besaßen bereits Fensterglas. Die Fassade wird man sich weiß getüncht vorzustellen haben, die Innenräume trugen bemalten Wandverputz.

Über den Besitzer dieses herrschaftlichen Gebäudes wissen wir bis jetzt nichts, kennen auch nicht seinen Namen. Der Germaneneinbruch des Jahres 275/76, der auch Trier verwüstete, könnte auch das Ende dieser Villa gebracht haben, auf jeden Fall ist das Gebäude nicht viel später zerstört worden, und zwar durch Feuer. Ob die Bewohner ihre Habe noch vorher bergen konnten oder ob die Eroberer die Villa aufs gründlichste plünderten: Sie machte den Archäologen jedenfalls »einen sehr ausgeräumten Eindruck« (Gerd Rupprecht). Da sie aber, wie bereits erwähnt, schon im 4. Jahrhundert für das Kreuznacher Kastell als Steinbruch diente und im Mittelalter das Baumaterial für die Kauzenburg oberhalb Kreuznachs lieferte, wird damals von den Bauleuten gewiß noch eine Nachlese gehalten worden sein, was erklären könnte, warum außer Keramikscherben und kleineren Münzfunden bisher keine nennenswerten Einzelfunde angefallen sind. Da aber das ganze Areal noch nicht annähernd ausgegraben werden konnte, sind natürlich Überraschungen jederzeit möglich. Übrigens ist geplant, einen Teil der Villa wieder aufzubauen, um dem Zeitgenossen von heute einen plastischen Eindruck römischer Wohnkultur zu vermitteln.

Solche Rekonstruktionen sind natürlich stets ein überaus heikles Unterfangen und fast nie eine reine Freude. Ob man das wiederaufgebaute Saalburgkastell nimmt, das römische Xanten (von dem gleich zu sprechen sein wird) oder die Kreuznacher Villa: Nie kennen wir das ursprüngliche Aussehen genau. Wird heute ein im letzten Krieg zerstörtes Barockschloß wiedererrichtet, um ein gängiges Beispiel zu nennen, so verfügen die Restauratoren nicht nur über exakte Grundrisse und Vermessungen, sondern auch über eine Fülle von Total- und Detailfotografien (meist auch noch in Farbe), die es erlauben, Außenwände, Dachkonstruktionen und Ornamentik bis ins unscheinbarste Detail hinein nachzubilden. Das Charlottenburger Schloß in

West-Berlin und die Würzburger Residenz mögen hier als zwei beliebig herausgegriffene Beispiele solcher mustergültiger Restaurierungen stehen.

Und eben dieses Material steht dem Archäologen, der eine Rekonstruktion wagen soll, nicht zur Verfügung. Wohl lassen Fundamentstärken und -tiefen Rückschlüsse auf die Höhe des Mauerwerks zu, wohl kennt man das verwendete Baumaterial, wohl sind anhand von Fundresten das Aussehen von Fenster- oder Türkonstruktionen bekannt, aber im wesentlichen steht außer dem Grundriß so gut wie nichts fest. Das Erscheinungsbild stützt sich auf Analogien; entweder sind vergleichbare Bauten erhalten geblieben, oder wir kennen ihr Aussehen von Wandmalereien oder Münzprägungen. Ist der Fund eine größere Ruine – wie etwa die Trierer Kaiserthermen –, so sollte sich eine rekonstruierende Flickschusterei von vornherein verbieten (übrigens hat es zu Anfang dieses Jahrhunderts tatsächlich einmal den Plan gegeben, die Trierer Kaiserthermen wiederaufzubauen, er scheiterte aber zum Glück an den immensen Kosten). Etwas anderes ist es aber, wenn kaum noch antike Überreste vorhanden sind und eine Wiederherstellung nicht wertvolles Fundmaterial zerstören würde. Und damit kommen wir zu Xanten, wo archäologische Grabungsstätte und ein populärer »archäologischer Park« miteinander vereint wurden.

Bei Xanten wurde die mittelalterliche Stadt nicht auf den Fundamenten der Römersiedlung gegründet (wie in Köln, Augsburg, Regensburg usw.), sondern außerhalb angelegt.

Auf dem Fürstenberg bei Xanten bauten die Römer in augusteischer Zeit das *Vetera Castra* genannte Lager. Beim Tode des Augustus (14 n. Chr.) waren hier die *Legio V Alaudae* und die *Legio XXI Rapax* stationiert, die später durch die 5. und 15. Legion abgelöst wurden. Während des Bataveraufstandes 69/70 wurde Vetera erobert und niedergebrannt, aber später nicht wieder aufgebaut. Statt dessen gründete man nicht sehr weit davon entfernt ein nur für eine Legion bestimmtes Lager, Vetera II genannt, in dem bis etwa zum letzten Viertel des 3. Jahrhunderts die 30. Legion stationiert war.

Zur Zeit von Vetera II ließ Kaiser Trajan die Stadt Colonia Ulpia Traiana (CVT) gründen, und zwar auf einem Areal, das bis dahin von den einheimischen Cugernern mit einer Fachwerkhaussiedlung bebaut war. Das Gründungsdatum der CVT ist nicht exakt bekannt, es liegt um das Jahr 100 n. Chr. Einen Anhaltspunkt bietet uns der Grabstein eines Veteranen der 10. Legion in Carnuntum an der Donau (Österreich), der erstmals die Traiana nennt. Da bekannt ist, daß die 10. Legion um das Jahr 105 von Nimwegen an die Donau verlegt wurde, scheint es, daß der spätere Veteran als Bürger der CVT der 10. Legion beitrat. Jedenfalls fehlen bis heute genaue Daten, aber die Grabungen der nächsten Jahre mögen hier noch präzisere Ergebnisse liefern.

Die Trajansstadt war 83 Hektar groß und besaß einen Hafen dank eines damals schiffbaren Altrheinarms. Ihr Grundriß war das für die Römergründungen typische Schachbrettmuster mit zwei sich im Zentrum kreuzenden Hauptstraßen, die auf die vier Stadttore zuliefen. Die Siedlung war gesichert durch eine über 6 Meter hohe Mauer, der ein 5 Meter breiter und 2,50 Meter tiefer Graben vorgelagert war. Gegliedert war die Stadtmauer durch 6 × 6 Meter große Türme von etwa 12 Metern Höhe, von denen bisher auf der untersuchten Ost- und Südseite fünf nachgewiesen werden konnten.

Über das Ende der CVT fehlen uns bisher genauere Angaben. Vom 3. Jahrhundert an litt die Stadt unter den Einfällen der Franken, von denen einer sich um die Mitte des Jahrhunderts ereignet haben muß. Im Bereich der Insula X (insula = Insel bezeichnet ein von vier Straßen umzogenes Häuserareal) fand man vor einigen Jahren ein Bronzegefäß, gefüllt mit Silbermünzen, Silbergeschirr und Gold- und Silberringen, das um 250 (datiert nach den Münzen) vor den einbrechenden Franken versteckt wurde. Es mag sein, daß damals die Stadt übel zugerichtet wurde, jedenfalls hören wir von einem Wiederaufbau des Ortes Tricensimae durch Kaiser Julian im Jahre 359. Der Name weist auf die 30. Legion hin (= *tricesima*), die in Vetera II stationiert war, aber da Namensänderungen so selten nicht sind, könnte es sich bei Tricensimae nicht um ein wiederaufgebautes Vetera II, sondern um die wiederaufgebaute CVT handeln.

Die Grabungen haben erbracht, daß sich im Stadtkern der CVT in spätrömischer Zeit ein Grabenrechteck mit Ecktürmen befunden hat. Das deutet auf den damals allenthalben zu beobachtenden Schrumpfungsprozeß der römischen Städte hin, wo sich eine stark verminderte Bevölkerung auf zitadellenartige Gebilde zurückzog, die ihnen – als eine Art von Fluchtburgen – Schutz vor den immer stärker überhandnehmenden Germanenüberfällen boten, bis endlich ein städtisches Leben in den Frankenstürmen für die CVT überhaupt nicht mehr möglich war. Die Befestigung – ein castellum – existierte bis zur Mitte des 5. Jahrhunderts. Hinzu kam, daß der Rheinarm, an dem der Hafen lag, immer mehr versandete und sein Gebiet allmählich versumpfte, so daß der Handel über den Wasserweg ohnehin zum Erliegen kam.

Als dann im frühen Mittelalter über den Gräbern christlicher Märtyrer das neue Xanten erbaut wurde (sein Name leitet sich daher ab von »ad sanctos« = zu den Heiligen), dienten die Trümmer der CVT als Steinbruch, die zum Teil bis in die Fundamente hinein ausgebrochen wurden, so daß nur wenige Baureste über dem Erdboden erhalten blieben, von denen einige bis ins 17. Jahrhundert existierten.

Diese gründliche Ausplünderung erschwert natürlich die archäologischen Untersuchungen, und die spätere Veränderung des Geländes tat ein übriges. Nicht nur, daß hier Bauernhöfe errichtet wurden, auch eine Straße, die heutige B 57, durchschneidet das alte Stadtgebiet. Schwer hat auch die Stadtverwaltung des modernen Xanten gesündigt, als sie trotz des Protestes der Wissenschaftler zuließ, daß über dem Gelände der Thermen in der Nachkriegszeit eine moderne Fabrikanlage gebaut wurde.

Dennoch war es möglich, den Charakter der CVT gut zu erhellen. Sie muß in ihrer Blütezeit, während des 2. und 3. Jahrhunderts, eine bedeutende Handelsstadt gewesen sein, mit Kapitol, Thermen und einem 8000 bis 10000 Zuschauer fassenden Amphitheater von etwa zehn Metern Höhe. Wie diese Großbauten, so war auch ein großer Teil der Privathäuser aus Stein errichtet. Die *insulae* waren dicht bebaut mit über 12 Metern Breite und bis zu 60 Metern Tiefe, sie umfaßten Handwerksbetriebe (nachweislich Bäcker, Fleischer, Gelbgießer, Feintöpfer und Schmiede) und ließen Platz für Innenhöfe. Nicht alle Betriebe lagen innerhalb der Stadtbefestigung: Die »feuergefährlichen und störenden Betriebe« lagen südlich der Stadt in einem eigenen Handwerkervicus (*vicus* = Quartier, Viertel, Siedlung); Töpfer und Steinmetzbetriebe arbeiteten westlich des Areals, wo sich heute der Xantener Dom erhebt – sie waren also von der CVT aus alle bequem zu Fuß erreichbar. Gefundene Freskenreste, Bronzestatuetten und Steinplastiken zeigen, daß die Bewohner der CVT nicht unvermögend gewesen sein müssen.

Sie leisteten sich sogar einen Tempel, der in seiner Größe alles übertrifft, was bisher nördlich der Alpen gefunden wurde. Seine Lage war durch magnetometrische Messungen bereits bekannt, mit der Ausgrabung konnte aber erst im Sommer 1978 begonnen werden, und da gab die Erde Erstaunliches frei.

Auf einem drei Meter starken Fundament aus einem Mörtel-Stein-Gemisch von 24 × 36 Metern Grundfläche erhob sich ein Tempel, dessen Heiligtum (die *cella*) 24 Säulen mit korinthischen Kapitellen umgaben. Diese Säulen, deren Höhe auf fünfzehn Meter geschätzt wird, sind nur noch im Fundament-Abdruck zu erkennen; sie waren aus lothringischem Sandstein gehauen.

Welcher Gottheit dieser Tempel geweiht war, ist noch nicht bekannt. Wegen seiner Lage am Hafen könnte es Merkur gewesen sein, der Gott der Kaufleute und des Handels. Der mächtige Bau, errichtet um die Mitte des 2. Jahrhunderts n. Chr., lag im Mittelpunkt eines 120 × 120 Meter großen Heiligtums, dessen Bereich eine Mauer mit Wandelgang vom übrigen Stadtgebiet abschirmte. Eine vergleichbare, aber weit kleinere Anlage dieser Art war bisher diesseits der Alpen nur aus Nîmes in Südfrankreich bekannt.

Der Colonia Ulpia Traiana, der nördlichsten Stadtgründung der Römer in Deutschland, ist heute nun ein besonderes Schicksal zugedacht. Von ihren ursprünglich 83 Hektar sollen 40 Hektar Teil eines sogenannten »archäologischen Parks« werden, der zu einem insgesamt 300 Hektar großen Freizeitgelände gehören soll, von dem allein 200 Hektar als Wasserfläche geplant sind. Um dem Besucher eine Vorstellung vom Aussehen einer antiken Stadt zu geben, werden seit einigen Jahren Abschnitte der Stadtbefestigung wieder aufgebaut, auch soll der Hafen, der an die neu zu schaffende Wasserfläche angeschlossen wird, mit seinen Kais wieder hergestellt werden. Die auf dem Gebiet der CVT befindlichen Gehöfte sind inzwischen aufgekauft und abgerissen worden, die über den Thermen liegende Fabrik soll

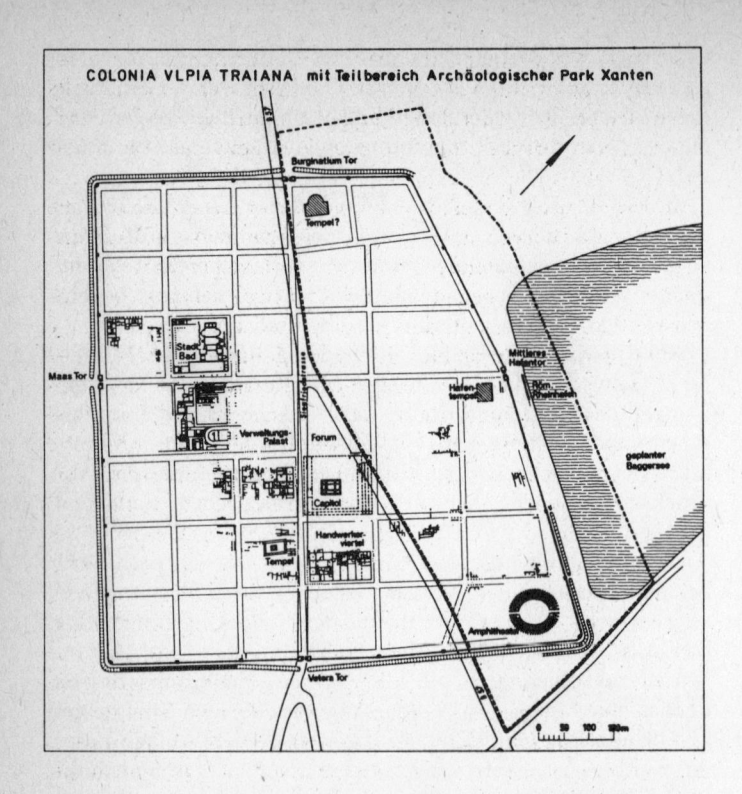

Xanten. Übersichtsplan der Colonia Ulpia Traiana und des Archäologischen Parks. (Quelle: Colonia Ulpia Traiana, 1. und 2. Arbeitsbericht zu den Grabungen und Rekonstruktionen, Hrsg.: Landschaftsverband Rheinland. Rheinland-Verlag GmbH, Köln)

gleichfalls verschwinden und die B 57 verlegt werden. Teile der Privathäuser mit ihren Handwerksbetrieben werden gleichfalls rekonstruiert, damit der Besucher einen Eindruck vom Leben eines römischen Bürgers und Handwerkers gewinnen kann, und Handwerker sollen in den rekonstruierten Werkstätten nach antikem Muster arbeiten. Daneben soll aber die archäologische Forschung weitergehen, so daß der Besucher auch die Möglichkeit hat, den fortlaufenden Ausgrabungen zuzusehen.

Was auch immer gegen solche Rekonstruktionen einzuwenden sein mag: Angesichts der fast restlosen Zerstörung der CVT ist eine solche moderne Nutzanwendung zu befürworten. Der Laie, der heute auf einer Grabungsstätte steht, ist nicht imstande, sich das ursprüngliche Aussehen zu verdeutlichen, weil ihm dazu einfach die nötigen Fachkenntnisse fehlen. Und wer einmal vor und in den Bauten des erneuerten Saalburgkastells gestanden hat, weiß, um wieviel leichter es ist, sich mittels der Rekonstruktion ein Bild römischer Architektur zu machen. Daß eine weiterschreitende Forschung in einigen Jahrzehnten dieses wiedergewonnene Bild in Frage stellt, ist freilich ein Nachteil, der hingenommen werden muß. So, wie die Rekonstruktionsplanung der CVT heute vorliegt, muß gesagt werden, daß alle Erneuerung mit größter Behutsamkeit vorgenommen wird. Und daß einzelne Elemente dabei aus anderen Funden eingebracht werden – wie etwa in der CVT die Aufstellung einer Jupiter-Gigantensäule, die hier niemals gestanden hat –, darf man als zulässig betrachten, weil sie das so gewonnene Bild wenigstens nicht grundsätzlich verfälscht.

Solche Jupitergigantensäulen wurden 1964 in Hausen und 1967 in Walheim gefunden. Es sind die »besten und größten Iupiter« (Iupiter Optimus Maximus = IOM) geweihten Säulen oder Pfeiler, die auf einem quadratischen, auf allen vier Seiten mit Reliefs geschmückten Block ruhen, die Göttergestalten darstellen, darüber kann ein Zwischensockel liegen von gelegentlich polygonalem Zuschnitt, auf dem sich die Säule (oder der Pfeiler) erhebt. Die Bekrönung über einem Blattkapitell ist die Darstellung des Göttervaters selbst. Ihm sind hockende Giganten (seine bezwungenen Feinde) zur Seite gegeben, daher auch der Name, er kann aber auch über sie hinwegreiten oder -fahren oder ist nur allein (thronend) oder mit Juno zur Seite dargestellt.

Solche Weihesäulen hat es in allen römischen Provinzen gegeben, auch wenn der hier beschriebene Typus eher im Rhein-Main-Neckar-Gebiet anzutreffen ist.

Fragmente zweier Jupitergigantensäulen fanden Bauarbeiter am 4. September 1964 bei Ausschachtungsarbeiten in Hausen an der Zaber (Kreis Heilbronn) in 1,80 Meter Tiefe nebst anderen Skulpturfragmenten, davon war die eine Säule vollständig erhalten, die von der Basis bis zum Götterscheitel 7,35 Meter maß und diese lateinische Inschrift trug: »Jupiter dem besten und größten und der Königin Juno hat Caius Vettius Connougus sein Gelübde eingelöst, froh und freudig nach Verdienst.«

Auf dem Sockel sind Apoll (linke Seite), Diana (Rückseite) und Venus mit Vulcan (rechte Seite) dargestellt; der Stein über dem Zwischensockel ist hier wie auch sonst oft als Wochengötterstein gearbeitet, er stellt also die Götter der einzelnen Wochentage dar in Gestalt von Büsten: Saturn für Sonnabend, Sol (der Sonnengott) für Sonntag, Luna (die Mondgöttin) für Montag, Mars (der Kriegsgott) für Dienstag, Merkur (der Götterbote und Gott des Handels) für Mittwoch, Jupiter (der Göttervater mit dem Donner) für Donnerstag und Venus (die Göttin der Liebe) für Freitag. Dazu das Relief der Victoria (der Siegesgöttin) auf der Vorderseite. Das Kapitell trägt die Allegorien der Jahreszeiten. Über ihnen ist ein über einen am Boden liegenden Giganten reitender Jupiter dargestellt.

Die Säule war ursprünglich bemalt und die Votivgabe eines »Einheimischen mit römischem Bürgerrecht, dem der Gutshof *(villa rustica)* in Hausen a. d. Zaber um 200 n. Chr., zur Zeit der Aufstellung der Säule, gehörte« (Ph. Filtzinger). Dank für Ernte und Bitte um Schutz. Der Göttervater hat die Bitte nur für kurze Zeit erhört, denn beim Alamanneneinfall gegen Ende des 3. nachchristlichen Jahrhunderts wurde der Gutshof des mit keltischem Beinamen Connougus zubenannten Caius Vettius zerstört, die Säule gestürzt und die Bilder verstümmelt. An ihrer Stelle steht aber seit 1967 eine Nachbildung aus Kunststein.

Als man sie aufstellte, entdeckte man eine weitere in Walheim (Kreis Ludwigsburg). Sie hatte ursprünglich eine Höhe von vermutlich 6,50 Metern, war aber unvollständig, denn sowohl die Weiheinschrift wie auch die bekrönende Jupitergruppe fehlten. Hier zeigte der untere Stein Juno, Hercules, Minerva und Mercur, der Wochengötterstein neben der Victoria noch Mars, Vesta (?), Vulcan (übrigens wie in Hausen mit einer Filzmütze auf dem Kopf), Juno, Apollo, Jupiter und Fortuna. Der darüber sich erhebende Säulenschaft ist im unteren Teil geschuppt, im oberen zeigt er Weinstöcke mit Schlangen, Vögeln und Eroten. Das bekrönende Kapitell mit vier Köpfen (entweder Allegorien der Jahres- oder der Tageszeiten) war bei der Entdeckung auf zwei Seiten durch den Bagger zerstört. Auch diese Säule steht wie die Hausener heute auf ihrem alten Platz in einer Nachbildung, wobei die Jupiterfigur nach anderen Beispielen ergänzt wurde. Da die Inschrift verlorenging, wissen wir nicht, wer sie setzte und zu welchem Zweck. Aber auch sie gehört der spätrömischen Zeit an.

Daß eine Darstellung wie die vorliegende sich überwiegend mit militärischen Anlagen, Städten, Villen und Kunstwerken beschäftigt, liegt auf der Hand. Sie sind meist dem Betrachter vor Augen, ihr Zweck ist klar erkennbar, und ihr ästhetischer Reiz ist unbestritten. Zudem sind sie auch am besten erforscht. Und selbst wenn das für einzelne Grabungen (noch) nicht gilt, so ist uns doch der Typus vertraut. Worüber aber noch viel zuwenig bekannt ist und was zu den relativ unbekanntesten Bereichen der Römerzeit auf deutschem Boden zählt, ist ihre Wirtschaftsstruktur, ihre Technik.

Natürlich gibt es auch hier Ausnahmen. Die Leistungen römischer Ingenieure und Architekten ist stets angesichts ihrer imposanten Leistungen gewürdigt worden. Die Haltbarkeit römischen Mauerwerks führte sogar zu der Legende vom nicht entschlüsselten Geheimnis des römischen Mörtels, den die Römer selbst *opus caementium* nannten, woraus sich unser Wort Zement ableitet. Bewunderungswürdiges wurde den römischen Technikern – zu Recht – stets nachgerühmt. Ihre Befestigungs- und Brückenkonstruktionen, die Kunst ihres dauerhaften Straßenbaus, das ausgeklügelte System ihrer Wasserleitungen und ihrer Wasserversorgungssysteme, die zum Teil heute noch existieren und arbeiten, ihre Kanalisation, all das zusammen mit ihrer bis ins Detail durchdachten Planung ermöglichten es, ein riesiges Imperium über Jahrhunderte hinweg funktionsfähig zu erhalten, was simpler militärischer Überlegenheit allein niemals gelungen wäre. Wobei zu sagen ist, daß selbst die militärische

Überlegenheit, die ja nicht auf Übermacht beruhte, nicht möglich gewesen wäre ohne ein bis ins letzte durchdachtes Training, eine Beherrschung militärischer Technik und ein Funktionieren hervorragender Logistik.

Aber für den deutschen Raum fehlt bis heute eine Geschichte der römischen Wirtschaftsstruktur, ohne deren zuverlässiges Funktionieren die Jahrhunderte überdauernde und den Frieden für lange Zeit sichernde Herrschaft des römischen Imperiums überhaupt nicht möglich gewesen wäre.

Auf diesen Seiten ist gelegentlich darauf hingewiesen worden, daß die römischen Legionen nicht nur Militärdienst versahen, sondern auch Wirtschaftsbetriebe in eigener Verwaltung unterhielten.

Wir wissen von legionseigenen Ziegeleien durch ihre Ziegelstempel, die Auskunft darüber geben, welche Ziegeleien von Legionen betrieben wurden und wohin sie ihre Ware lieferten. Erwähnt wurde auch im Zusammenhang mit dem Fund eines Bleibarrens, daß Legionäre Bergbau betrieben. Wie aber die Römer – ob Militär- oder Zivilstellen – Bodenschätze ausbeuteten und wo sie es taten und wie sie damit handelten, ist der Forschung bis jetzt nur in Ansätzen bekannt (dies alles immer nur auf den deutschen Raum bezogen); und dazu sollen zum Schluß dieses Kapitels nur ein paar Hinweise gegeben werden, weil gerade diese Seite der Römerherrschaft in Deutschland nicht fehlen darf.

Nach allem, was wir bisher wissen, muß das linksrheinische Gebiet, und von diesem besonders die Eifel, ein Raum gewesen sein, in dem wie in kaum einem anderen Bodenschätze systematisch gefördert und verarbeitet wurden. Ihre Ausbeutungs- und Verarbeitungsstätten zu lokalisieren, ist natürlich schwierig geworden nach Ablauf von mindestens 1500 Jahren. Die gewaltigen Zerstörungen und Verwahrlosungen, die nach dem Ende der Römerzeit über die deutschen Provinzen kamen und die die Entwicklung von Kultur und Zivilisation über Jahrhunderte zurückwarfen, haben unsere Kenntnis römischer Wirtschaftsstruktur sehr erschwert.

Daß beispielsweise die Römer im Aachener Raum bereits den Abbau von Steinkohle betrieben haben, scheint uns fast unwahrscheinlich, wenn man bedenkt, daß für uns die systematische Steinkohlegewinnung großen Stils erst mit dem Industriezeitalter einsetzt. Und was wissen wir schon vom Bleibergbau bei Mechernich in der Eifel, von der Zinkgewinnung zwischen Gressenich und Breinig im Kreis Aachen, was von der Eisengewinnung und -verhüttung bei Iversheim, zumal sich unsere Förder- und Industriebetriebe seither in einen anderen Raum verlagert haben?

Neugewonnene Erkenntnisse sollen im folgenden nur an zwei Beispielen beschrieben werden.

Der Trachyt, ein vulkanisches Gestein mit rauhen Bruchflächen und Bruchkanten, ist von den Römern oft als Baumaterial verwendet worden, vor allem im mittelrheinischen Gebiet bis hinunter nach Nimwegen. Da das Material in jeder beliebigen Größe gebrochen werden konnte, wurde es gern verwendet, und es gab einen ideal gelegenen Lieferanten: den Drachenfels am Rhein. Das Niederrheingebiet ist verhältnismäßig arm an natürlichen Baugesteinsvorkommen; ein weiteres gab es noch bei Katzvey (Kreis Euskirchen), wo die Römer zwischen dem 1. nachchristlichen Jahrhundert und etwa 300 n. Chr. Trias-Buntsandstein gewannen, sowie im Brohltal und in der Pellenz: Hier begannen die Römer gegen Ende der ersten Hälfte des 1. Jahrhunderts n. Chr. mit dem Abbau von Tuffstein. Aus diesem leicht zu bearbeitenden Material wurden Tuffziegel zur Verkleidung von Gußmauerwerk, aber auch für Gebäudesockel und Eckquaderungen gewonnen, sowohl für Köln wie für die CVT.

Der Drachenfels war nicht nur wegen seines schier unerschöpflichen Vorkommens ideal, sondern weil er auch unmittelbar am Rhein liegt, so daß der Weg des Gesteins zu den Lastschiffen nur kurz war. Als günstig erwies sich auch, daß Trachyt sogar am Ufer selbst vorkam, also nicht einmal hangabwärts transportiert werden mußte. Das hier vorhandene Gestein konnte zwar nicht in großen Blöcken gebrochen werden, wohl aber »als Kleinschlag zu Mörtelzuschlag und als Ausgangsmaterial für kleine Handquader« (Josef Röder). Es wurde von den Römern, aber auch noch in späterer Zeit so gründlich abgetragen, daß heute nur noch Reste vorhanden sind, überwiegend im Strom selbst.

Auch sonst hat später das Mittelalter, bei seinem großen Bedarf an Gestein für den Kirchenbau, vor allem dann für den Kölner Dom, die römischen Steinbrüche weiter ausgebeutet, so daß erst vor wenigen Jahren im Drachenfelsmassiv die Spuren der steinbrechenden Legionäre entdeckt wurden. Dazu gehörten die Reste der großen Rutschen, über die die Blöcke zum Fluß hinabbefördert wurden, und in den Fels gehauene Spaltrinnen. Jedenfalls sind die Spuren gering, und sie liegen ziemlich weit bergaufwärts. »Das hat seinen Grund darin, daß das Gestein der unteren Bergpartien außerordentlich hart und einer steinmetzmäßigen Bearbeitung kaum zugänglich ist« (J. Röder). Am Eingang zum sogenannten Nordbruch waren zwei römische Zeichnungen in den Fels gemeißelt, einen Hahn und einen Penis darstellend, wobei die Penisgravur zweifellos magischen Charakter hat, denn Penisamulette, denen man noch heute in Süditalien begegnet und die sich in Anhängerform in großer Zahl in den römischen Militärlagern gefunden haben, galten schon früh als Glückssymbol und sollten den bösen Blick abwehren.

Bietet das Drachenfelsmassiv mit vier nachgewiesenen großen Steinbrüchen römischer Provenienz auch nur Spuren antiker Steinbrecharbeit, so vermittelt uns die 1966 gefundene römische Kalkbrennerei von Iversheim außergewöhnlich genaue Kenntnisse vom Betrieb eines solchen Handwerksunternehmens.

Beim Bau einer neuen Wasserleitung stieß man auf diese Anlage, die bis 1968 freigelegt werden konnte, unmittelbar an der Bahnlinie und der B 51.

Die Kalkbrennerei liegt terrassenartig am Hang, direkt unterhalb römischer Steinbrüche, in denen damals der zum Brennen verwendete Dolomit gebrochen wurde. Die Anlage bestand aus sechs Kalköfen, umgeben von einer »etwa 30 Meter langen und knapp 6 Meter breiten Werkhalle mit nach allen Seiten offenen Wänden« (Walter Sölter). Vor den Öfen und der Werkhalle lagen sechs kleine Räume mit je einer Herdstelle, von den Archäologen deswegen als »Küchen« bezeichnet. Sie boten Wärmeschutz für die Arbeiter bei schlechter Witterung, denn die Werkhalle war ja nicht geschlossen, und auch die »Küchen« hatten eine offene Seite.

Kalköfen aus römischer Zeit hatte man schon häufiger gefunden, aber immer nur vereinzelte Stücke; jetzt, 1966, stand man zum erstenmal vor einer geschlossenen römischen Batterie, und bis heute ist die Kalkbrennerei von Iversheim die einzige ihrer Art in Europa bekanntgeworden. Kein Wunder, daß die Archäologen von diesem Fund besondere Aufschlüsse über den Arbeitsablauf eines solchen Unternehmens erwarteten, und ihre Erwartungen sollten sich auch erfüllen.

Die etwa drei Meter langen Öfen waren von birnenförmigem Grundriß und vier Meter hoch. Ihre Tiefe liegt zwischen vier und sieben Metern. Ihre Mauerung bestand aus feuerfester Grauwacke (deren Quarz im Ofeninnern durch die Hitze eine Glasur gebildet hatte); die Ofenöffnungen, durch die sie befeuert und belüftet wurden, waren dem Hang abgewandt und wurden von den »Küchen« aus beheizt. Die Öffnungen (»Schnauzen«) waren mit einem Sandsteinsturz nach oben abgedeckt. Das dazu verwendete Baumaterial war in unmittelbarer Umgebung gewonnen, der Sandstein stammte aus dem bereits erwähnten Trias-Buntsandsteinbruch von Katzvey, nur rund sechs Kilometer entfernt.

Die terrassenartige Anlage begünstigte den Arbeitsablauf, denn der Dolomit konnte zwei Meter über den Öfen eingefüllt werden, wobei ein Ofen etwa fünfzehn Kubikmeter faßte. Diese genaue Bestimmung war möglich, weil ein Ofen noch mit gebranntem Kalk gefüllt war. Und daraus ergab sich auch, daß sowohl die Kalk- wie die Brennkammer jeweils zwei Meter hoch war.

Beheizt wurden die Öfen ausschließlich mit Weiden- und Pappelholz, das ergab die Untersuchung der Aschenrückstände zweifelsfrei. Bei einem Tagesbedarf von zehn Raummetern Holz für einen Ofen war eine Holzfällerkolonne (die »Schläger«) unausgesetzt beschäftigt, und nicht minder waren es die »Brecher«, die den zu brennenden Dolomit gleich oberhalb der Öfen zu brechen hatten, denn ein Ofen faßte 500 Zentner dieses Gesteins, das auch noch entsprechend zerkleinert werden mußte. Nach dem Brennen wurde der ungelöschte Kalk in Fässer gefüllt und auf Wagen geladen, die ihn dann an die jeweiligen Baustellen brachten.

Aus Grab- und Votivsteinen wissen wir ziemlich genau, wer hier in Iversheim die Arbeit verrichtet hat. Es waren durchweg Vexillationen (Arbeitskommandos) der Legionen, und zwar einerseits diejenigen der in Bonn stationierten 1. Legion (ihre Inschriften reichen von 145 bis 235 n. Chr.), andererseits jene der in Vetera II garnisonierten 30. Legion, deren Inschriften von 225 bis 270 n. Chr. reichen, beide Legionen haben also zum Teil gleichzeitig hier gearbeitet, und die der 30. Legion haben den selbstgebrannten Kalk bis zur Colonia Ulpia Traiana geschickt. »Keine selbständigen Unternehmer produzierten also bei Iversheim den Kalk, sondern das Militär«, so Walter Sölter, der die Ausgrabungen von Iversheim 1966 bis 1968 leitete. »Die Truppen arbeiteten selbst. Wahrscheinlich gehörten die Kalkvorkommen zu einem kaiserlichen Großgrundbesitz, den nur die kaiserlichen Legionen auszubeuten berechtigt waren, so wie in der Mark Brandenburg im 18. Jahrhundert die Kalkvorkommen noch zu einer Domäne des preußischen Königs gehörten.«

Nun waren es nicht nur die ausgegrabenen sechs Öfen, an denen hier die Legionäre schwitzten. Bis jetzt haben sich bei Iversheim insgesamt vier Brennereien nachweisen lassen, von denen erst eine ausgegraben wurde, und es ist gut möglich, daß noch weitere unter dem Boden liegen. Der Kalkbedarf für die Städte, Befestigungen, Siedlungen und Straßen der Provinz Niedergermanien ist damals enorm gewesen, und man darf annehmen, daß die Vexillationen im Schichtdienst vermutlich rund um die Uhr haben arbeiten müssen, um der gewaltigen Nachfrage Herr zu werden.

Aus den vielen Votivinschriften sind wir über die Vexillationen und ihre Aufgaben recht gut unterrichtet. Eine *vexillatio* betrug damals an die 60 Soldaten, für jede Brennerei eine. Sie ist gegliedert in vier Gruppen zu jeweils 15 Mann, bestehend aus »Schlägern«, »Brechern«, »Brennern« und einer vierten Gruppe, die mit den sonst noch anfallenden Arbeiten beschäftigt war, wozu z. B. Arzt und Sanitäter für Betriebsunfälle gehörten. Außerdem Schreiber für die Buchführung, Stellmacher für die Wartung des Wagenparks, Schmiede für die Instandhaltung der Werkzeuge, Bäcker und Koch für den Kantinenbetrieb. Zur Führungsschicht gehört der Konstrukteur der Öfen, ein Ingenieur mit dem Titel *architectus*. Den technischen Ablauf überwacht der *magister calcariarum* als Meister des Betriebes. Chef der *vexillatio* ist ein Offizier, der *praefectus vexillationis*. Untergebracht waren sie in einem Lager unmittelbar neben der

Werkhalle; die Wände der Unterkünfte trugen zum Teil sogar Wandmalereien, der Fußboden besaß einen roten Estrich.

Als die Kalkbrennerei gefunden und ausgegraben worden war, wurden bald Zweifel laut: Konnten solche Ofenkonstruktionen denn wirklich brennen, und wenn ja, könnte dann eine Befeuerung nur mit Holz mehr als 1000° Celsius erbringen, die zum Kalkbrennen erforderlich sind? Da Archäologen oft auch sehr praktisch veranlagt und bisweilen sogar experimentierfreudig sind, wollten sie's nun genau wissen, um jeden Zweifel ausräumen zu können, und rekonstruierten einen Ofen, der sich nur darin von dem römischen unterschied, als er mit Thermostaten und Abgasmessern versehen war. Dieser Ofen, der exakt dem römischen Vorbild nachgebaut war, erreichte am zweiten Tag des Brennvorgangs eine Temperatur von 1050° Celsius!

Ganze drei Wochen dauerte dieses Experiment, dann wußte man Bescheid: »Jetzt ist bekannt, wieviel Kalk in dem Ofen gebrannt werden kann. Während des Experimentes wurde der Ofen langsam gefahren. Da nun die Arbeitsweise der römischen Kalkbrenner wie auch die Stabilität des Ofens ergründet sind, läßt sich sagen, daß eine Ofenfüllung in sechs bis sieben Tagen fertig war, einschließlich der Abkühlung. (...) Bei wechselseitigem Brenn- und Beschickungsrhythmus ergibt sich für die ausgegrabene Brennerei eine monatliche Produktionskapazität von 200 Tonnen Dolomit-Stückkalk. Schon bei insgesamt 10 Betrieben im Iversheimer Kalkzentrum bedeutet das die beachtliche Produktion von 40000 Zentnern Kalk im Monat« (Walter Sölter).

Allerdings nur im Frieden, und der dauerte für Iversheim von 70 (Bataver-Aufstand) bis etwa 260 n. Chr. Dann aber begannen die Einfälle der Franken, zuerst um 257, dann in immer kürzeren Zeitabständen bis 276. Wohl um 270 wurde Iversheim von ihnen zerstört. Daß sich die Iversheimer Kalkbrenner – die *calcarii* – bedroht fühlten, geht daraus hervor, daß zwischen 260 und 268 eine zusätzliche *vexillatio* hier eintraf, formiert aus Legionären der *Legio III Cyrenaica*, eine in Afrika stationierte Einheit. Aber auch sie konnte die Vernichtung nicht verhindern.

Wohl wird der Betrieb noch einmal wieder aufgebaut, und neue Öfen werden errichtet, aber um das Jahr 300 sind dann die Feuer endgültig erloschen, vielleicht auch diesmal als Folge eines jähen Überfalls, worauf der eine nicht mehr geleerte Ofen hindeutet.

Zwar vermochten sich die Römer noch für einige Jahrzehnte am Rhein zu behaupten, dann aber brach ihre Herrschaft endgültig zusammen. Das Zentrum ihres Imperiums hatte sich weit nach Osten verlagert – nach Byzanz (Konstantinopel) –, die Diktatur in den rheinischen Provinzen nahm ebenso zu wie eine damit verbundene Überbürokratisierung und ein immer unerträglicher werdender Besteuerungsdruck. Die städtischen Ordnungen lösten sich auf, der Widerstandswille erlahmte. Noch hielten sich zunächst die wesentlich gefestigteren Strukturen in den gallischen Provinzen, aber im rheinischen Bereich breiteten sich die fränkischen Stämme – durchweg agrarisch und stadtfeindlich orientiert – immer weiter aus. Die in der Römerzeit besiedelten Flächen schrumpften zusammen; Siedlungen erhielten sich zumeist nur dort, wo der Boden leicht zu bestellen war und durch das römische Straßennetz erschlossen wurde. Mit dem Rückzug der römischen Zivilisation schwand die dichte Besiedlung und zugleich die in römischer Zeit betriebene Entwaldung. Mit den Franken trat nunmehr ein Volk auf den Plan, das die städtische Struktur am Rhein zwar nicht vernichtete, aber in weiten Teilen darüber buchstäblich Gras wachsen ließ.

Wie fränkische Herren
bestattet wurden

Im letzten Viertel des 3. nachchristlichen Jahrhunderts wurden die römischen Rheinprovinzen zunehmend von Überfällen germanischer Invasoren heimgesucht. Überfälle: Damit sind nicht etwa kleine militärische Operationen nach Art des Guerillakriegs gemeint, sondern schwere Übergriffe, die abzuwehren es der ganzen Kraft der am niederrheinischen Limes stationierten Legionen bedurfte. Diese Germanen kamen von jenseits des Rheins und waren im deutschen Norden beheimatet, und obwohl sie sich aus verschiedenen Stämmen zusammensetzten, nannte man sie schon bald mit einem Oberbegriff »Franken«, jedenfalls schon im 3. Jahrhundert n. Chr. Und unter den vielen Invasoren, die das damals immer mehr zerfallende Römerreich heimsuchten, erwiesen sich die Franken als die stärkste und gefährlichste Kraft.

Es würde weit über die Thematik dieses Buches hinausführen, den allmählichen Zerfall des Imperium Romanum und seine Ursachen zu schildern. Die Auflösung der Staatsautorität – hier verkörpert durch das Kaisertum – zeichnete sich schon lange ab, die Eigenmächtigkeit der Legionen und ihrer Befehlshaber wuchs, und eigentlich kann man nur darüber staunen, daß dieses so heterogene und riesenhafte Imperium überhaupt so lange Bestand hatte, und das bei der zeitbedingten Schwerfälligkeit des Nachrichten- und Transportwesens. Jedenfalls sammelte sich die verbleibende Kraft und Zielstrebigkeit immer mehr im östlichen Teil des Reiches, und dieses »Ost-Rom«, wie es später genannt wurde (mit der Hauptstadt Byzanz), überdauerte denn auch um viele Jahrhunderte das Ende des römischen Reiches,

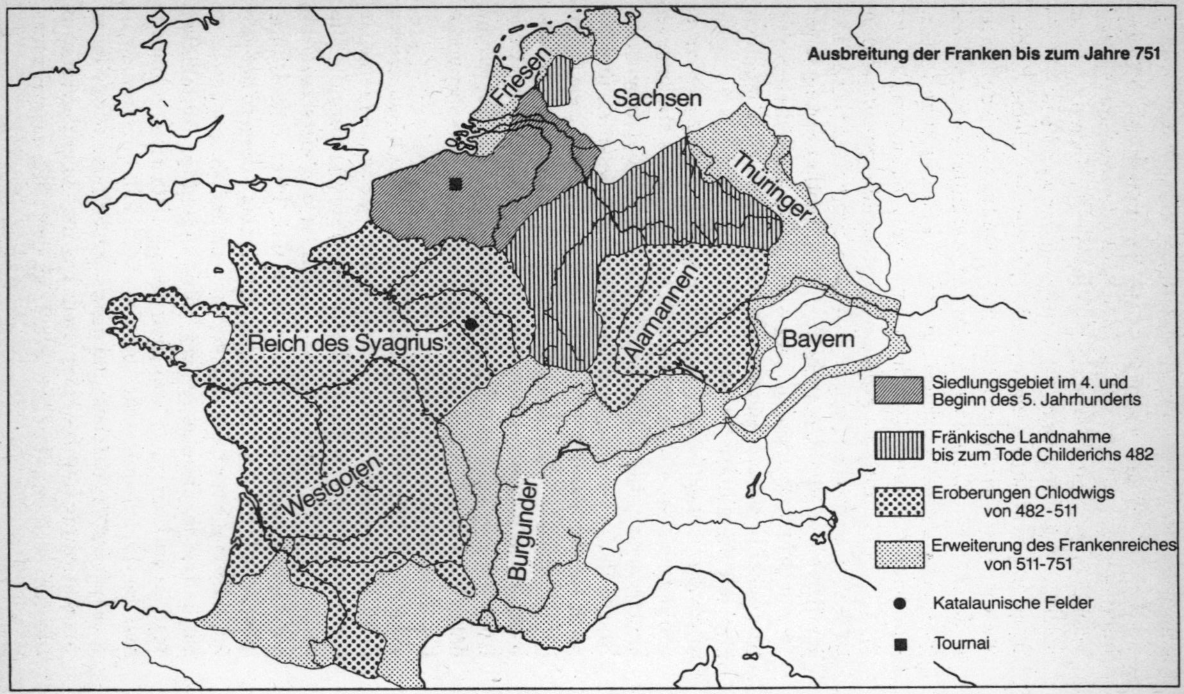
Ausbreitung der Franken bis zum Jahre 751
Friesen
Sachsen
Thüringer
Alamannen
Bayern
Reich des Syagrius
Westgoten
Burgunder
Siedlungsgebiet im 4. und Beginn des 5. Jahrhunderts
Fränkische Landnahme bis zum Tode Childerichs 482
Eroberungen Chlodwigs von 482-511
Erweiterung des Frankenreiches von 511-751
Katalaunische Felder
Tournai

das eigentlich nur das Ende West-Roms war. Dennoch ist das Wort vom Ende des »römischen Reiches« berechtigt, denn das Imperium, das sich im Osten halten konnte, war längst nicht mehr identisch mit jener römischen Kultur, die auch die germanischen Provinzen prägte. Doch nach wie vor war die lateinische Sprache auch Kultursprache und verbindendes Element, nach wie vor prägte römischer Geist und Verwaltungssinn das Leben in den Provinzen, aber wenigstens ein wesentlicher Faktor war hinzugetreten: das Christentum. Kaiser Konstantin hatte während seiner Regierungszeit der neuen, bisher verfolgten Religion die Gleichberechtigung gegeben (er führte übrigens den Sonntag als staatlichen Feiertag ein); auf dem Sterbelager ließ er sich 337 taufen in der Hauptstadt Konstantinopel, nachdem er Byzanz drei Jahrzehnte zuvor diesen Namen gegeben hatte. Zur Staatsreligion wurde das Christentum dann unter Valentinian zum Ende des 4. Jahrhunderts.

Als das Trierer Gebiet zwischen 475 und 496 fränkisch wurde, geschah der Stadt selbst nur wenig. Fränkische Gehöfte entstanden an der Peripherie, offenbar Besitztum der Getreuen des Königs. Dabei wurde aber kirchlicher Grundbesitz nicht angetastet, auch blieb die Stellung des Bischofs unerschüttert. Denn die Franken waren offenbar Realpolitiker, streng darauf bedacht, es mit der herrschenden Kirche nicht zu verderben; die Kirche ihrerseits sah darauf, die Franken zu missionieren und dabei die Belange der Kirche zu wahren. Ihr war klar, daß man das alte Imperium nicht mehr retten konnte. Sie wußte auch, daß Widerstand gegen die Franken nur fürchterliche Opfer unter der Bevölkerung fordern würde, ohne irgend etwas an der neuen, sich immer deutlicher abzeichnenden Konstellation zu ändern. Man mußte also versuchen, die neuen oder künftigen Herren milde zu stimmen und sie einzubinden durch die Taufe. Und dieser Plan ging auf, spätestens dann, als Chlodwig, König der Franken, die Taufe empfing. Sein Vater Childerich, gestorben 481 in Tournai (Belgien), hatte den Grundstein zu einem linksrheinischen Königreich gelegt, sein Sohn schuf auf ihm ein ganzes Reich.

Chlodwig, eigentlicher Gründer des neuen Frankenreichs und 507 zum König gewählt, war ein durch und durch skrupelloser Mann. Seine Frau, eine Christin, vermochte ihn zwar zu überreden, die Taufe anzunehmen (das war 496 oder, nach anderen Historikern, 506), nicht aber, ihn auch zu einem leidlich christlichen Lebenswandel zu bestimmen. Chlodwigs siegreiche Feldzüge bescherten ihm schließlich ein Reich, das fast das ganze heutige Frankreich und Belgien umschloß und die linksrheinischen Gebiete (Hauptstadt wurde Paris); mit seinen innenpolitischen Gegnern – oder wen er dafür hielt – räumte er mit erbarmungsloser Brutalität auf. Und diese Gegner sah er vor allem in seiner Verwandtschaft, die er am Ende seines Lebens nahezu ausgerottet hatte. Erwähnt sei nur – denn es wird in diesem Kapitel noch darauf zurückzukommen sein – der Mord an seinem Verwandten Sigibert, der in Köln residierte, zubenannt »der Lahme«, weil er hinkte. Daß er dieses Leiden dem Umstand verdankte, weil er Chlodwig in der siegreichen Unterwerfung der Alamannen beigestanden hatte (dabei war er am Knie verwundet worden), störte den einstigen Waffengefährten nicht. Er verstand es, Chloderich, den Sohn Sigiberts, zur Ermordung des Vaters zu überreden (»Wenn er stirbt, wird dir dessen Reich gegeben«), und ließ, nach vollbrachter Tat, den Vatermörder heimtückisch umbringen.

Chlodwigs zielstrebige Mordpolitik hatte ein respektgebietendes Frankenreich zum Ergebnis. Der Mord an König Sigibert und seinem Sohn verschaffte Chlodwig die Königswürde. Nach seinem Tode wurde das Reich unter seine vier Söhne aufgeteilt; in der Enkelgeneration brachte es dann Theudebert I., der 548 starb und weite Gebiete unter seiner Herrschaft vereinen konnte, zu respektabler Macht. Die weitere Folge waren neue Teilungen, neue Vereinigungen, vor allem aber neue Morde. In kaum einer Dynastie der europäischen Geschichte ist so hemmungslos gemordet worden wie in derjenigen der Merowinger, nämlich der Sippe Chlodwigs.

Soviel wir auch über die Kriminalgeschichten dieser erlauchten Herrschaften wissen (denen einflußreiche Fürstinnen wie Fredegund oder Brunhilde an Grausamkeit nicht nachstanden): Das Reich der Franken ist uns in seiner staatlichen Gliederung und in seinen wirtschaftlichen Beziehungen heute weitgehend bekannt, weniger aber aus seinem Alltag.

Feststeht: In der 2. Hälfte des 5. Jahrhunderts – also zur Zeit Childerichs und Chlodwigs – werden die räuberischen, auf

Überfall und Krieg versessenen Franken allmählich seßhaft und beginnen mit der Landnahme. Die Städte verachten sie, bestenfalls dienen sie zur Plünderung, Zerstörung und später als Steinbruch. Die Franken waren eine durch und durch agrarisch orientierte Gesellschaft; sie gründeten eine Vielzahl neuer Dörfer und Gehöfte, über deren Anlage und Wirtschafts- (oder Sozial-)struktur wir immer noch viel zuwenig wissen. Neue Auskünfte aber haben uns in den letzten Jahrzehnten etliche Grabfunde gegeben, Auskunft über die Franken auf deutschem Boden.

Der bedeutendste frühe Grabfund ereignete sich 1654 in Tournai (Belgien) beim Umbau eines Klosters: Hier fand man das Grab des Frankenkönigs Childerich (Chlodwigs Vater), identifizierbar an einem goldenen Siegelring mit der Inschrift »Childerici Regis«. Der außerordentlich reiche und vielfältige Grabschatz hat eine abenteuerliche Geschichte, die uns hier nicht interessiert; übriggeblieben von ihm ist nur ein spärlicher Rest. Als Kuriosum sei aber vermerkt, daß sich im Childerich-Grab eine Fülle goldener, mit Halbedelsteinen verzierter Insekten fand, die von den einen als Zikaden, von anderen als Bienen gedeutet wurden (ihre eigentliche Funktion ist bis heute unklar geblieben), die früher als Symbol der Merowinger galten. Napoleon, stets auf der Suche nach historischer Kontinuität seines usurpierten Kaisertums. machte diese Bienen (dies waren sie für ihn) zu seinem Herrschaftssymbol neben dem vom römischen Feldzeichen entlehnten Adler.

Gehen wir nun um fast genau dreihundert Jahre weiter. In einem früheren Kapitel wurde bereits dargestellt, in welchem Maße der Abbau von Braunkohle das linksrheinische Gebiet verändert hatte. Als dieser Abbau auch das Gebiet von Morken im Kreis Bergheim (Erft) erreichte, entschlossen sich die Archäologen zur Untersuchung des dortigen Kirchbergs und wurden rasch fündig. Bei Grabungen unter der Morkener St.-Martins-Kirche stieß man auf Fundamente einer römischen Villa mit der beachtlichen Länge von 105 Metern, die etwa im 2. Jahrhundert n. Chr. entstanden sein mußte und bis ins 4. Jahrhundert hinein bewohnt worden war. Über ihren Resten lagen sechs fränkische Gräber, was nicht sehr verwunderlich ist: Die Franken legten ihre Friedhöfe gern in römischen Ruinen an, dafür gibt es viele Beispiele auf deutschem Boden. Warum sie das taten, ist bis heute ungeklärt. Lag es daran, daß ein Ruinenfeld für den Ackerbau unbrauchbar war, oder spielten »abergläubische Deutungen jener Plätze eine Rolle« (Kurt Böhner)?

Von diesen sechs Gräbern erwies sich das eine als ein mit Recht aufsehenerregender Fund. Es lag in einer Tiefe von 2,75 Metern und maß 2,20 × 2,90 Meter, gezimmert aus Holzbohlen als Grabkammer. Der Sarg des Toten war längst vergangen und nur noch als Bodenverfärbung nachweisbar. Der Tote selbst maß die für damalige Zeit stattliche Größe von 1,85 Meter. Alter: zwischen 30 und 50 Jahren. In seinem Mund – oder jedenfalls da, wo einmal sein Mund gewesen sein mußte – lag ein Solidus (Münze) des von 578 bis 582 regierenden oströmischen Kaisers Tiberius II. Constantinus, beigegeben als »Charonspfennig«, also als Entgelt für den Fährmann der Unterwelt nach römischer Religion, jedenfalls ein absolut heidnischer Brauch.

Der Tote war für das Jenseits gut versehen. Zum einen mit Speisen: Schulterausschnitt und Nierenbraten vom Rind, Brust und Schulter vom Schwein, dazu Hühnerschenkel (identifizierbar nach den Knochenfunden); sodann mit Waffen.

Beigegeben war ihm ein zweischneidiges Langschwert (Spatha) in fellgefütterter Holzscheide, zwei Eisenmesser, ein Klappmesser, ein Feuerstahl mit Feuerstein, ein (nur noch in Resten vorhandener) hölzerner, lederüberzogener Schild mit Bronzebeschlägen, deren Formen auf eine Waffenschmiede in Südschweden verweisen. Dazu eine vom Schaft abgebrochene Lanzenspitze, ein Ango (lange Wurflanze) und ein Spieß. Wie in den Gräbern der Hallstattzeitfürsten befand sich auch hier ein Pferdegeschirr, dazu ein von drei Eisenreifen zusammengehaltener Holzeimer (dies alles nur noch in Resten, aber deutlich erkennbar), der zum Tränken des Pferdes dienen sollte, eine flache Bronzeschüssel, in der einmal rotgestreiftes Leinen, weiß-blau karierter Wollstoff und weiß-blaue und rote Seide (auch sie ein Mittelmeerimport) gelegen hatten. Wie bei vielen vergleichbaren Funden hatte auch hier die Oxydation der Bronze textilerhaltend gewirkt, wenn auch nur für kleine Überreste. Offenbar waren es Fragmente von Tuchen, Kleidern, Decken und Kissen, die man über die mit (ursprünglich) Getreidekörnern und Blumen gefüllte Bronzeschale gelegt hatte.

Beigegeben waren ferner noch ein Tontöpfchen, ein Quarzitwetzstein, eine Eisenschere, ein hellgrüner gläserner Sturzbecher, eine »Francisca« genannte Streitaxt (die charakteristische Waffe fränkischer Krieger). Das meiste stammte aus fränkischen Werkstätten, die römische Handwerkstradition bruchlos übernommen hatten. Der gläserne Sturzbecher, der den trinkfrohen Besitzer nötigte, den Inhalt in einem Zuge zu leeren (er ließ sich ja nicht hinstellen, sondern nur umkehren), hat sich in vielen Frankengräbern gefunden, auch in Frauengräbern, was auf ein recht pokulierfrohes Volk schließen läßt. Selten findet man ihn im 5. Jahrhundert; seine Blütezeit ist das 6. Jahrhundert n. Chr.

Das bedeutendste Fundstück aber war ein Helm, der Spuren kräftiger Schwerthiebe aufwies. Da sich auch am Schädel des Toten Spuren verheilter Verletzungen nachweisen ließen, muß dieser Mann, den man heute allgemein als »Herrn von Morken« bezeichnet, einst ein recht streitbarer Kämpe gewesen sein.

Der vergoldete bronzene Spangenhelm war wahrscheinlich aus Oberitalien importiert, vermutlich aber nicht als Handelsware, sondern als eine Art Ehrengeschenk. Seinen Träger schützen zwei metallene Wangenklappen zur Seite und ein eiserner Kettenschutz im Nacken. Bekrönt war der Helm von einem Helmbusch, der selbst vergangen war, dessen Befestigungshülse aber noch zu sehen ist.

Nichts hilft uns weiter bei der Frage, wer denn nun der »Herr von Morken« gewesen sein könnte. Kein Fund trägt eine Inschrift, kein Detail kann uns mehr sagen, als daß das Grab irgendwann um 600 n. Chr. angelegt worden ist. War er ein Fürst? Mit Sicherheit gehörte er zu dem in dieser Zeit noch einflußreichen, politisch mächtigen fränkischen Adel; Grab und Beigaben lassen diese Deutung zu. »Der Reichtum dieser Herren beruhte – ebenso wie der des Königs und der Kirchen – auf zahlreichen größeren und kleineren, weilerartig angelegten Herrenhöfen, die im ganzen Lande verstreut lagen. Ihre Gemarkung entsprach im Durchschnitt etwa der eines heutigen mittleren Dorfes (etwa 200–670 Hektar). In besonders großen Gemarkungen bestanden zwei oder mehrere solcher Gehöfte. Außer Wiesen, Äckern, Wäldern und gegebenenfalls auch Weinbergen gehörten zu ihnen meist ausgedehnte Fischerei-,

Jagd- und Weiderechte. Die größeren Gehöfte besaßen auch Wassermühlen und andere Handwerksstätten. Die Verwaltung dieser Gehöfte lag wie bei denen des Königs und der Kirchen meist in den Händen freier Gefolgsleute, die nebst ihren Familienangehörigen auf den nahebei gelegenen ›Reihengräberfeldern‹ dann auch ihre letzte Ruhe gefunden haben. Außer diesen Freien wohnten in jenen weilerartigen Siedlungen – zum Teil wohl in eigenen kleinen Anwesen – die zugehörigen Halbfreien und Knechte, die zu genau festgelegten Abgaben und Arbeitsleistungen verpflichtet waren. Außer den Gehöften der Könige, Kirchen und großen Grundherren bestanden auch noch diejenigen von weniger wohlhabenden Freien, die nur wenige Knechte ihr eigen nannten und selbst mit Hand an den Pflug legen mußten. Der Hof unseres Morkener Herrn dürfte nach dem allgemeinen Brauch der Franken am Rande der Erfttalaue angelegt gewesen sein, am ehesten wohl am Südhang des Kirchberges unter dem heutigen Dorf, dessen Bauten all seine Spuren im Laufe der Jahrhunderte vernichtet haben« (Kurt Böhner).

Interessant wäre auch zu wissen, ob der Herr von Morken ein Christ gewesen ist. Als die Franken das langsam zerfallende weströmische Imperium eroberten und sich untertan machten, war das Christentum dort bereits etabliert, und die Geistlichkeit setzte alles daran, die neuen germanischen Herren dem christlichen Glauben zuzuführen. Nachdem es gelungen war, König Chlodwig zur Taufe zu überreden, dürfte es nicht mehr schwer gewesen sein, auch die Stammesfürsten und Adelsherren dem neuen Glauben zu gewinnen. Das bedeutet aber noch lange nicht, daß den Neubekehrten das Christentum zur festen persönlichen Glaubensgewißheit geworden wäre. Das tief in den durchaus religiösen Franken wurzelnde »Heidentum« wurde ja keineswegs mit dem Akt der Taufe von heute auf morgen einfach ausgelöscht. Auch war die Kirche damals noch längst nicht so mächtig, Abweichungen von ihrer Lehre zu verfolgen.

Das bedeutet, daß sie – wenn auch höchst ungern – gewisse Kompromisse zugestehen mußte, ja es hat noch Jahrhunderte gedauert, bis die letzten Spuren heidnischen Glaubens getilgt werden konnten.

Wie in den meisten außerchristlichen Religionen, so spielte auch im Denken der Franken die Vorstellung eine Rolle, daß sowohl böse wie gute, helfende wie schädigende außerirdische Gewalten ins Leben der Menschen eingreifen. Durch die Anwendung von Magie konnte man sie abwehren, sie günstig stimmen oder um Hilfe bitten. Die Masken auf den Schnallenbeschlägen des Herrn von Morken dienten dem Abwehrzauber, und ihm begegnen wir noch im 16. Jahrhundert an unseren Fachwerkhäusern in Gestalt sogenannter »Neidköpfe« (Abwehrzauber waren auch die entsprechenden Medusenköpfe der griechischen Kunst). Auch der »Charonspfennig« und die reichen Beigaben, die dem Toten im Jenseits zugute kommen sollten, beweisen, wie wenig noch christliche Jenseitsvorstellungen auf diese Menschen eingewirkt hatten. Daß man den Körper des Toten nicht verbrannte, sondern den Leichnam in die Erde versenkte, hatte hingegen nichts mit dem Christentum zu tun, auch wenn dieses später die Totenverbrennung verwarf: Schon um die Mitte des 1. Jahrhunderts n. Chr. verändert sich der Bestattungsritus hin zur Körperbestattung, zu einer Zeit also, da das Christentum noch keinen Einfluß hatte, denn den bekam es erst zweihundert Jahre später. Nur eines konnte die Kirche damals allmählich durchsetzen: Die Gräber wurden nicht mehr nach Norden ausgerichtet, sondern – wie das des Herrn von Morken – nach Osten, gemäß christlicher Heilserwartung, denn der Westen, der Bereich der untergehenden Sonne und damit der Nacht, galt als Reich des Bösen. (Darum wappnen sich auch die romanischen Kirchen mit einer gen Westen gerichteten Befestigung – genannt »Westwerk« – und öffnen sich mit dem nach Osten gerichteten Chor dem Licht der aufgehenden Sonne.)

Da also das Grab des Herrn von Morken nach Osten ausgerichtet ist, hat man vermutet, »daß der Morkener Herr bereits Christ gewesen ist«. Ein dürftiges Indiz: Hier mag eine Konvention bestimmend gewesen sein, die überhaupt nichts über den Glauben des Beigesetzten aussagt, zumal alle Grabbeigaben eindeutig heidnisches Gepräge tragen. Dieser Mann mag sehr wohl die Taufe empfangen haben, aber die ihn bestatteten, setzten ihn bei nach dem Ritus und Brauch ihrer nichtchristlichen Vorfahren. König Chlodwig ließ sich nach dem Sieg über die Alamannen taufen, und dies nur, weil man ihm vorstellte, er habe im Namen Christi über die Andersgläubigen gesiegt. Es gewann also die Gottheit, auf die er gesetzt hatte; Christus hatte sich eindeutig als der Stärkere erwiesen. »Die frühesten fränkischen Christusbilder zeigen klar, daß Christus hier nicht als ›der Allerverachtetste und Unwerteste, voller Schmerzen und Krankheit‹ begriffen wurde, sondern vielmehr als der ewige Himmelskönig, der Gewalt hatte über die Dämonen, und in dessen Gefolge einzutreten dem Menschen Heil brachte. Nur so ist es zu verstehen, daß nach dem Vorantritt des Königs und seines ganzen Gefolges auch der Adel im weiten Lande bald die Taufe nahm und daß diesem dann der übrige Teil des Volkes folgte« (K. Böhner).

So sensationell der Fund von Morken 1955 auch wirken mochte, weil er der erste seiner Art auf deutschem Boden war: Vier Jahre später wurde er auf das schönste ergänzt und bereichert durch eine unerwartete Entdeckung unter dem Chor des Kölner Doms, als man sich dort anschickte, eine Fundamentgrube für eine neue Erzbischofsgruft auszuheben (gegraben wurde hier schon seit 1947).

Am 10. April 1955 brach plötzlich einer der Ausgräber in einen Hohlraum zu seinen Füßen ein: Sechs Meter unter dem Domchor wurde eine Öffnung sichtbar, in die eine Lampe eingeführt wurde, in deren Licht Gold aufblitzte: Man war auf ein Grab gestoßen. Da dessen Abdeckplatten gerissen waren und die Gefahr bestand, bei einer Bergung von oben in das Grab zu stürzen und die dort aufgestellten Glasgefäße zu zertrümmern, mußten die Archäologen auf dem Bauch liegend in das Grab hineinkriechen und Stück für Stück hervorholen, wobei die jeweilige Fundlage genau zu vermessen und aufzuzeichnen war.

Aber der Aufwand lohnte sich, denn was hier in Millimeterarbeit geborgen wurde, war außergewöhnlich. Beigesetzt war eine Frau, deren Zahnreste – denn das Skelett war im Boden fast ganz vergangen – auf ein Alter von 25 bis 30 Jahren schließen ließ und deren Größe bei nur 1,50 Metern lag. Eine mit Goldfäden durchwirkte Kopfbinde, gehalten von einer Nadel, die mit Almandinen geschmückt war, wies sie offenbar als Braut aus. Beigegeben war ihr reicher Schmuck: ein goldener Armreif, zwei goldene Fingerringe, goldene, mit Almandinen und Perlen besetzte Ohrringe, ein Kollier mit Goldmünzen, zwei Rosettenfibeln, zwei Scheibenfibeln, zwei Bügelfibeln, ein goldgefaßter Anhänger aus Bergkristall, wie man sie damals oft am Gürtel trug, und eine – gleichfalls am Gürtel hängende – silberne Dose (Bulla) von 11,7 Zentimetern Durchmesser, die aus dem Mittelmeerraum stammte.

Eine Datierungshilfe boten die vier im Grab gefundenen Münzen, nämlich ein Solidus des Anastasius I. (491–518), eine Siliqua Theoderichs (493–526) und zwei Halbsiliquen von Theoderichs Nachfolger Athalarich (526–534). Damit ließ sich der Fund einigermaßen zeitlich eingrenzen.

Außer dem Schmuck fanden sich Gebrauchsgegenstände. So sechs Glasgefäße, ein Bronzebecken mit drei Füßen, ein Holzeimer mit Bronzereifen, ein Trinkhorn aus Ziegenhorn mit Silberbeschlag, eine hölzerne Feldflasche und schließlich eine verschließbare hölzerne Schatulle mit Bronzeblechbeschlägen, in der sich Stoffreste samt Nüssen und nicht näher identifizierbaren Kernen befanden. Der Leichnam selbst war in einem 1,70 Meter langen Sarg beigesetzt, dessen Holz längst zerfallen war.

Wer war die Tote? Darüber haben sich die Archäologen von Anfang an den Kopf zerbrochen, aber auch heute wissen wir nicht mehr als vor knapp zwanzig Jahren. War sie eine Angehörige der von Chlodwig 507 ermordeten Ripuarierkönige Sigibert und Chloderich? Oder war sie gar jene durch Überlieferung uns bekannte langobardische Prinzessin Wisigarde, die kurz nach der Heirat mit König Theudebert starb? Aber hätte sich dann nicht in ihren Grabbeigaben irgend etwas finden müssen, was auf eine langobardische Abkunft deutete?

Während man noch so über den ungewöhnlichen Grabfund rätselte, stießen die Ausgräber unter dem Kölner Dom am 6. August 1959, also vier Monate später, auf ein zweites Grab, in dem ein etwa sechsjähriger Knabe beigesetzt worden war. Auch hier war die Ausbeute beträchtlich.

Vom Toten selbst waren nur Zahnreste übriggeblieben, aus denen sich das Alter annähernd bestimmen ließ. Daß es sich um einen Knaben handelte, bewiesen die beigegebenen Waffen. Die aus Steinplatten zusammengesetzte Grabkammer war 0,90 × 2,20 Meter groß und 0,80 Meter hoch. Mit diesen Abmessungen war sie um 80 Zentimeter kürzer als das Frauengrab, auch der Sarg maß 40 Zentimeter weniger in der Länge. Im Grab stand ein 60 Zentimeter hoher Stuhl, auf oder unter den Waffen gelegt worden waren, die charakteristische Ausrüstung eines

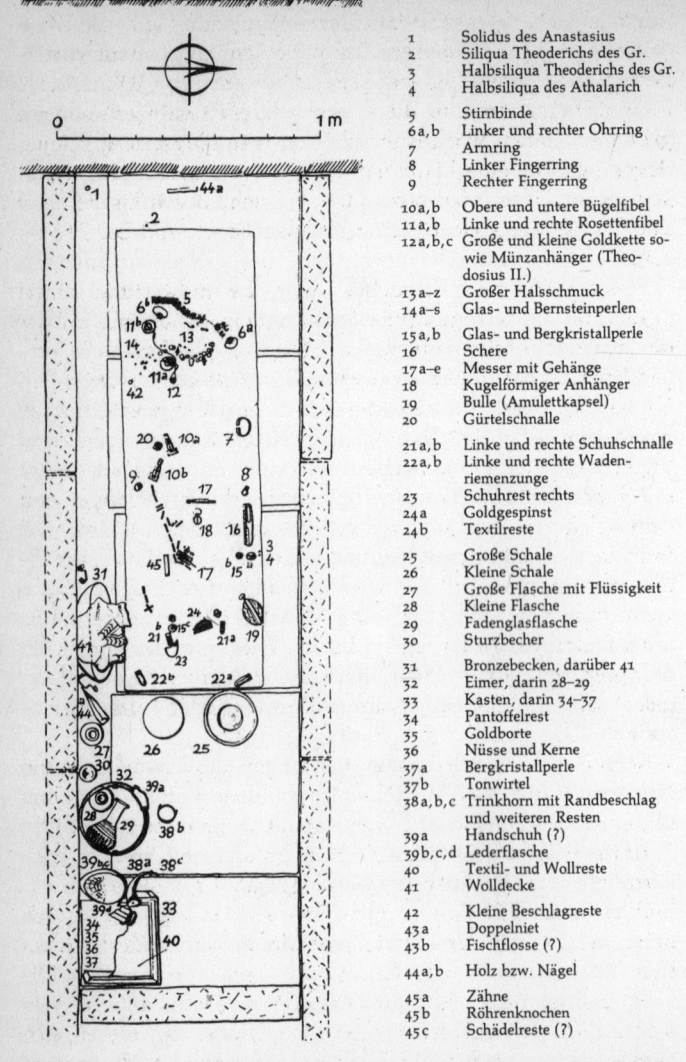

1	Solidus des Anastasius
2	Siliqua Theoderichs des Gr.
3	Halbsiliqua Theoderichs des Gr.
4	Halbsiliqua des Athalarich
5	Stirnbinde
6a,b	Linker und rechter Ohrring
7	Armring
8	Linker Fingerring
9	Rechter Fingerring
10a,b	Obere und untere Bügelfibel
11a,b	Linke und rechte Rosettenfibel
12a,b,c	Große und kleine Goldkette sowie Münzanhänger (Theodosius II.)
13a–z	Großer Halsschmuck
14a–s	Glas- und Bernsteinperlen
15a,b	Glas- und Bergkristallperle
16	Schere
17a–e	Messer mit Gehänge
18	Kugelförmiger Anhänger
19	Bulle (Amulettkapsel)
20	Gürtelschnalle
21a,b	Linke und rechte Schuhschnalle
22a,b	Linke und rechte Wadenriemenzunge
23	Schuhrest rechts
24a	Goldgespinst
24b	Textilreste
25	Große Schale
26	Kleine Schale
27	Große Flasche mit Flüssigkeit
28	Kleine Flasche
29	Fadenglasflasche
30	Sturzbecher
31	Bronzebecken, darüber 41
32	Eimer, darin 28–29
33	Kasten, darin 34–37
34	Pantoffelrest
35	Goldborte
36	Nüsse und Kerne
37a	Bergkristallperle
37b	Tonwirtel
38a,b,c	Trinkhorn mit Randbeschlag und weiteren Resten
39a	Handschuh (?)
39b,c,d	Lederflasche
40	Textil- und Wollreste
41	Wolldecke
42	Kleine Beschlagreste
43a	Doppelniet
43b	Fischflosse (?)
44a,b	Holz bzw. Nägel
45a	Zähne
45b	Röhrenknochen
45c	Schädelreste (?)

Köln, Dom. Grundriß des Frauengrabes unter dem Chor mit Lageplan der Fundstücke. (Quelle: Otto Doppelfeld »Das fränkische Frauengrab unter dem Chor des Kölner Doms«, Sonderdruck aus Germania Jg. 38, 1960, Heft 1/2 mit Ergänzungen aus Kölner Domblatt 1959) fränkischen Kriegers: ein Langschwert (Spatha), eine Streitaxt (Francisca = die Fränkische, denn die Streitaxt galt als besonderes Charakteristikum fränkischer Bewaffnung), Wurfspieße (Ango), von denen nur die eisernen Dreikantspitzen erhalten geblieben waren, wozu wahrscheinlich ein längst zergangener Bogen gehörte, eine Lanzenspitze, ein Futteral mit zwei Messern, Reste eines lederbespannten Holzschilds mit Eisenbuckel und ein Helm aus Horn mit Bronzebeschlägen und Lederfütterung.

Etwas geringer war die nichtkriegerische Ausstattung, zumal ja auch der zur Verfügung stehende Raum nicht so groß war wie der im benachbarten Frauengrab. Neben dem obligaten gläsernen Sturzbecher fanden sich zwei Glasflaschen verschiedener Größe, von denen die eine sogar noch mit Wein gefüllt war. Sonst gehörte zur Ausrüstung für die letzte Reise eine hölzerne Pilgerflasche, ein Trinkbecher, ein Trinkhorn aus Ziegenhorn mit Silberbeschlag, zwei Holzschälchen und ein Holzteller, auf dem sich die Reste der letzten Wegzehrung fanden: Nüsse und Früchte. Auch ein Bronzebecken fand sich und ein hölzerner Eimer mit Bronzereifen, wohl zum Tränken des Pferdes, auch wenn sich (wie beim Herrn von Morken) kein Pferdegeschirr fand. Damit der Knabe auch kleinere Flick- und Stopfarbeiten besorgen konnte, hatte man ihm ein Lederbeutelchen ins Grab gelegt, das eine beinerne Nähnadel mit einem Wollfaden enthielt.

Schmuck war nur sparsam vorhanden: ein kleiner goldener Fingerring, zwei silberne Schnallen, goldene Knöpfe – das war schon alles. Auch ein Paar Fausthandschuhe fanden sich.

Anhaltspunkte für eine Datierung boten fünf fränkische Silbermünzen, die vor dem Jahr 575 geprägt worden waren, vermutlich sogar in Köln. Der Typus der Waffen legte den Schluß nahe, dieses Grab in das erste Viertel des 6. Jahrhunderts zu datieren, damit war es also älter als das Frauengrab.

Natürlich ist auch hier viel gerätselt worden, wer denn wohl dieses Kind gewesen sein könnte. Der Typus des Helms, der Lanzenspitze und der drei Pfeilspitzen sind nicht fränkischen Ursprungs, sondern kommen aus dem Osten; man hat awarischen Ursprung vermutet (die Awaren siedelten im Gebiet des heutigen Ungarn); auf jeden Fall verweisen die Stücke in den

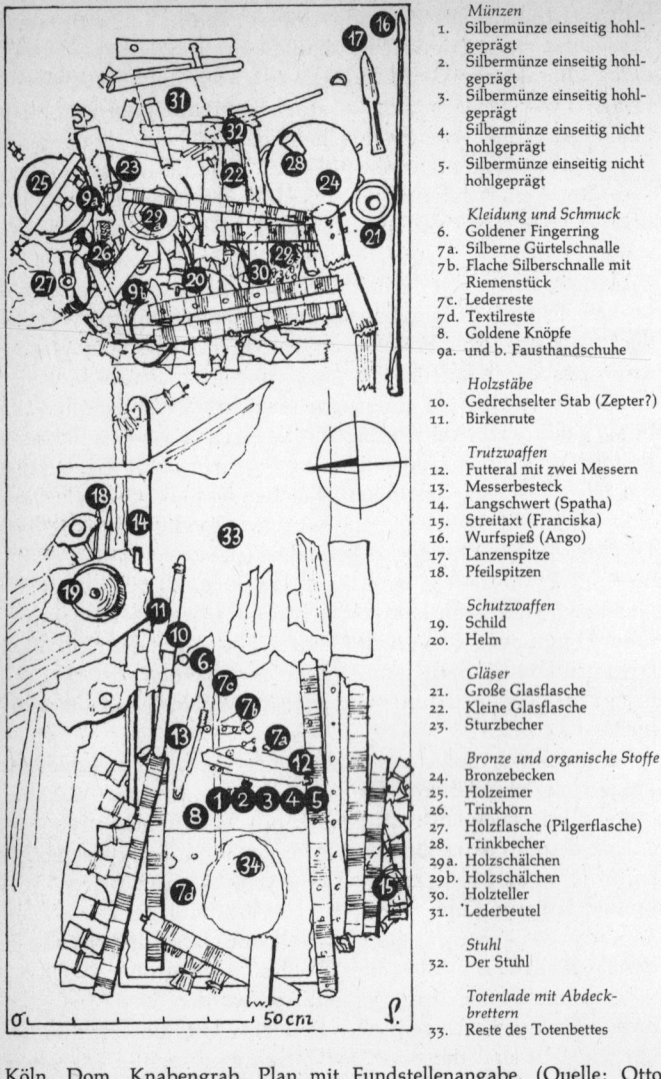

Münzen
1. Silbermünze einseitig hohlgeprägt
2. Silbermünze einseitig hohlgeprägt
3. Silbermünze einseitig hohlgeprägt
4. Silbermünze einseitig nicht hohlgeprägt
5. Silbermünze einseitig nicht hohlgeprägt

Kleidung und Schmuck
6. Goldener Fingerring
7a. Silberne Gürtelschnalle
7b. Flache Silberschnalle mit Riemenstück
7c. Lederreste
7d. Textilreste
8. Goldene Knöpfe
9a. und b. Fausthandschuhe

Holzstäbe
10. Gedrechselter Stab (Zepter?)
11. Birkenrute

Trutzwaffen
12. Futteral mit zwei Messern
13. Messerbesteck
14. Langschwert (Spatha)
15. Streitaxt (Franciska)
16. Wurfspieß (Ango)
17. Lanzenspitze
18. Pfeilspitzen

Schutzwaffen
19. Schild
20. Helm

Gläser
21. Große Glasflasche
22. Kleine Glasflasche
23. Sturzbecher

Bronze und organische Stoffe
24. Bronzebecken
25. Holzeimer
26. Trinkhorn
27. Holzflasche (Pilgerflasche)
28. Trinkbecher
29a. Holzschälchen
29b. Holzschälchen
30. Holzteller
31. Lederbeutel

Stuhl
32. Der Stuhl

Totenlade mit Abdeckbrettern
33. Reste des Totenbettes

Köln, Dom. Knabengrab. Plan mit Fundstellenangabe. (Quelle: Otto Doppelfeld »Das fränkische Knabengrab unter dem Chor des Kölner Doms«, Sonderdruck aus Germania Jg. 42, 1964, mit Anhang aus Kölner Domblatt 1961/62)

Osten, waren also Importe. Nun waren die Awaren Nachbarn der Langobarden, und die Langobarden führten auch Lanzenspitzen mit breitem dreieckigem Blatt, wie sie im Knabengrab gefunden wurde. Hier war also eine Verknüpfung mit den Langobarden denkbar, die sich aus den Funden des Frauengrabs nicht nachweisen ließ. Warum scheint das wichtig?

Wir müssen noch einmal auf die langobardische Prinzessin Wisigarde zurückkommen. Aus den historischen Aufzeichnungen jener Zeit – in unserem Fall handelt es sich um den schriftstellernden Bischof Gregor von Tours (um 540 bis 594), der eine Geschichte der Franken in zehn Büchern schrieb – wissen wir, daß der schon erwähnte Frankenkönig Theudebert I. sieben Jahre lang mit der Langobardenprinzessin Wisigarde verlobt war, ehe er sie zur Eheschließung nach Köln holte. Theudebert hatte Grund, sich ausgiebig Zeit zu lassen: Er lebte nämlich längst mit einer Frau zusammen – Deoteria, einer Römerin aus der Provence –, die ihm einen Sohn geboren hatte, Theudebald, der einmal sein Nachfolger werden sollte. Das Verlöbnis mit Wisigarde hatte er zwar »vergessen«, nicht aber seine rechtschaffenen Untertanen: Sie zwangen ihren König, sich von Deoteria zu trennen und Wisigarde als rechtmäßige Ehefrau über die Alpen zu holen. Zwar fügte sich der Frankenkönig – das war im Jahre 533 –, aber der ihm günstige »Zufall« wollte es, daß Wisigarde die Heirat »non multo tempore« (d. h. nicht sehr lange) überlebte. Wäre also der in der Nähe des Frauengrabs bestattete Knabe »vielleicht ihr Bruder, ihr kleiner Brautführer, der sie von der fernen Heimat, mit dem stolzen Helm und allen anderen Abzeichen seiner allzu frühen Würde ausgestattet, an den Rhein geleitete, wo beide ein schlimmes Geschick erwartete«? fragte sich Otto Doppelfeld, der die Ausgrabung der beiden Gräber leitete und wissenschaftlich auswertete. Schließlich trug die Dame aus dem Frauengrab eine mit einer Almandinennadel gezierte Kopfbinde, die offenbar Brautschmuck symbolisierte.

Wie jede Wissenschaft ist auch die Archäologie eine nüchterne Disziplin, doch – und das wurde schon gesagt, aber man kann es nicht oft genug wiederholen – sie verschließt sich nicht der Spekulation, denn keine Wissenschaft käme zu brauchbaren Ergebnissen, würde sie die Phantasie kategorisch ausschließen.

Die Vorstellung, 1955 die Gräber von Wisigarde und vielleicht gar ihres Bruders, des »kleinen Brautführers«, gefunden zu haben, ist freilich allzu verlockend. Doch, wie meist bei solchen schönen Vermutungen, gibt es dafür nicht den winzigsten Schatten eines Beweises. Und den kann es auch gar nicht geben, wenn die vermuteten Datierungen einigermaßen stimmen sollten, die besagen, daß der Knabe nicht nur früher bestattet wurde als die Frau, sondern daß beide Gräber in verschiedene Jahrhundertviertel deuten. Das Kind war nicht älter als etwa sechs Jahre, die junge Frau kann nicht älter als höchstens dreißig gewesen sein. Wisigarde starb kurz nach der Heirat. Wäre die mit Brautschmuck beigesetzte Frau die Langobardenprinzessin, Tochter eines Königs, wiese schon der Brautschmuck auf eine extrem kurze Zeit nach der Eheschließung. Und der mit ihr gekommene »kleine Brautführer« sollte schon Jahre vorher gestorben sein? Wie immer man es dreht und wendet: Es wird kein Schuh draus, und es müßte schon ein geradezu unwahrscheinlicher Zufall eintreten, sollte es überhaupt gelingen, die beiden Toten unter dem Kölner Domchor einwandfrei zu identifizieren. Die neueste Forschung will von dieser blühenden Geschichte überhaupt nichts mehr wissen, sie spricht jetzt nur noch von Angehörigen eines fränkischen Beamtenadels. Im Gegensatz zu den Römern waren die Franken ein schreibunlustiges Volk, aber wie viele Fragen lassen auch römische Funde unbeantwortet. Und schließlich bleiben auch sonst Fragen genug übrig, die uns – von schriftlicher Überlieferung einmal ganz abgesehen – selbst ergiebige Fundplätze nicht annähernd aufschlüsseln, wie das fränkische Gräberfeld von Krefeld-Gellep lehrt.

Gellep, das römische Gelduba, ist uns auch aus der Literatur bekannt (Plinius, Tacitus) als Standort eines Kastells, das während des Bataver-Aufstands heftig umkämpft war. Der Platz ist durch die Jahrhunderte hindurch kontinuierlich besiedelt gewesen. Erste Grabungen, die 1934 begannen, führten zur Entdekkung von 59 fränkischen Gräbern des 7. Jahrhunderts. Inzwischen hat man schon über 4000 Gräber freigelegt; die frühesten aus dem 1. Jahrhundert n. Chr., die spätesten aus dem Anfang des 8. Jahrhunderts: Es handelt sich um ein römisches Gräberfeld, über dem zwei Schichten fränkischer Gräber liegen. Die kontinuierliche Belegung dieses Friedhofs (über fast 800 Jahre hinweg) macht das Gräberfeld, das sich über ein ungewöhnlich ausgedehntes Areal erstreckt, zu einem einzigartigen Beispiel. »Gellep besitzt damit das größte zusammenhängende Gräberfeld der Völkerwanderungszeit, das wir auf deutschem Boden bis heute kennen«, so Renate Pirling, die seit 1959 hier die Grabungen leitet. Viertausend Gräber – weitere zweitausend werden noch unter der Erde vermutet –, und ein Ende ist nicht abzusehen, es sei denn ein gewaltsames.

Denn das Gelleper Gräberfeld ist aufs äußerste bedroht. Schon vor dem Zweiten Weltkrieg fiel ein Teil dem Kiesabbau zum Opfer, Anlaß zu den Grabungen von 1934. Seit einigen Jahren droht dem Jahrhundertfriedhof von zwei Seiten Gefahr. Die Stadt Krefeld möchte schon seit langem ihren Rheinhafen vergrößern, zu Lasten des Gräberfelds. Gegen dieses Projekt ist archäologischerseits auch gar nichts einzuwenden (Gräberfelder für die Nachwelt zu erhalten wäre wenig sinnvoll, denn zu sehen gibt es dort nichts, wenn die wissenschaftliche Grabung abgeschlossen ist), solange nicht die Rettungsgrabung zum Wettlauf mit den Baggern wird. Die Pläne liegen ja seit langem vor, und würde man den Archäologen verbindliche Termine nennen, ließen sich alle erforderlichen Grabungen in angemessenem Zeitaufwand rechtzeitig vornehmen. Aber deutschen Planungsämtern ist nun einmal eigen, daß sie sich mit der Koordination schwer tun. Statt einen verbindlichen Zeitplan aufzustellen, der stufenweise abgewickelt wird, entscheidet man heute so und morgen wieder entgegengesetzt.

Gefahr droht dem Bestattungsplatz aber auch durch die Erweiterung mehrerer großer Industrie-Unternehmen, und eine Art von archäologischem Mehrfrontenkrieg zu führen, ist den stets unter Geldmangel arbeitenden Wissenschaftlern unmöglich. Es sei aber hier betont, daß die Unternehmen für die Forschungsarbeit Verständnis aufbringen, jegliche die Ausdehnung betreffende Planung mit den Archäologen besprechen, zeitlich zu koordinieren suchen und überdies kostenlos Planierraupen zur Verfügung stellen.

Daß die Gefährdung des Gelleper Gräberfelds hier so betont herausgestellt wird, hat seinen Grund. Denn auf diesem Gelände, auf dem schon 1934 wertvolle Einzelstücke geborgen werden konnten (darunter ein besonders schöner gläserner

Rüsselbecher aus einem fränkischen Kriegergrab des 5. Jahrhunderts), gelang am 25. September 1962 die Entdeckung eines unversehrten fränkischen Fürstengrabes. Zum »Herrn von Morken« gesellte sich nun der »Herr von Gellep«.
Das Skelett des Mannes hatte sich im Sandboden restlos aufgelöst, aber eine als »Charonspfennig« mitgegebene Goldmünze, eine fränkische Nachprägung nach einem Solidus des oströmischen Kaisers Anastasius I., der von 491 bis 518 regierte, bezeichnete die Lage des Kopfes und bot eine Datierungshilfe für die Zeit der Beisetzung. Da die Münze kaum Abnutzungsspuren aufwies, bietet sich der Zeitraum zwischen 491 und etwas nach 518 an. Dem Toten waren Waffen beigegeben, wie wir sie auch aus dem Morkener Grab und dem Knabengrab vom Kölner Dom kennen: ein eisernes zweischneidiges Langschwert (die Spatha) mit goldenem, almandinbesetztem Ringknauf, eine 1,60 Meter lange eiserne Wurflanze (Ango), eine eiserne Wurfaxt, deren Griffe mit Goldblech umkleidet sind (Francisca), zwei eiserne Lanzenspitzen, zwei eiserne Messer, ein einschneidiges Hiebschwert (Sax) mit hölzerner Scheide und einer Schnalle aus massivem Gold am Wehrgehänge, ein hölzerner Schild (dessen Holz vergangen war) mit eisernem Schildbuckel, dazu ein komplettes Pferdezaumzeug aus Gold, Silber und Edelsteinen, wie es bisher in dieser Form und außergewöhnlichen Kostbarkeit noch nie gefunden worden war (nicht aber Reste eines Pferdes). Dazu ein Spangenhelm, der weit besser erhalten war als der Morkener und von dem gleich noch zu reden sein wird. Ein Fingerring aus massivem Gold trug eine eingelassene Gemme aus Chalzedon; nach dem Lagebefund stammte er von der linken Hand des Toten. Ein Ledertäschchen mit dreiteiligem Bügel (Goldfassung mit eingelegten Almandinen und farbigem Glasfluß) barg Feuerstahl, Feuerstein und Pfriem. Eine silberne Nähnadel lag neben dem Schaft der Lanze. Ein silberner Löffel wies auf Import aus Italien hin. Ein Bronzekännchen trug eine lückenhafte lateinische Inschrift, die heute als »Arpvar war glücklich und überall hoch angesehen« gedeutet wird; wahrscheinlich war Arpvar der Name des Bestatteten. Eine Glasschale und eine Glaskanne stammten aus römischen Kölner Werkstätten des 4. Jahrhunderts, die für die hohe Qualität ihrer Waren im ganzen Altertum berühmt waren. »Es wird

nie mehr zu klären sein, wie der fränkische Adlige des 6. Jahrhunderts in den Besitz dieser damals bereits rund 200 Jahre alten Kostbarkeit gelangte« (Renate Pirling). Als Wegzehrung hatte man dem Herrn von Gellep ein Rinderrippenstück in eine Bronzeschüssel gelegt, zu der ein eiserner Dreifuß gehörte. Insgesamt enthielt das Grab 42 Einzelstücke, von denen der fränkische Schmuck und auch die Gebrauchsgegenstände von höchster Qualität sind. Die Frage, ob der Tote ein Christ gewesen sein könnte, ließ sich auch hier so wenig beantworten wie beim Herrn von Morken. Wie dieser war er mit Blick nach Osten bestattet, das wäre das einzige Indiz. Reste eines Holz-Sarges wurden nicht gefunden, der Tote war sarglos in sein 2,70 × 1,40 Meter großes Grab gelegt worden, das etwa sechzig bis achtzig Jahre älter ist als das Morkener.

Ein Wort noch zum Helm. Er besteht aus zusammengenieteten Eisenplatten mit einem eisernen Reif als Stirnbasis. Das Ganze ist mit vergoldetem Bronzeblech überzogen, in das figürliche Darstellungen einpunziert sind. Entsprechend sind auch die beiden Wangenklappen gestaltet.

Von diesem Typus – in der Größe etwa 18 Zentimeter hoch bei etwa 25 Zentimeter Durchmesser – kennt man inzwischen 25 Exemplare. Vermutlich gehen sie auf iranische Vorbilder zurück, eingeführt ins römische Heer während der Sassanidenzeit (zwischen 227 und 642). Die besonders prächtig gestalteten germanischen Helme stammen vermutlich aus oberitalienischen Werkstätten. Es ist aber auch denkbar, daß die im Dekor sehr ähnlichen Helme von Morken und Gellep aus einer Werkstatt nördlich der Alpen kommen. Auffallend ist auch, daß der Gelleper Helm in seiner Punzierung die Darstellung von Fisch und Greifvogel verwendet, die sonst im fränkischen Kunsthandwerk kaum erscheinen. Diese Symbolik, so ist geäußert worden, könnte durchaus christlichen Ursprungs sein, und zwar als Symbole der Eucharistie, was natürlich – gesetzt, diese Deutung erwiese sich als richtig – noch lange nicht bedeuten muß, ihre Besitzer wären Christen gewesen.

Auch zur Datierung der Gräber sind sie nicht geeignet. Solche kostbaren Helme vererbten sich vielleicht. Sie verweisen aber unbedingt auf die hohe Stellung ihres Trägers: »Es scheint das Vorrecht weniger sehr hoher Adliger gewesen zu sein, einen

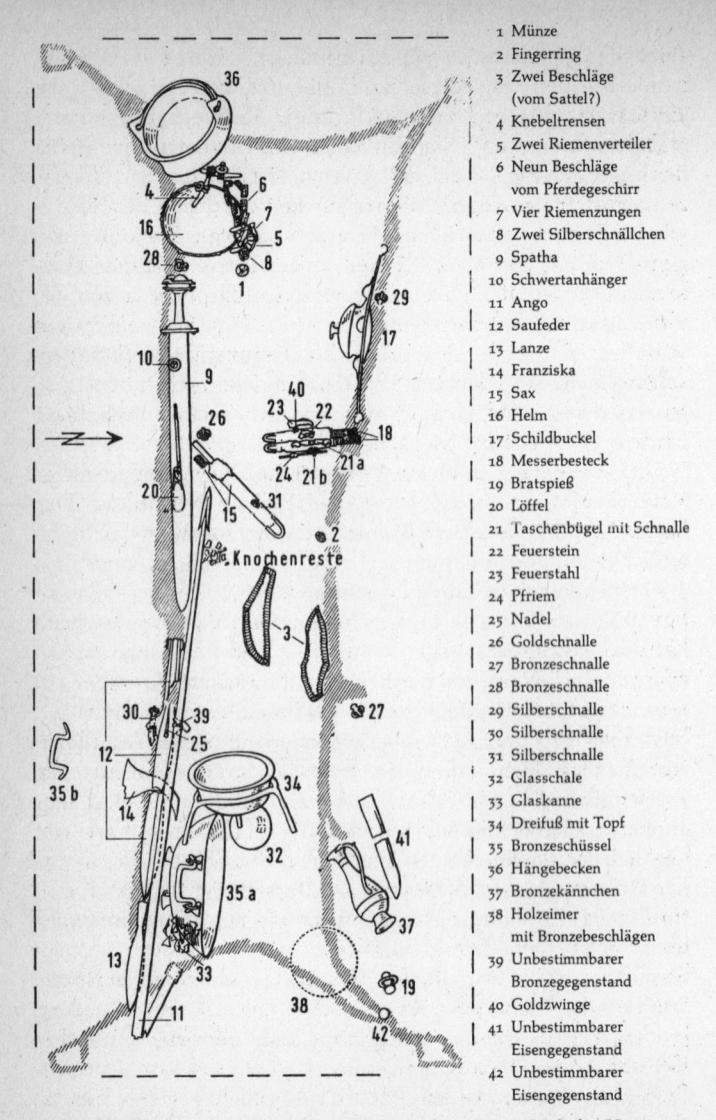

1 Münze
2 Fingerring
3 Zwei Beschläge (vom Sattel?)
4 Knebeltrensen
5 Zwei Riemenverteiler
6 Neun Beschläge vom Pferdegeschirr
7 Vier Riemenzungen
8 Zwei Silberschnällchen
9 Spatha
10 Schwertanhänger
11 Ango
12 Saufeder
13 Lanze
14 Franziska
15 Sax
16 Helm
17 Schildbuckel
18 Messerbesteck
19 Bratspieß
20 Löffel
21 Taschenbügel mit Schnalle
22 Feuerstein
23 Feuerstahl
24 Pfriem
25 Nadel
26 Goldschnalle
27 Bronzeschnalle
28 Bronzeschnalle
29 Silberschnalle
30 Silberschnalle
31 Silberschnalle
32 Glasschale
33 Glaskanne
34 Dreifuß mit Topf
35 Bronzeschüssel
36 Hängebecken
37 Bronzekännchen
38 Holzeimer mit Bronzebeschlägen
39 Unbestimmbarer Bronzegegenstand
40 Goldzwinge
41 Unbestimmbarer Eisengegenstand
42 Unbestimmbarer Eisengegenstand

Krefeld-Gellep, Grab 1782. Lageplan der Fundstücke im Grab des Herrn von Gellep. (Quelle: Renate Pirling »Das fränkische Fürstengrab aus Krefeld-Gellep«, Sonderdruck aus Germania Jg. 42, 1964) solchen Helm zu besitzen« (Renate Pirling). Der Helm bezeichnete den Rang – Führer, Fürst, König, aber auch Bischof –, der einfache fränkische Krieger trug keinen Helm.

Zweifellos war der Herr von Gellep eine hochgestellte Persönlichkeit von einigem Einfluß. Wer sonst hätte sich ein Pferdezaumzeug leisten können mit Silber- und Goldblechbeschlägen, geschmückt mit Almandinen? Diese rubinroten Almandine begegnen uns immer wieder in den Gräbern hochgestellter Franken. Es handelt sich dabei um einen orientalischen Granat, der nur in Indien vorkommt, was auf rege Handelsbeziehungen schließen läßt, auch wenn ihn die Franken wohl eher über Zwischenhändler (aus dem Mittelmeerraum?) bezogen haben dürften. Er könnte aber auch über die Skythen oder Hunnen nach Mitteleuropa gelangt sein; auf jeden Fall sind Almandine als Schmuckeinlagen nachzuweisen »bei fast allen germanischen Völkern, von denen ja viele einen engen Kontakt zu den Hunnen hatten, der keineswegs immer nur kriegerischer Art war« (Walter Janssen).

»Der Lebensstil dieses Herrn (von Gellep) muß für die damalige Zeit aufwendig, ja geradezu luxuriös gewesen sein. Seine Grabausstattung macht durch ihre enge Verwandtschaft mit der anderer fürstlicher Bestattungen deutlich, daß man sich in Kreisen der fränkischen Oberschicht an einem gemeinsamen Vorbild orientierte, für das wohl nur der König in Frage kam. Häufige Kontakte mit dem Königshof müssen vorausgesetzt werden« (Renate Pirling).

Die Entdeckung der Frankengräber von Morken, Köln und Gellep haben erstmals den Beweis erbracht, daß das Rheinland keineswegs die untergeordnete und nur provinzielle Rolle in fränkischer Zeit gespielt hat, wie man bisher geglaubt hatte, da man nur dürftige bäuerliche Funde kannte. Trotzdem wissen wir über die Sozialstruktur des Frankenreichs, besonders im Rheinland, immer noch viel zuwenig. Wenn durch die Jahrhunderte hindurch ein Gräberfeld von solchen Dimensionen wie das von Gellep kontinuierlich belegt worden ist, muß sich dort auch eine Siedlung befunden haben. Aber dafür gibt es – außer für das Römerkastell – nicht den winzigsten Anhaltspunkt, auch keinen schriftlichen. Vor langer Zeit wurde einmal ein fränkischer Töpferofen gefunden, aber keine Spur einer Siedlung. Möglicherweise wurden diese Siedlungsreste zerstört, als man in den zwanziger Jahren dieses Jahrhunderts mit dem Ausbaggern begann und von einer systematischen archäologischen Untersuchung dieses Areals noch gar keine Rede sein konnte.

»Man muß sich in der Tat fragen, warum für die nachrömische Epoche bis in das 9. Jh. hinein die Archäologie fast vorwiegend Gräberfelder untersucht, nicht aber die Siedlungen der Menschen. Bis heute sind so gut wie keine fränkischen Häuser und Dörfer durch Ausgrabungen bekannt. Dies hat verschiedene Gründe: Lange schien die Frage der Siedlungen der Forschung nicht interessant. Die Gräberfelder, mit Beigaben versehen, boten sich als lohnender an. Da aus den fränkischen Ansiedlungen (...) in fast allen Fällen unsere Dörfer hervorgegangen sind, ist es schwer, fränkische Siedlungen im archäologischen Befund nachzuweisen. Agrarisch strukturierte Siedlungsformen sind außerordentlich konstant. Das Haus bleibt, wenn nicht zwingende Gründe für seine Verlegung sprechen, auch bei Erneuerung an der Stelle, wo es einmal steht. Da alle Häuser dieser Zeit, wie noch Jahrhunderte später (und vielfach bis heute auf den Dörfern) aus Fachwerk sind, verlieren sich überdies die Spuren bei Erneuerungen im Boden. Dies heißt, daß fränkische Häuser immer nur da ausgegraben werden können, wo in früher Zeit ein Dorf unterging. Da führen dann entweder die archäologische Landesaufnahme oder meist wohl der Zufall auf die Spur...« (Hugo Borger).

Nur ein einziges fränkisches Dorf ist bisher auf deutschem Boden entdeckt worden. Gladbach bei Neuwied, von dem aber seit seiner Entdeckung 1937 nur Teile ausgegraben wurden. Die Frage nach der genauen Siedlungsstruktur konnte also bis heute noch nicht schlüssig beantwortet werden.

In einem anderen Fall aber war dies möglich, und damit beginnt ein neues Kapitel, in dem wir um einige Jahrhunderte zurückgehen müssen, vor die Zeit der fränkischen Könige: Es handelt sich um die Germanensiedlung Feddersen Wierde in Ostfriesland.

Wie Germanen siedelten

Den Boden jenes Küstenstreifens, den wir »Marsch« nennen, hat das Meer abgelagert, und nachdem ihn die Jahre entsalzt hatten, bot er den Menschen einen guten Weidegrund für sein Vieh. Zwölf bis achtzehn Meter stark können diese Ablagerungen sein, und so, wie sie in kurzer Zeit vom Meer geschaffen wurden, konnte sie auch das Meer wieder zurücknehmen. Untersuchungen, die an der Nordseeküste vorgenommen wurden mit Hilfe der C-14-Datierung und der Pollenanalyse, haben ergeben, daß dort elf sogenannte Überflutungs- und Festlandsphasen nachzuweisen sind für den Zeitraum, mit dem wir es in der folgenden Darstellung zu tun haben. Archäologische Einzelfunde in diesem Raum sind schon früh belegbar, und früh ist auch die erste nachweisbare Besiedlung der Marsch anzusetzen; sie fand zwischen 2500 und 1900 v. Chr. statt, entstand also während der Zeit des Neolithikums. Dann aber rückte das Meer im 3. vorchristlichen Jahrhundert wieder vor und überflutete diese frühen Siedlungen, doch als es wieder zurückging, zog auch der Mensch wieder nach und legte von neuem seine Siedlungen an. Das geschah im 1. Jahrhundert v. Chr., und es waren sogenannte Flachsiedlungen im Gegensatz zu den später geschaffenen höher gelegenen Siedlungsplätzen, die man Wurten nennt. Zur Zeit der Flachsiedlungen gab es noch keinen Küstenschutz durch Deiche; schon eine geringe Sturmflut vernichtete die ungeschützten Behausungen.

Im 1. Jahrhundert n. Chr. schufen sich die Menschen die Wurten, das sind Wohnhügel auf künstlichen Aufschüttungen; dort waren sie vor kleineren Sturmfluten sicher. Bis zu sieben

Meter hoch konnte eine solche Wurt aufragen und mehrere Hektar Grundfläche umfassen. Nicht von Anfang an hatten sie diese Höhe, sie entstanden allmählich aus immer neuen Aufschüttungen, die man aus Mist und Kleisoden vornahm. Mit ihnen überdeckte man die alte, unbrauchbar gewordene Siedlung und legte darüber eine neue an. Und da die abdeckende Schicht luftundurchlässig war, konservierte sie die darunterliegende, und so blieben die Holzreste der Häuser, Knochen und Pflanzensamen und -pollen gut erhalten und lieferten den Archäologen Funde, die es ermöglichten, die Siedlungsformen und Lebensgewohnheiten der alten Bewohner mit erstaunlicher Exaktheit zu rekonstruieren.

Die Wurtenforschung gehört zu den jüngsten Kindern der Archäologie, und das aufschlußreichste Beispiel lieferte die zwischen Elb- und Wesermündung bei Bremerhaven gelegene Wurt Feddersen Wierde, die von 1955 bis 1963 gründlich untersucht und erforscht werden konnte. Dabei ergruben die Wissenschaftler eine Fläche von 2,5 Hektar und stießen bis zu vier Meter tief in den Boden vor, denn die Jahrhunderte haben die Aufschüttung längst eingeebnet, bzw. der umgebende Boden ist gewachsen, so daß Feddersen Wierde sich nicht mehr als ein Hügel erhebt, sondern im Boden versunken ist.

Die botanische Analyse ergab, daß die Landschaft, in der damals eine germanische Bevölkerung siedelte – im Unterschied zu den römisch besetzten germanischen Provinzen spricht man hier vom »freien Germanien« –, aus Weide- und Ackerland bestand, auf dem nur vereinzelt Weiden, Birken und Erlen standen. Das bedeutet: Alles Bauholz mußte von fern her beschafft werden.

Werner Haarnagel, der die Grabungen von Feddersen Wierde geleitet hat, charakterisiert die Lage dieser Wurt so: »Wie die Bohrungen zeigten, faßten zwei breite Prielarme das Siedlungsgebiet der Feddersen Wierde im Norden und Süden ein. Es war also eine Insel von halligartigem Charakter. Im Verlauf der Besiedlung versandeten der im Norden gelegene Prielarm und seine Zuflüsse. Sie wurden z. T. eingeebnet und übersiedelt. Der südlich gelegene Priel dagegen blieb geöffnet und diente als Wasserweg, während seine Ufer günstige Anlegeplätze für die Schiffe boten. Am Beginn der Besiedlung wurden die Wohnsitze auf und an den Böschungen des (...) Brandungswalles im Westen der Insel errichtet. Im Verlauf des Ausbaues dehnte sich die Siedlung in östliche Richtung aus und nahm schließlich die gesamte Inselfläche ein. Die Landnahme fand in der letzten Hälfte des 1. Jahrhunderts v. Chr. statt.«

Nachgewiesen werden konnten elf Siedlungsschichten, nämlich vier Flachsiedlungen und danach – vom 1. nachchristlichen Jahrhundert beginnend – sieben Wurten, entstanden zwischen dem ausgehenden 1. Jahrhundert n. Chr. bis zum 5. Jahrhundert. Die Wurtanlage wies steile, bewachsene Böschungen auf und hatte, als sie im 5. Jahrhundert aufgegeben wurde, den beachtlichen Umfang von 4 Hektar erreicht (bei einem Durchmesser von 200 Metern) und eine Höhe von vier Metern.

Jede Kernwurt war von einem Graben und einem Zaun umgeben. Die Häuser waren in Flechtwerk errichtet, hölzerne Innen- und Außenständer trugen die Dachkonstruktion. Ihr Typ war der des dreischiffigen Wohn-Stall-Hauses von unterschiedlicher Größe. Sie konnten bis zu 29 Meter lang und 6,5 Meter breit sein. »Der Wohnteil besitzt eine Lehmdiele und ist meist vom Stallteil durch eine Flechtwand abgetrennt. Hier befindet sich auch zur flachen Erde der Herd, der aus Scherben gepflastert und mit Lehm abgestrichen ist. Zwischen Wohn- und Stallteil ist das Haus durch zwei sich gegenüberliegende Eingänge quer und bei den größeren Häusern im Stallteil durch einen Eingang auf der Giebelseite längs aufgeschlossen. Im Stallteil sind die Seitenschiffe durch Flechtwände in Viehboxen unterteilt. Im Mittelschiff befindet sich der Stallgang, der mit Grassoden ausgelegt und durch Bohlen zu beiden Seiten gegen die Jaucherinnen abgesetzt ist« (W. Haarnagel).

Neben diesen Häusern waren die Speicherbauten angelegt, in denen die Bewohner von Feddersen Wierde ihre Ernte unterbrachten, und was sie anbauten und ernteten, ließ sich aus den Pflanzenfunden genau ermitteln: Hafer, Gerste, Bohnen, Raps, Flachs und Leindotter.

Etwa 70000 Knochenreste gaben Aufschluß, welche Haustiere auf der Wurt bzw. auf den Weiden der Marsch gehalten wurden. Zumeist waren es Rinder (48,3%), dann Schafe (23,7%), Pferde (12,7%), Schweine (11,1%) und Hunde (4,2%). Da die Knochen auch eine genaue Altersbestimmung zulassen, konnte man z. B. bei den Rindern ermitteln, »daß man im Herbst die überzähligen Tiere wegen Futtermangels im Winter schlachtete. Die ausgewachsenen Rinder wurden erst im Alter von vier bis fünf Jahren geschlachtet, weil sie dann offenbar in ihrem Milchertrag nachließen und für die Aufzucht nicht mehr benötigt wurden, aber statt dessen ausreichend Fleisch und Felle für die Lederverarbeitung lieferten. Ein Teil der Kälber wird auch durch den Tauschhandel abgegangen sein« (W. Haarnagel).

Wir begnügen uns bei diesem Beispiel – natürlich liegen auch für alle anderen Tiere exakte Auswertungen und entsprechende Rückschlüsse vor –, um an ihm deutlich zu machen, mit welchen Methoden der Hand in Hand arbeitenden verschiedenen Disziplinen die Archäologie heute Aufschlüsse bekommt über die Lebens- und Wirtschaftsformen längst vergangener Zeiten.

Auch Pferde dienten – vor allem im Winter – zu einem Großteil als Schlachtvieh der Ernährung, nicht hingegen der Hund. Unsere sentimentale Hundeliebe sträubt sich ganz besonders gegen die Vorstellung, man könnte den »treuesten Freund des Menschen« auch menschlichem Verzehr zugeführt haben, aber abwegig erscheint das heute nur dem Europäer. Doch zur Beruhigung aller Hundefreunde: Auf der Feddersen Wierde wurden Hunde nur zu Wach- und Hütezwecken verwendet.

Übrigens war das Aussehen all dieser Tiere wesentlich anders als heute. Die durchschnittliche Widerristhöhe der Rinder lag bei nur 1,10 Metern! Selbst die größten Pferde erreichten nicht mehr als 1,38 Meter und die Hunde maximal 0,60 Meter. Unsere heutigen Größen sind die Ergebnisse jahrhundertelanger Züchtung, die nicht nur die Körpergröße, sondern auch das Aussehen der Tiere beträchtlich verändert hat, was noch auf Bildern des Mittelalters (z. B. bei den Schweinen) auffällig genug ist.

Die Germanen von Feddersen Wierde haben Ackerbau getrieben, das erwiesen nicht nur die von ihnen geernteten Feldfrüchte, es ließen sich sogar noch Pflugfurchen im Boden nachweisen, aus denen hervorgeht, daß schon früh der sogenannte Wendepflug mit Streichbrett bekannt und in Gebrauch war; allerdings waren die gepflügten Flächen außerordentlich klein und in schmaler Streifenform zugeschnitten.

Dennoch siedelten hier nicht nur Bauern und Viehzüchter, denen, auch dies ließ sich nachweisen, für Weidezwecke bis zu 240 Hektar und für Ackerland bis zu 50 Hektar zur Verfügung standen, hier arbeiteten auch Handwerker. Es waren Schmiede und Gießer, die sowohl Eisen wie Bronze verarbeiteten, hinzu kamen Töpfer, die ortseigene Keramik herstellten.

Sie alle hatten ihre Arbeitsplätze rings um einen Herrenhof, dessen Eigentümer offenbar »eine bevorzugte Stellung innerhalb des Dorfes einnahm«, wahrscheinlich war es eine – aus welchen Gründen auch immer – dominierende Familie. Bei diesem Herrenhof lag eine 25 Meter lange und 6,5 Meter breite Versammlungshalle mit einem Mittelschiff von 4,9 Metern Breite. Ihr Boden bestand aus Scherbenpflaster, überzogen mit geglätteter Lehmschicht; in seiner Mitte lag ein ovaler Doppelkreis mit einer Feuerstelle. Die »besondere Bedeutung dieses Hallenhauses« erweisen zwei Tieropfer: Unter der Schwelle des Mitteleingangs lag ein Hund, unter dem Herd ein Schwein als Herd- und Hausopfer, denn nach uraltem – auch anderswo zu beobachtendem – Brauch wurden Tiere als Opfer lebend eingemauert, um Dämonen zu beschwören und Dauerhaftigkeit damit zu sichern, ein Brauch, der noch in Theodor Storms Novelle »Der Schimmelreiter« als lebendige Praxis erwähnt wird und dem in Vorzeiten auch Menschen geopfert wurden.

Die Wurt Feddersen Wierde umfaßte schließlich »dreiundzwanzig bäuerliche Wirtschaftsbetriebe und zwei Handwerkerhäuser. (...) Wie die Funde von Halbfertigfabrikaten und Werkstattrückständen auf den Hofplätzen der kleinen Wirtschaftsbetriebe erkennen ließen, übten ihre Bewohner neben der Landwirtschaft zugleich auch ein Handwerk aus« (W. Haarnagel).

Wichtig aber ist: Die Germanen von Feddersen Wierde betrieben einen lebhaften Handel. »In der Umgebung des Herrenhofes und des Werkgeländes traten (...) Funde von Terra-Sigillata-Scherben, Glas sowie römischen Münzen und Fibeln auf, was zeigt, daß sich um den Herrenhof nicht nur das Berufshandwerk, sondern auch der Handel konzentrierte. Beide haben also wohl in Beziehung zueinander gestanden. Es gab nach diesem Befund kaum einen Zweifel mehr, daß sich dieser Bereich als Mittelpunkt des Handels und des Handwerks von dem übrigen Dorf mit seinen bäuerlichen Wirtschaftsbetrieben abhob und der Besitzer des Hallenhauses eine bevorzugte Stellung innerhalb des Dorfes einnahm« (W. Haarnagel).

Wir können uns heute kein Bild machen, wie der Status dieses »Herrn« wohl gewesen sein könnte (es gibt hier keine Grabfunde, die uns einen »Herrn von Feddersen Wierde« so vorstellen wie den Herrn von Morken oder von Gellep): Wir wissen nur, daß die gefundenen Importe durchweg aus den römischen Provinzen des Niederrheins kamen; hier muß eine ganz enge Handelsverflechtung bestanden haben, und der Handelsherr von Feddersen Wierde ist wohl ein nicht ganz unbedeutender Teilhaber gewesen. Neben Terra Sigillata, Perlen und Glas waren auch Mahlsteine aus Basalt importiert worden. Im Gegenzug lieferten die Germanen von Feddersen Wierde »vermutlich Fleisch, tierische Fette, Rinderhäute und auch Tuche (...). Die Vermutung, daß auch der Tuchhandel von Bedeutung gewesen sein kann, wird durch die hochentwickelte Technik der Webkunst auf der Feddersen Wierde unterstützt. Die neben Fasern und Garnen gefundenen 605 Textilreste zeugen davon. Es wurden bereits seit Beginn der Besiedlung komplizierte Körpergewebe wie Spitz- und Diamantkaro hergestellt. Die Fülle der feinen Stoffe in komplizierten Webarten, die Farbmusterungen und Zierstiche sowie die als Schmuck dienenden Webkanten zeigen aber nicht nur eine hochentwickelte Technik, sondern lassen auch erkennen, daß die Träger dieser Tuche in einem gewissen Wohlstand gelebt haben müssen.« (W. Haarnagel.)

Irgendwann zwischen dem 4. und 5. Jahrhundert n. Chr. wurde die Wurt Feddersen Wierde von ihren Bewohnern aufgegeben. Der Grund war: Das Meer drang wieder vor und versalzte Weiden und Äcker. Nach und nach verschwanden die großen Gehöfte und machten kleineren Platz, bis auch diese aufgegeben wurden, weil an eine dauerhafte wirtschaftliche Nutzung nicht mehr zu denken war. Dies geschah zu der Zeit, als sich die Franken im Rheinland einzurichten begannen; als die Herren von Morken und Gellep bestattet wurden, existierte die Wurt Feddersen Wierde schon nicht mehr.

Was wir aus Feddersen Wierde erfahren, ist die Geschichte eines Siedlungsplatzes über Jahrhunderte hinweg; seine Siedlungsstrukturen, seine Bearbeitung der Äcker, seine Viehzucht, sein Handwerk. Wir erfahren auch, daß sich die soziale Struktur des Dorfes in den Jahrhunderten verändert: Waren zu Beginn der Besiedlung alle Bauern im Besitzstand ziemlich gleich, so gliederte sich seit dem 2. Jahrhundert »die Bevölkerung in eine Häuptlingsfamilie, in Bauern unterschiedlichen Besitzes und in Hintersassen sowie in bäuerliche Handwerker und Berufshandwerker. Zusätzlich muß noch mit Schiffsbesatzungen gerechnet werden, über die die Grabungsbefunde jedoch keinen Aufschluß geben« (W. Haarnagel). Was wir aber überhaupt nicht wissen, ist die Gretchenfrage, wie sie's denn mit der Religion hielten.

Auf die Göttervorstellungen der Germanen einzugehen, kann hier nicht der Ort sein. Der römische Historiker Tacitus, der als erster ausführlich über die Germanen berichtet hat, behauptete in seiner um 100 n. Chr. geschriebenen Propagandaschrift über die Germanen kühn: »Die Germanen kannten keine Götterdarstellungen.« Daß sich der sonst so verdienstvolle Römer hier irrt, haben gerade die Funde von germanischen Götterbildern in den letzten dreißig Jahren ausgiebig bezeugt. Wir begnügen uns mit einem Beispiel, das 1948 im Moor von Braak bei Eutin gefunden wurde: zwei hölzerne Statuen von 2,80 und 2,30 Metern Größe, eine männliche und eine weibliche Gottheit darstellend. (Sie befinden sich heute im Museum von Schloß Gottorf in Schleswig.)

Beide wurden aus Eichenholz geschnitzt und standen einmal breitbeinig über einem Kultplatz. Dieser war – bei einem Durchmesser von 12 Metern – mit Asche und Schichten aus Tonscherben bedeckt, Reste von Tongefäßen, die man hier aus kultischen Gründen zertrümmert hatte. Das Zertrümmern dieser Gefäße hing mit dem Fruchtbarkeitskult zusammen – deswegen auch unser »Polterabend« vor einer Hochzeit –, und Fruchtbarkeitsgötter scheinen es gewesen zu sein, darauf wies die betonte Ausformung der Genitalien dieser Gottheiten hin. Es gibt Hinweise aus der späten Wikingerzeit, daß man sich diese Holzfiguren bekleidet vorzustellen hat oder daß zu ihren Füßen Kleider abgelegt wurden; es kann auch sein, daß solche Figuren segnend durch die junge Saat getragen wurden. Wie auch immer: Kein Zweifel ist, daß es sich um kultische Figuren handelt, die allerdings beschädigt worden sind. Die Brüste der Frau sind zwei simple Dübel, und ebenso müssen diesen Gestalten einmal Arme eingedübelt worden sein, die aber heute fehlen. Ebenso fehlt der Phallus des Gottes, bzw. er wurde »durch scharfe Axthiebe« verstümmelt. Damit war der Gott seiner Kraft beraubt. Wurde er von Feinden, vielleicht einem Nachbarstamm, gestürzt? Oder geschah dies, weil der Tod des Vegetationsgottes in Wachstumsriten ein wichtiges Element war?« (K. W. Struve).

Wir kennen auch die Namen dieser Götter nicht. Es können durchaus die ehelich verbundenen Geschwister Freyr und Freya gewesen sein, der Gott wäre aber auch deutbar als der Vater dieser Geschwister mit Namen Njord (Tacitus nennt ihn in seiner »Germania« mit dem latinisierten Namen Nerthus).

Die C-14-Datierung dieser beiden Figuren und der sie umgebenden Tonscherben führt in die Zeit von 400 bis 500 v. Chr. zurück.

Was wir vom Götterkult der Germanen wissen, ist mehr als bescheiden. Wir kennen Namen, wir kennen Überlieferungen, und natürlich kennen wir viele Vermutungen. Und zu den Vermutungen gehört, daß die beiden Eichenholzgottheiten vielleicht einmal der Mittelpunkt eines kleinen germanischen Heiligtums gewesen sind, in dem die Menschen um Fruchtbarkeit bei Mensch, Vieh und Ernte gebetet haben. Hat es dabei Menschenopfer gegeben? Auszuschließen ist es nicht, aber auch darüber wissen wir nichts.

Die hölzernen Statuen standen im Moor, und für die Germanen war das Moor stets ein besonderer Ort, ein Ort numinoser Schauer, ein Ort der Opfer und ein Ort der Hinrichtung bei besonderen Vergehen. Die Existenz sogenannter »Moorleichen« ist fast jedermann bekannt, aber wie die Menschen, deren Überreste heute zum Teil in Museumsvitrinen mit gelindem Schauer betrachtet werden, ins Moor gerieten, ist nicht nur kaum bekannt, die Umstände wurden auch verschieden gedeutet und sind bis heute nicht restlos geklärt. Zwischen 1948 und 1959 wurden auf dem Gebiet der Bundesrepublik sieben sogenannte »Moorleichen« geborgen, zwei Frauen und fünf Männer (oder deren Überreste), aber trotz eingehender Analysen können wir zwar manches über ihren körperlichen Befund aussagen, nichts aber – oder nur in Vermutungen – über die Art und Umstände ihres Todes.

Nach Tacitus war das Versenken im Moor bei den Germanen

23 Dieser römische Frauenschmuck aus Gold und Glasperlen wurde 1968 in den Trümmern des Römerkastells Vermania (Isny) gefunden, vermutlich bei einem Alamannenüberfall 302/303 vergraben.

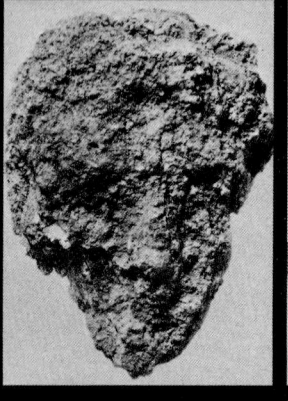

24 Bei den Ausgrabungen im Bereich des römischen Limeskastells Echzell, Kreis Büdingen/Hessen, wurde 1967 eine eiserne, mit Silberblech überzogene römische Parade-Gesichtsmaske gefunden. Die Fotos zeigen die verschiedenen Restaurierungsphasen der in mehrere Teile zerbrochenen Maske bis zur endgültigen Konservierung.

25/26 Im Römerlager Haltern stellten die Legionäre auch selbst Keramik her. So auch diese Adlerlampe und ein vogelförmiges Ausgußgefäß.

25

26

27/28 Die Grabungen auf der Heuneburg, die 1950 begannen, förderten ein breites Spektrum hallstattzeitlicher Keramik zutage: neben grobem Tongeschirr auch bemalte Gefäße.

29/30 Funde aus dem römischen Kastell Asciburgium bei Moers: eine römische Tonlampe aus dem 1. Jahrhundert n. Chr. mit einer erotischen Szene und Terra-Sigillata-Gefäße aus Südgallien.
Die reliefverzierte Schüssel trägt die Signatur des Töpfers Felix aus Montans.

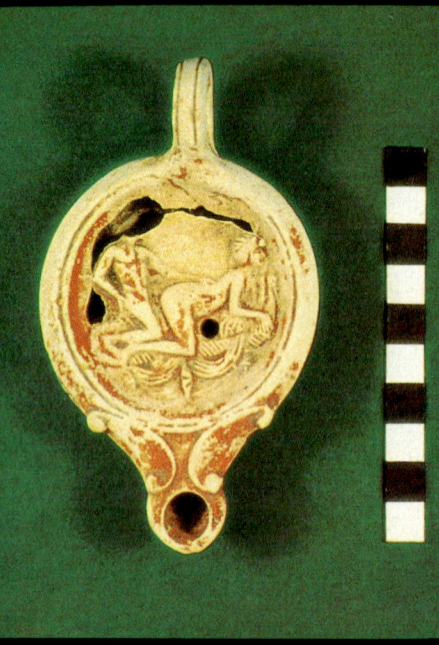

28

30

31/32 Die beiden Enden des »Torques« (s. Abbildung 33) sind mit Masken geschmückt.

33 Goldschmuck aus dem Fürstinnengrab von Reinheim: Der große Reif ist ein sogenannter »Torques«, ein Charakteristikum keltischer Kultur.

34 Bronzeattasche einer Kanne, abgegossen von einer auf der Heuneburg gefundenen Gußform. Die Maske verweist auf ein etruskisches Vorbild.

35 Eine kleine griechische Elfenbeinsphinx, Import aus dem Mittelmeerraum, wurde 1964/65 bei der Grafenbühl-Ausgrabung in der Nähe Ludwigsburgs gefunden.

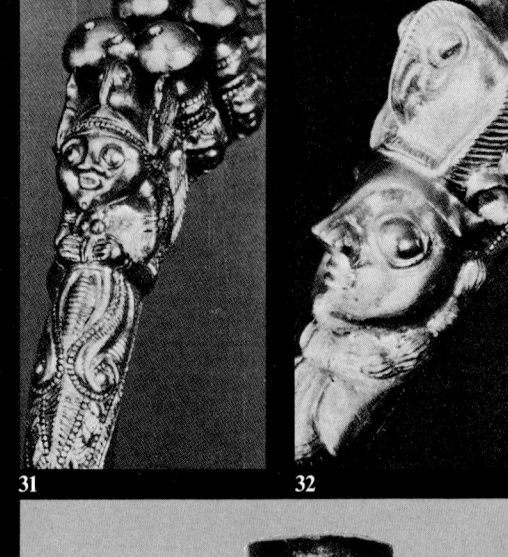

31

32

34

33

35

36

36/37 Mehr als tausend Schieferplatten mit eingravierten Darstellungen wurden 1968 bei einer Grabung in Gönnersdorf am Rhein gefunden: Kunstwerke späteiszeitlicher Jäger, entstanden um 10 400 v. Chr. Von diesen Platten zeigten etwa 200 realistisch wiedergegebene Tierbilder, über 300 waren mit Zeichnungen tanzender Frauen bedeckt und im Gegensatz zu den Tierbildern stets in streng stilisierter Form.

Einen Fund dieser Art der Epoche des Magdalénien zugehörig – hatte es vor 1968 noch nicht auf deutschem Boden gegeben.

37

eine Bestrafung. Tacitus schreibt (Germania 12): »Die Strafen sind je nach Art des Vergehens verschieden. Verräter und Überläufer hängen sie an dürren Bäumen auf; Feige, Drückeberger und solche, die widernatürliche Unzucht trieben, versenken sie im Morast oder im Sumpf und decken sie mit Sträuchern und Steinen zu. Die Verschiedenheit in der Bestrafung erklärt sich daraus, daß man Verbrechen öffentlich brandmarken, Laster aber stillschweigend vernichten will.«

Das Moor, so wurde gesagt, war sowohl eine Stätte des Opfers als auch ein Platz der Hinrichtung. Es würde hier zu weit führen, der Frage nachzugehen, in welchem Maße einmal Menschenopfer und Todesstrafe miteinander verbunden gewesen sind. Daß Rechtsprechung und Religion miteinander zu tun gehabt haben, ist weit in der Geschichte zurückzuverfolgen, in ihrer schauerlichsten Pervertierung zur Zeit der Hexenverfolgungen. Herbert Jankuhn hat darauf aufmerksam gemacht, daß Moorleichen im »Hilgenmoor« bei Hannover gefunden wurden: »Hier hat sich im Namen die Erinnerung daran gehalten, daß dieses Moor heilig war, was sowohl bei einem Richtplatz wie bei einem Opferplatz erklärlich ist.«

Am 26. Mai 1948 fanden Torfstecher im Köhlmoor bei Osterby (Kreis Eckernförde) den Kopf eines fünfzig- bis sechzigjährigen Mannes. Ihm war mit einem stumpfen Gegenstand die linke Schädelseite eingeschlagen worden, dann hatte man ihn enthauptet. Nach der Pollenanalyse muß die Hinrichtung in der Zeit um Christi Geburt erfolgt sein. Was diesen Fund so bedeutend machte, war die Haartracht des Toten. Er trug über der rechten Schläfe einen sorgfältig gedrehten Haarknoten, der uns aus römischen Plastiken bekannt ist, aber auch aus der Beschreibung von Tacitus (Germania 38), wo er als typisches Merkmal der Sueben beschrieben wird, deswegen auch Suebenknoten genannt: »Durch diese Haartracht unterscheiden sie sich von den übrigen Germanen und auch von ihren eigenen Sklaven. (...) Im Knoten des Haares besteht die ganze Schönheitspflege der Sueben; sie ist harmlos. Denn nicht um der Liebsten zu gefallen, richten sie sich so her, sondern um recht stattlich zu erscheinen und Schrecken zu erregen, wenn sie in den Krieg ziehen. Für die Augen der Feinde ist diese Tracht bestimmt.«

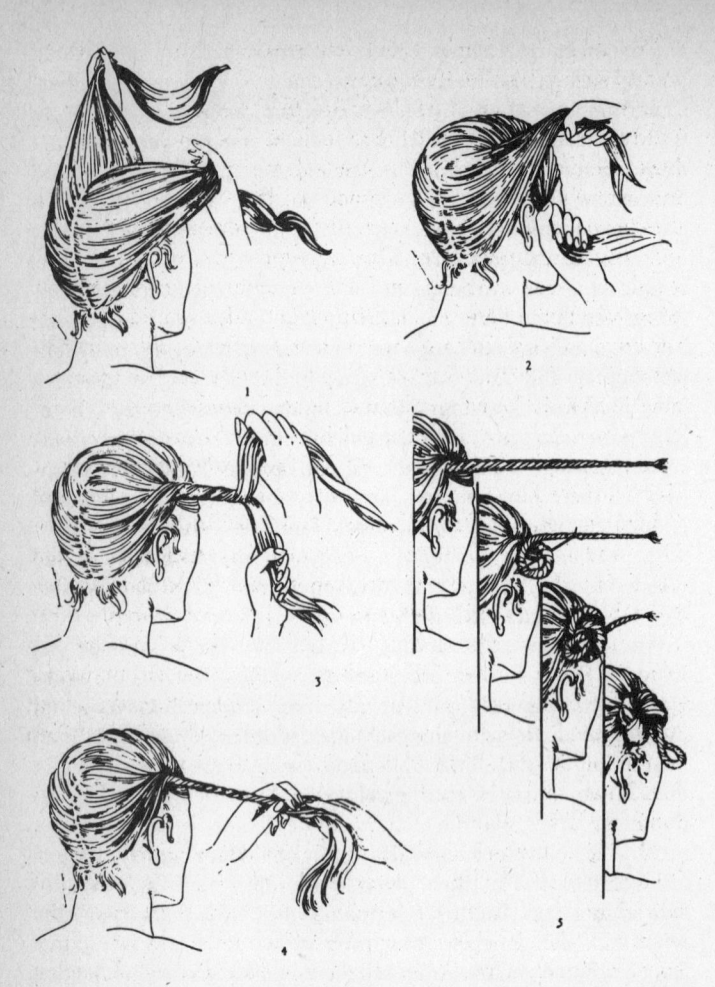

Suebenknoten der Moorleiche von Osterby. (Quelle: Zeitschrift »Offa« Bd. 8, 1949, Wachholtz-Verlag, Neumünster)

Wie diese Haartracht gebunden wurde, ist nun seit diesem Fund bekannt (siehe Abbildung).

Interessant ist auch der Fundort. Schon 1900 hatte man im Seemoor und 1934 im Ruchmoor solche Moorleichen entdeckt. Das Köhlmoor liegt aber nur drei Kilometer vom Seemoor und nur fünf Kilometer vom Ruchmoor entfernt. Wir haben es bei diesem Moorgebiet also vermutlich mit einer zentralen Gerichtsstätte und mehreren »Opfermooren« zu tun. Opfer waren wohl auch jene zwei jungen Männer, deren Leichen 1949 im Moor von Hunteberg bei Osnabrück gefunden wurden. Sie waren etwa 20 bis 30 Jahre alt und von stattlicher Größe: 1,92 Meter und 1,80 Meter. Beide waren nackt, aber man hatte jeden in eine Manteldecke eingerollt und nebeneinandergelegt. Anzeichen von Gewaltanwendung ließen sich nicht nachweisen; offenbar waren beide schon tot, als man sie in der Zeit um Christi Geburt wahrscheinlich als Menschenopfer im Moor versenkte.

Und wiederum nur fünf Kilometer vom Köhlmoor entfernt, im Domlandsmoor bei Windeby, stieß man 1952 auf zwei weitere Leichenfunde. Es handelte sich um ein etwa vierzehnjähriges Mädchen und um einen älteren, dunkelhaarigen Mann, dessen Körper nur fünf Meter von dem des Mädchens entfernt lag. Beide waren nicht durch Ertränken im Moorwasser ums Leben gekommen, sondern schon tot in ausgehobene Gruben gelegt worden, die sich dann schnell mit Moorwasser füllten. Den Mann, dessen Haar auf zwei Zentimeter gekürzt worden war, hatte man erdrosselt; auf welche Weise das Mädchen den Tod fand, ist nicht geklärt.

Da der Körper des Mädchens einigermaßen gut erhalten war, konnte er genau untersucht werden. Dabei ergab sich z. B., daß das Mädchen während der Wintermonate sehr schlecht ernährt worden war, ablesbar an den Wachstumslinien in den Unterschenkelknochen, ein Detail, das nur deshalb hier erwähnt wird, um die außerordentlich exakte Erforschung zu belegen, die heute der Archäologie und den ihr verbundenen Disziplinen möglich ist. Man hatte die Vierzehnjährige nackt, nur mit einem Pelzschulterkragen bekleidet, zur Hinrichtung geführt, die Augen mit einem drei Zentimeter breiten geflochtenen Wollband verbunden, mit dem sie derart geknebelt worden war, daß auf Nase und Backen sich ein starker Bluterguß gebildet hatte. Auch war ihr Mund verbunden worden, damit sie nicht schreien konnte. Auffallend: Das Kopfhaar – von besonders feiner hellblonder Beschaffenheit und nur durch die Einwirkung der Moorlohe dunkel geworden – war auf der linken Seite abrasiert und auf der rechten mit einer Schere auf vier bis fünf Zentimeter gestutzt worden. Die Rasur mußte einige Zeit vor ihrem Tod erfolgt sein, denn das Haar war auf der linken Seite um zwei Millimeter nachgewachsen. Die rechte Hand der Toten bildete den Gestus der »Feige«, d. h. der Daumen war durch Zeige- und Mittelfinger durchgeschoben, ein altes Sexualsymbol, in Süditalien heute noch zur Abwehr des bösen Blicks gebräuchlich. Die Leiche war mit einem Stein beschwert worden, der später vom Körper rutschte.

Im Todeskampf abgewälzt, wie gemutmaßt wurde? Das wohl kaum, denn ein Mensch im Todeskampf wird nicht die ihm aufgezwungene Geste der »Feige« machen oder beibehalten. Wahrscheinlicher ist, daß die Vierzehnjährige schon tot war, der Verwesungsprozeß den Stein abrutschen ließ und den Körper (ursprünglich mit dem Gesicht nach unten) so drehen ließ, daß er auf den Rücken und über dem Stein zu liegen kam.

Das Mädchen vom Domlandsmoor hat einige Fragen unter den Wissenschaftlern aufgeworfen. War sie eine Ehebrecherin, worauf die Geste der »Feige« deuten könnte? Tacitus erwähnt den Tod im Moor nicht als Strafe für Ehebruch, wohl aber kennt ihn das Mittelalter. Der Römer weiß nur vom Abscheren des Kopfhaares und von der Auspeitschung zu berichten. Daß nur fünf Meter entfernt von der weiblichen Leiche der Körper eines Mannes gefunden wurde, legte den Schluß nahe, beide könnten etwas miteinander zu tun haben, aber dafür gibt es keine Beweise. Außerdem wurden männliche Ehebrecher – gemäß patriarchalischer Rechtsprechung – für gewöhnlich glimpflicher behandelt als weibliche.

Nicht die Leiche des Mädchens, über der nur ein gebrochener Stab lag als Symbol des Urteils (»über jemanden den Stab brechen«, bis in die Neuzeit hinein beim Richtspruch üblich), wohl aber die des Mannes war im Moorboden befestigt durch schräg in den Grund getriebene Pfähle. Damit sollte nicht so sehr das Hochtreiben der Leiche verhindert werden als dessen »Wiedergängertum« als Toter. Der Kinobesucher von heute kennt die

Wiedergänger – also Tote, die auf die Erde zurückkehren können – unter dem Namen Vampire, denen am sichersten durch Pfählung beizukommen ist. Nichts anderes als eben dieser Glaube lag dem vielerorts geübten Brauch zugrunde, Moorleichen durch zugespitzte Pfähle (aber nie durch den Körper des Toten getrieben, wie beim Vampirglauben) an der Wiederkehr zu hindern.

Das Zusammenknebeln der Augenbinde war eine ganz bewußt dem Opfer zugefügte Grausamkeit; Mißhandlung vor der Hinrichtung hat sich viele Jahrhunderte lang – besonders im germanisch geprägten Strafvollzug – gehalten. In welcher Scheußlichkeit, offenbarte die im September 1959 gefundene Leiches eines Mannes in einem Moor bei Dätgen (zwischen Neumünster und Rendsburg in Schleswig-Holstein). Auch sie war durch Holzpfähle kreuzweise auf dem Grund befestigt. Der Tote – er trug übrigens gleichfalls den »Suebenknoten« – war etwa 30 Jahre alt. Seine Hinrichtung hatte gegen 170 v. Chr. (± 35 Jahre) stattgefunden. Die gepflegten Finger- und Zehennägel wiesen ihn als Angehörigen einer höheren Klasse aus. Sein Körper war schauerlich zugerichtet: überall Stiche, Schläge und Knochenzertrümmerungen im Bereich von Brust, Becken und Wirbelsäule, die Genitalien abgeschnitten. Der Tod muß durch einen Stich ins Herz erfolgt sein, anschließend wurde der Tote enthauptet. Möglicherweise – und die Ergebnisse der Obduktion lassen diese tröstliche Vermutung zu – ist das Opfer erst nach dem Herzstich so mißhandelt worden, zumal solche Leichenschändungen nichts Ungewöhnliches waren.

Das 1,70 Meter große Opfer hatte vor seiner Hinrichtung – sie erfolgte offenbar in der Nähe seines Bestattungsortes, wobei man den Delinquenten (wie das Mädchen vom Domlandsmoor) zu seiner Diffamierung nackt auszog – noch eine Henkersmahlzeit erhalten, deren Reste sich in Magen und Darm exakt nachweisen und analysieren ließen. »Die im Magen vorhandene Speise stammt von einer aus Hirse und Weizen zubereiteten Nahrung, Cervidenhaare (Hirsch- oder Rehhaare) weisen auf Reste von verzehrtem Fleisch hin. Fleischfasern werden erfahrungsgemäß rasch zerstört, während das Keratin der Haare schwer zersetzbar ist. Im Dünndarm fanden sich Weizenfruchtfragmente, während Hirse fehlte, und im Enddarm herrschte wieder Kolbenhirse vor. Im ganzen drückt sich eine gewisse

Reihenfolge der Speiseaufnahme aus. Zu erwähnen wäre, daß sich zwischen den Speiseresten geringe Mengen von Unkräutern wie Ackerspörgel, Knöterich, Gänsefuß und Hederich befanden, ferner zahlreiche Quarzsandkörnchen. Das ist bei der damaligen Form der Kultivierung und Ernte von Hirse und Weizen nebst der primitiven Art der Aufbereitung nicht verwunderlich« (K. W. Struve).

Handelte es sich bei den hier beschriebenen Funden durchweg

Rekonstruktion des Kleides der Moorleiche von Peiting (Vorderseite – Rückseite) (Quelle: Textilmuseum Neumünster)

um klar erkennbare Opfer von Hinrichtungen, so gab eine Entdeckung in Süddeutschland den Archäologen ganz anders geartete Probleme auf.

Am 23. Juli 1957 stieß ein Bagger beim Torfabbau im »Schwarzer Laich« genannten Moor fünf Kilometer außerhalb von Peiting (Bayern) gegen eine Holzkiste von zwei Metern Länge und einem halben Meter Breite, verschlossen mit einer durch Holzdübel befestigten Bohle. Die Kiste enthielt die Leiche einer etwa zwanzig- bis fünfundzwanzigjährigen Frau von nur 1,52 Metern Größe, deren auffallendstes Merkmal zwei große Lederstiefel waren, die ihre Beine bedeckten. Sie trug ein Kleid aus Schafwolle und Leinenunterzeug.

An allen vier Ecken des Sarges hatte man Stricke mit Steinen befestigt, die den Sarg auf dem Moorgrund festhalten sollten. Da sich aber die Steine an den Stricken beim Kopfende gelöst hatten, war der Sarg mit der Kopfseite der Toten nach oben gestiegen, so daß die den Leichnam konservierende Moorlohe den Kopf und die Unterarme nicht mehr bedeckte und skelettiert hatte. Der übrige Körper aber war so gut erhalten, daß die mit der Obduktion befaßten Anatomen äußerst präzise Analysen liefern konnten.

Die Leiche war von kräftigem Körperbau mit breitem Becken und gut entwickelten Fettpolstern. Äußere Verletzungen, die zum Tode hätten führen können, waren nicht erkennbar. Wohl aber ließ die Beschaffenheit von Bauchdecke, Scheidengewölbe und Gebärmutter deutlich erkennen, daß die junge Frau kurz vor ihrem Tode geboren haben mußte. In den Lymphknoten der Lungenwurzel befand sich schwarzes Kohlepigment, das von offenem Herdfeuer herrührte. Ungewöhnlich gut erhalten wie bei keiner anderen Moorleiche war das Herz, »als sei die Tote erst vor zwei oder drei Tagen gestorben«, wie die obduzierenden Ärzte staunend feststellten. Giftspuren ließen sich nicht nachweisen. Das vorzüglich erhaltene Gehirn entsprach völlig unserem heutigen. Da sowohl der Magen wie der obere Dünndarm leer waren, hatte die Frau offenbar sechs bis acht Stunden vor ihrem Tode keine Nahrung mehr zu sich genommen. Vermutlich ist sie während oder kurz nach der Geburt gestorben, die eigentliche Ursache konnte die Obduktion nicht ermitteln. Wohl aber dies: Die junge Frau, die nicht älter als 25 Jahre gewesen sein kann, hatte einige Jahre vor ihrem Tode eine Lungenentzündung und auch eine Entzündung des Dickdarms durchgemacht. Das Gebiß war lückenhaft und kariös.

Besonders auffällig waren die ganz neuen großen Stiefel der Toten mit einem Schaft aus Ziegenleder und einem Fußoberteil aus Rindsleder, Stiefel, die zu den besterhaltenen Funden ihrer Art in Deutschland überhaupt gehören. Das besondere Interesse galt ihrer Form, die der in Mitteleuropa üblichen nicht entsprach, wohl aber bekannt war von kaukasischen Reitervölkern und aus Südosteuropa (Balkan). Es wird daher vermutet, daß die Familie der Frau aus dem Balkan in Bayern eingewandert war. Aber warum gab man ihr brandneue Stiefel mit ins Grab?

Wenig überzeugend ist die Vermutung von Karl Schlabow: »Wiederum muß der Tod plötzlich eingetreten sein, denn im Krankenlager wird man sich gewiß der Langschäfter entledigen.« Nach dieser Logik müßte die Leiche eines im vollen Ornat bestatteten Erzbischofs gleichfalls darauf schließen lassen, der Tod müsse sehr plötzlich eingetreten sein, denn bei längerem Krankenlager würde der geistliche Herr wohl kaum seine Insignien getragen haben. Selbst bei hastiger Beisetzung – und die mag erfolgt sein, da noch die Späne von den Bohrlöchern der Sargwand im Sarg liegengeblieben waren – dürfte noch allemal Zeit gewesen sein, der Verstorbenen die Stiefel anzuziehen. Schließlich mußte ja auch noch der Sarg gezimmert werden, Zeit genug also, die Tote herzurichten. Zeit genug sogar, ihr völlig neues Schuhwerk anzumessen. Aber warum?

Darüber ist lange gerätselt worden, dann boten Ethnologen eine mögliche Deutung. Nach altem Volksglauben muß eine im Wochenbett verstorbene Wöchnerin noch Wochen nach ihrem Tode nach ihrem Kind sehen, ob es auch gut versorgt sei. Das nötigt die tote Mutter zu langen Fußmärschen, und dazu braucht sie gutes Schuhwerk. So einleuchtend diese Antwort ist, so ungeklärt bleibt die Frage, warum die Tote nicht in geweihter Erde bestattet wurde (man datiert sie nach der C-14-Methode auf die Zeit von 1110 n. Chr. ± 80 Jahre, in eine Zeit also, als der christliche Glaube in Mitteleuropa längst etabliert war), sondern ins Moor versenkt wurde, einem Ort also, wo das Unheimliche und Unerlöste sein Wesen trieb, wie allgemein aus Annette von Droste-Hülshoffs Ballade »Der Knabe im Moor« bekannt.

Gewiß, sie war keine Hingerichtete, denn weder war sie nackt noch ohne Sarg. Auch fehlten die sich überkreuzenden Holzpfähle. Daß ihr Kopfhaar 15 Zentimeter kurz geschnitten war, muß nicht auf Verurteilung deuten. Aber warum das Moor als letzte Ruhestätte? Irgend etwas muß an ihrem Tod (oder ihrer Lebensführung) nicht gültiger Norm entsprochen haben, so daß man sie aussonderte von der Gemeinschaft der Toten. Hatte sie das Kind als Frucht aus einem Ehebruch oder einer sonst als sittenwidrig geltenden Verbindung zur Welt gebracht? (Eine uneheliche Geburt scheint mir als Grund auszuscheiden, denn die Diffamierung des unehelichen Kindes setzte erst viel später ein und galt auch nur in der Stadt.) Oder war die junge Frau – möglicherweise als Eingewanderte aus südosteuropäischer Sippe – gar nicht getauft? Und galt damit als verachtete Heidin? Möglich, daß die Archäologie aufgrund neuer Funde hier eine schlüssige Antwort einmal wird liefern können.

Mit der Frau von Peiting haben wir das frühe Mittelalter bereits verlassen und nähern uns mit dem letzten Kapitel auch einem ganz neuen Kapitel der Archäologie: der Erforschung des Hoch- und Spätmittelalters.

Die Archäologie
entdeckt das Mittelalter

Kaum hatten sich im 8. Jahrhundert endlich die Verhältnisse in Mitteleuropa zu konsolidieren begonnen – aus dem Frankenstaat Chlodwigs war inzwischen das riesige Imperium Karls des Großen geworden –, da gab es neue Unruhe: Erstmals meldeten sich die Völker Skandinaviens in der politischen Szenerie. Sie taten es auf höchst drastische Weise, indem sie 773 mit einer Flotte das Kloster der Insel Lindesfarne vor der englischen Küste überfielen, plünderten und niederbrannten. Man nannte die Piraten Wikinger, und dieser Name wurde in Kürze zu einem Schreckenswort in ganz Europa. Die Überfälle rund um England und Irland nahmen immer schneller zu, und dann war das europäische Festland an der Reihe: 799 fielen die Wikinger in Aquitanien ein. Noch ärger wurde es im folgenden Jahrhundert, vor allem nach 840, als nach dem Tod Ludwigs des Frommen das Frankenreich zu sehr mit seinen internen Auseinandersetzungen beschäftigt war, um eine wirksame Verteidigungspolitik betreiben zu können. Längst waren es nicht mehr allein Inseln oder Küstenstriche, die von den Wikingern bedroht wurden; die Männer mit ihren berühmt gewordenen Drachenbooten brandschatzten nun auch schon die großen Städte im Innern des Landes: 841 Rouen, 845 Paris und Hamburg, 882 Köln, Bonn, Neuß und Trier.

Aber diese Raubzüge – unternommen auf den besten und schnellsten Schiffen, die damals überhaupt gebaut wurden, und ausgeführt von militärisch erstklassig ausgebildeten Kriegern – waren nur die eine Seite der Wikingerherrschaft Skandinaviens, wo sich erst allmählich die Königreiche Norwegen, Schweden und Dänemark entwickelten.

Die andere war: Die Wikinger, deren Schiffe bis nach Grönland und Amerika vorstießen, waren zugleich auch hervorragende Kaufleute und nicht nur Städtezerstörer, sondern auch Städtegründer. Sie schufen neue Handelsverbindungen und mit ihnen auch neue Plätze, über die ein Handel abgewickelt werden konnte, der vom Süden Europas bis nach Skandinavien und Rußland reichte und sich auch in den Orient erstreckte, denn arabische Schriften erwähnten in der Mitte des 10. Jahrhunderts einen Siedlungsplatz Schleswig, damals identisch mit Haithabu (dänisch Hedeby) an der Ostsee.

Haithabu, unmittelbar südlich vor den Toren Schleswigs gelegen, ist längst vergangen und nur noch eine archäologische Ortsbezeichnung. Wann Haithabu gegründet wurde, wissen wir nicht. Der Name wird erstmals 804 erwähnt, der früheste dendrochronologisch datierte Fund stammt aus dem Jahr 787. Der Ort umfaßte am Ende des 10. Jahrhunderts ein 24 Hektar großes Areal an der innersten Schlei, im Osten vom Wasser geschützt, auf den anderen Seiten durch einen heute noch erhaltenen, bis zu zehn Meter hohen halbkreisförmigen Holz-Erde-Wall, dem ein gestaffeltes Grabensystem vorgelagert war.

Archäologisch begann man sich um die Jahrhundertwende für Haithabu zu interessieren, und die erste Phase der Erforschung ging bis 1939, als der Krieg die Arbeit unterbrach. Sie wurde 1963 wiederaufgenommen und in einer weiteren Grabungskampagne bis 1969 weitergeführt. Seither sind die Archäologen mit der wissenschaftlichen Auswertung des Fundmaterials beschäftigt. Bisher sind zwar erst fünf Prozent von Haithabu systematisch archäologisch erforscht worden, aber dennoch läßt sich schon jetzt ein ziemlich genaues Bild vom Aussehen dieses Ortes gewinnen, der nach den bekannten Daten vom 9. bis in die Mitte des 11. Jahrhunderts der größte Handelsplatz des Nordens gewesen ist.

Das ließ das äußere Erscheinungsbild Haithabus schwerlich vermuten. Mitten durch die Siedlung lief ein Bach mit Uferbefestigung, und zu diesem Bach hin bildeten die Häuserzeilen entweder zulaufende Achsen, oder sie waren parallel zu ihm geführt. Das verrät eine der Besiedlung vorausgegangene Gesamtplanung, und die Grabungen haben ergeben, daß alle Siedlungsschichten in den 250 Jahren, in denen Haithabu existierte, sich an den vorgegebenen Baufluchten orientiert haben, wozu allerdings auch die räumliche Enge des Platzes nötigte.

Die Bebauung bestand durchweg aus ebenerdigen Holzhäusern von schlichtem Aussehen, aber verschiedener Größe. Die meisten waren vier Meter lang und drei Meter breit, das größte bisher gefundene maß 17,50 Meter in der Länge und sieben Meter in der Breite. Im Typus aber waren sie gleich: Sie bestanden aus einer Halle ohne tragende Innenpfosten, das Dach wurde also von den Außenwänden gestützt, die aus Spaltbohlen bestanden und in ihren tragenden Elementen aus Eichenholz gefertigt waren. Für die Zwischenwände wurde Flechtwerk benutzt. In der Mitte lag zumeist eine ovale Herdstelle, deren Rauch durch das Dach abzog; Fenster kannte man in der Regel nicht. Das Innere muß man sich demnach dunkel und rauchig vorstellen, nur vom Herdfeuer spärlich beleuchtet.

Die Grundstücke, auf denen diese Häuser lagen, waren entsprechend der allgemeinen Beengtheit sehr klein und von Holzzäunen umfriedet. Gräben gab es nicht, Platz war lediglich für Stallungen oder Wirtschaftsbauten.

Die Grabfunde zeigen (die Leute von Haithabu bestatteten ihre Toten auf zwei Friedhöfen innerhalb und außerhalb der Umwallung), daß wir uns die Bewohner keineswegs als jene hünenhaften Recken vorzustellen haben, wie sie uns in populären Bildern und Filmen vorgeführt werden. Ihre Durchschnittsgröße lag bei 1,65 Metern, ihre Lebenserwartung zwischen 30 und 40 Jahren. Die Einwohnerzahl Haithabus kennen wir nicht. Nach vorsichtigen Schätzungen dürften es zeitweise etwa 800 bis 1000 Menschen gewesen sein, die hier Handel und Handwerk betrieben.

Waren sie Christen? Zum Teil gewiß, denn im Jahre 849 kam Ansgar, der Erzbischof von Hamburg-Bremen, nach Haithabu und gründete eine Kirche. Ansgar, der große Heidenmissionar des Nordens, dürfte mit etwas gemischten Gefühlen hier erschienen sein, denn die Wikinger hatten ihm erst vier Jahre zuvor seine Hamburger Bischofsburg eingeäschert, worauf der Kirchenfürst seinen Amtssitz nach Bremen verlegte.

In den Handwerksbetrieben des Ortes wurde viel Metall verarbeitet, und die Konzentrierung von Schlackenresten an ganz bestimmten Stellen zeigt, daß die Produktionsstätten, in denen man Bronzeguß und Eisenverhüttung betrieb, in eigenen Vierteln lagen. Hier wurden vor allem kunstgewerbliche Erzeugnisse hergestellt, Fibeln und Spangen, vielfach in kunstvoller Filigranarbeit.

Daneben gab es eine Keramik- und Textilproduktion, und Abfallmaterial aus Hirschgeweih verweist auf eine andere Spezialität des heimischen Handwerks, nämlich die Verfertigung von Kämmen, Nadeln, Messergriffen, Würfeln und Spielsteinen. Importierter Bernstein wurde zu Perlen und Anhängern verarbeitet.

Sogar Ansätze zur Glasproduktion gab es, vermutlich aber nur für Glasperlen, denn gerade Glaswaren bezog man aus dem Rheinland, das auch Keramik nach Haithabu lieferte, wobei sich Badorf bei Bonn als Hauptlieferant erwies. Allerdings ist nicht sicher, ob es sich bei den Importen nur um Behälter handelte oder um einen ausgeprägten Geschirrhandel. Aber auch Norwegen lieferte Keramik (sie ist außer in Haithabu im 9. Jahrhundert auch sonst in Nordwestdeutschland nachgewiesen worden) und Töpfe aus Speckstein. Vom Oberrhein ließ man sich den Wein kommen und vermutlich aus Süddeutschland Walnüsse, die damals im Norden noch nicht geerntet wurden. Das Frankenreich lieferte Waffen, und aus Friesland kamen Tuche und das vielbegehrte Salz.

Einen wichtigen Faktor für Haithabu als Umschlagplatz stellte der Pelzhandel dar und nicht zuletzt der Sklavenhandel. Denn so wie die Hallstattzeitleute in Süddeutschland im ersten Jahrtausend v. Chr. lieferten auch die Wikinger hochwertige Arbeitskräfte als Exportartikel an den Südwesten, um es einmal salopp auszudrücken, wobei daran zu erinnern ist, daß die Kirche jahrhundertelang gegen Sklaverei und Sklavenhandel nicht das mindeste einzuwenden hatte, wenigstens nicht, wenn es sich um Heiden handelte, obwohl die Wikinger auch christliche Sklaven verhökerten, Opfer ihrer Raubzüge. Immerhin hat aber Erzbischof Ansgar manchen dieser bedauernswerten Menschen loskaufen können, und sein Nachfolger Rimbert hat versucht, gegen den Sklavenhandel überhaupt vorzugehen, aber das waren Ausnahmen.

Bezahlt wurden die Importe Haithabus keineswegs nur mit Fertigprodukten, sondern auch mit Silbergeld, das etwa Mitte des 10. Jahrhunderts in Haithabu selbst geprägt wurde. Man nennt diese Münzen Brakteaten oder, wenn nur eine Seite mit einer Prägung versehen wurde, Halb-Brakteaten. Das Silber dazu stammte vermutlich aus eingeschmolzenen arabischen Münzen, denn Silber wurde damals noch nicht in Deutschland, jedenfalls nicht in Norddeutschland, gewonnen. Arabisches Silbergeld hingegen war die gängige Währung bei den Wikingern, denn der Orient galt damals überhaupt als führender Silberlieferant. Lange wurde allerdings in Haithabu nicht Geld geprägt, offenbar nicht mehr nach 990. Damals gehörte Haithabu zum Königreich Dänemark. Vorher – etwa von 890 bis 934 – hatte der Ort unter der Herrschaft einer schwedischen Wikingerdynastie gestanden, dann – bis 983 – war er Bestandteil des deutschen Kaiserreichs gewesen.

Der Hafen Haithabus lag im Haddebyer Noor, dessen flaches Wasser aber für den geringen Tiefgang der Schiffe noch ausreichte. Der Hafen war vor Überfällen durch einen ins Wasser gerammten Palisadenhalbkreis geschützt, den Taucher durch einen Zufall im Sommer 1953 entdeckten. Er sollte den Ort vor einem Überraschungsangriff sichern.

Die Taucher fanden neben den Palisaden damals auf dem Grund des Hafens auch die Überreste eines Schiffes, das Brandspuren aufwies. Man vermutet heute, daß dieses Schiff bei einem Angriff in Brand geschossen wurde und unterging. Mehr wird man wissen (auch die zeitliche Einordnung), wenn dieses Schiff einmal gehoben sein wird, ein Unternehmen, an dessen Vorbereitung schon seit Jahren gearbeitet wird. Überaus aufwendige Konstruktionen hat man sich dafür erdacht.

Das Schiff liegt tief im Uferschlamm, fünf Meter unter der Wasseroberfläche, wobei zu sagen ist, daß der Meeresspiegel seit damals um ein bis anderthalb Meter gestiegen ist. Zur Bergung – dies ist der augenblickliche Stand, aber die technische Vorbereitung ist noch umstritten – soll eine ganze Tauchkammer über das Schiff abgesenkt werden, die das Schiff samt seinem Untergrund (der ja möglicherweise wertvolle Fundstücke enthält) auf eine schwimmende Bergungsplattform hochhebt. Anschließend wird das Wrack zerlegt und in eine eigene Konservierungswerkstatt gebracht. Diesem Aufwand entsprechen denn auch die auf 5,5 Millionen Mark geschätzten Kosten. Für das Jahr 1978 ist die gründliche Untersuchung des Hafens von Haithabu vorgesehen, für 1979 dann die Schiffsbergung, die in der Rekordzeit von nur vier Wochen bewältigt werden soll.

Die Bewohner von Haithabu haben aber nicht allein vom Im- und Export gelebt, denn der Handel brachte zwar Geld und Rohstoffe, doch reichte dies nicht aus für den täglichen Lebensunterhalt. Den erwarb man durch Ackerbau und Viehzucht.

Bis unmittelbar an die Siedlung reichte der Anbau der Gerste. Daneben erntete man Roggen, Hafer und ein wenig auch Weizen. An Obst kannte man nur Apfel und Pflaume; wollte man den Küchenzettel darüber hinaus variieren, so sammelte man Beeren und Haselnüsse. Bau- und Brennholz lieferten die Buchen- und Eichenwälder der weiteren Umgebung.

Besonders gut sind wir über die Viehhaltung Haithabus informiert. Die verschiedenen Grabungen haben etwa 300 000 Tierknochenreste ans Licht geholt, die im Lauf der Jahre exakt analysiert werden konnten. Während sonst archäologische Tierknochenfunde zur Untersuchung an fremde Institute abgegeben werden, hat man auf dem Gelände von Schloß Gottorf in Schleswig eine eigene archäo-zoologische Arbeitsgruppe eingerichtet, in der Haustierkundler der Universität Kiel die Knochenfunde präparieren, ordnen und analysieren. Während das reiche Knochenfundmaterial der Heuneburg erst zu einem vergleichsweise geringen Teil ausgewertet worden ist, arbeitet hier ein eigenes Unternehmen zum einen ausschließlich für die Haithabu-Funde, zum anderen wird hier aber auch Knochenmaterial aus anderen archäologischen Arbeiten untersucht, zum Teil sogar aus dem Ausland. Dieses Unternehmen zu besichtigen ist auch für den Laien höchst eindrucksvoll. Nicht nur, daß hier jedes Knöchelchen identifiziert werden kann: Die reiche Ausbeute ermöglicht es auch, Auskünfte zu geben über die Veränderung durch Züchtung oder durch Krankheit, über das Alter schlechthin, aber auch über das Alter zum Zeitpunkt des Schlachtens und über das Vorkommen der Arten. Diese Tätigkeit zu beschreiben, müßte den Rahmen des Buches sprengen, deswegen sollen hier nur einige Ergebnisse genannt werden, die uns Einblick geben in die Viehhaltung Haithabus.

Wie bei den schon beschriebenen Fundplätzen von der Heuneburg und vom Oppidum von Manching gilt auch für Haithabu: Das Wild hat für den Verzehr an Fleisch die geringste Rolle gespielt; nur 0,3 Prozent aller Knochenfunde stammen von Wildtieren. Wie fast immer ist auch hier das Rind mit etwa 50 Prozent der Hauptlieferant für Fleisch gewesen, was wegen der Milcherzeugung auch nicht weiter überrascht. An zweiter Stelle steht das Hausschwein mit etwa 35 Prozent, dann folgen Schaf und Ziege mit etwa 15 Prozent. Pferde kommen selten vor und in keinem Fall als Nahrungsmittel. Auch Hunde sind selten; anders aber als beim Fundplatz Feddersen Wierde hat in Haithabu in Ausnahmefällen auch einmal ein Hundebraten die Speisekarte bereichert. An Geflügel gab es Hühner und Gänse; außerdem natürlich eine Vielzahl von Fischen, was bei einer Hafenstadt nicht überrascht. Fischreste sind, was naheliegt, im Boden besonders schwer auszumachen, um so eindrucksvoller ist, wie in diesem Institut aus winzigen Resten erschlossen wird, welche Fischarten damals vorkamen und gefangen wurden. Neu unter den archäologischen Knochenfunden sind Skelettreste von Hauskatzen. Die Katze kam nämlich erst mit den Römern nach Mitteleuropa und konnte z. B. in Feddersen Wierde nicht nachgewiesen werden. Dem Verzehr aber hat die *felis domestica* in Haithabu nicht gedient.

Auch bei diesen Haustieren ließ sich einwandfrei nachweisen, daß sie wesentlich kleiner waren als heute. So erreichten Pferde eine Widerristhöhe von maximal 1,42 Metern (Feddersen Wierde: 1,38), Rinder von 1,10 Metern (wie Feddersen Wierde) und Schweine bis zu 0,70 Meter. Das bedeutet, daß sich in den etwa fünfhundert Jahren, die zwischen Feddersen Wierde und Haithabu liegen, in den Größen der Tiere so gut wie nichts verändert hat, was sich beim Schwein – darauf wurde schon hingewiesen – auch in Abbildungen aus der Renaissance etwa ohne weiteres erkennen läßt. Die Größe unserer heutigen Haustiere, die erheblich gesteigert wurde, ist, wie gleichfalls schon gesagt wurde, das Ergebnis züchterischer Bemühungen. Nur beim Pferd setzt – aus naheliegenden Gründen – der Prozeß der Veredelung wesentlich früher ein. Daß wir in Haithabu eine so immense Vielfalt an Knochenfunden besitzen, hat einen einfachen Grund: Tierknochen dienten hier zur Schotterung der Wege.

Wann das Ende von Haithabu kam, ist bis heute noch nicht ganz sicher geklärt. Die bisher jüngsten dendrochronologisch datierten Funde stammen von 1020. Dreißig Jahre später überfiel König Harald der Harte von Norwegen den Ort und ließ ihn niederbrennen; 1066 kamen ein zweites Mal Eroberer, diesmal Wenden, die zerstörten, was jetzt noch zu zerstören übriggeblieben war.

Aber es spricht doch einiges dafür, daß die Verwüstungen von 1050 und 1066 nicht der eigentliche Anlaß dafür waren, daß das einst so berühmte Haithabu aus der Geschichte verschwand. Denn ein intaktes, wirtschaftlich florierendes Gemeinwesen übersteht auch mehrfache Zerstörungen. Eine wichtige Ursache lag wohl in der Beschaffenheit des Hafens, dessen flaches Gewässer ungeeignet war für den jetzt sich neu entwickelnden Schiffstyp von größeren Dimensionen und vor allem größerem Tiefgang.

Das Erbe Haithabus trat die auf dem gegenüberliegenden nördlichen Schlei-Ufer befindliche Nachbarsiedlung Schleswig an, in die offenbar auch viele Bewohner Haithabus jetzt übersiedelten. In einer Chronik, um das Jahr 960 aufgezeichnet, wird gesagt, was bei den Dänen »Haithaby« genannt werde, heiße bei den Sachsen »Slesuuic.«

Gegenüber Haithabu hatte Schleswig dank seiner Topographie den Vorteil, wesentlich besser verteidigt werden zu können. Vor allem aber: Schleswig baute sich einen Hafen, der den damaligen Erfordernissen vollauf entsprach und dessen Anlage und Aussehen erst die von 1970 bis 1977 vorgenommenen Ausgrabungen deutlich gemacht haben. Die dabei in großem Maße gefundenen Holzreste ließen nun auch eine exakte Datierung zu.

Ehe die archäologische Untersuchung begann, war man sich noch nicht klar, wo der alte Hafen zu suchen sei; man vermutete ihn zunächst im Holmer Noor, dessen Lage dem Hafen Haithabus ähnelte. Die Grabungen aber zeigten, daß man den mittelalterlichen Hafen an ganz anderer Stelle zu suchen hatte, wofür die Kirche St. Nikolai ein Indiz zu sein schien. Diese Kirche, erstmals 1196 bezeugt und nach der Reformation abgebrochen, ließ sich in ihrer ältesten Gestalt – aufgrund des archäologischen Befundes – in die 2. Hälfte des 11. Jahrhunderts datieren. Da der heilige Nikolaus seit dem Ende des 11. Jahrhunderts als Schutzpatron der Kaufleute gilt, lag es nahe, im Bereich dieser Kirche die Siedlung der Fernhandelskaufleute zu vermuten, und da diese in Hafennähe gelegen sein mußte, sprach wenig für das weiterabgelegene Holmer Noor.

Die Grabungen bestätigten diese Vermutung. Aus ihnen ging deutlich hervor, daß damals – im 11. Jahrhundert – das nördliche Ufer der Schlei bis zu 130 Meter weiter nördlich verlief als heute. Das Ufer war flach und nach Norden ansteigend, und hier lag eine aus Holzhäusern bestehende Siedlung, die mit Faschinen gegen Hochwasser gesichert war. An dieser Stelle wurde zunächst eine Spundwand aus Eichenholz errichtet und später noch zwei weitere, die ins Wasser getrieben wurden, zehn Meter vom Ufer entfernt. Nach der Trockenlegung des von ihnen umschlossenen Areals und dessen Auffüllung war jetzt eine Kaianlage entstanden, und die dabei verwendeten Eichenbohlen liefern uns auch das Datum: 1087.

Der Bau dieser ersten Kaianlage hing eng zusammen mit der schon erwähnten Wandlung des Schiffstyps. Zur Blütezeit Haithabus war der mittelalterliche Hafen vermutlich zumeist ein flacher Strand, auf den die Schiffe zum Entladen gezogen wurden. Bald nach dem Jahr 1000 aber wurden die Schiffe größer: »Durch die zunehmende Rolle der Städte im Wirtschaftsgefüge wuchs auch der Bedarf an Frachtraum und damit die Größe der Schiffe, was für die Organisation der Schiffahrt tiefgreifende Folgen nach sich zog. Noch die ozeantüchtigen Handelsschiffe und die Kriegsflotten der Wikinger wurden auf den küstennahen Bauernhöfen Skandinaviens gebaut. Die weitere Größensteigerung der Schiffe spaltete den Schiffbau in zwei verschiedene Entwicklungszweige: Der Bau der großen Handelsschiffe, wie etwa der Hansekogge, war fortan bis heute Sache der Hafenstädte« (Detlev Ellmers).

Die neuen großen Handelsschiffe – eben die Koggen – konnten also nicht mehr auf den Strand gezogen werden, sie wurden – im Wasser schwimmend – gelöscht und beladen. Und dazu brauchten die Häfen jetzt Kais, Landebrücken und Molen. Häfen, die diese Einrichtungen nicht besaßen, waren sehr bald nicht mehr konkurrenzfähig.

Nach den bisherigen Ausgrabungen ließen sich im mittelalterlichen Hafen Schleswigs sechs Kaianlagen nachweisen; zu der ältesten von 1087 gehörte auch eine neun Meter breite Landebrücke, die etwa 13 Meter ins Wasser hinausragte. Die weiteren Anlagen entstanden bis 1095, der Hafen war also schon innerhalb von acht Jahren mehrfach vergrößert worden.

Am nördlichen Schlei-Ufer begrenzte jetzt die Hafenanlage die am Hang gelegene Siedlung, und in dem Maße, in dem sich diese Anlage durch die Konstruktion neuer Kais allmählich südlich vorschob, rückte auch die Besiedlung nach. Den Zeitpunkt dieser Besiedlung bezeugen drei silberne Denare, die im Bereich von St. Nikolai gefunden wurden: Der eine stammt vermutlich aus dem Jahre 1051, die beiden anderen sind mit 1065 zu datieren; alle drei Münzen wurden also genau zwischen den beiden Daten der Zerstörung Haithabus geprägt: 1050 und 1066.

Während die Trümmer Haithabus allmählich zerfielen und von Erdreich und Vegetation bedeckt wurden, nahm die Nachfolgerin Schleswig einen bedeutenden wirtschaftlichen Aufschwung dank ihres modernen Hafens, dessen Anlagen die ältesten (bisher ausgegrabenen) mittelalterlichen in Nordeuropa sind.

Schon 1196 zählt eine Urkunde sieben Kirchen der Stadt, von denen zwei – St. Nikolai und der Dom St. Peter (1134 zuerst genannt) – noch aus dem 11. Jahrhundert stammen, St. Trinitatis vermutlich aus der ersten Hälfte des 12. Jahrhunderts.

Eine weitere Kirche – St. Michael – lag vor den Toren der Stadt, nicht Pfarrkirche wie die anderen, sondern Kirche des Benediktinerklosters St. Michael, das 1192 aufgelöst wurde. Sie wurde im Lauf der Jahrhunderte mit Anbauten versehen, stürzte 1870 ein und wurde dann durch einen neogotischen Bau ersetzt. Als dieser 1972 abgebrochen wurde, konnte der Baugrund archäologisch erforscht werden. Der erste Bau – eine kleine runde Kapelle – hat möglicherweise zu einem in unmittelbarer Nähe gelegenen Königshof gehört (der selbst aber bisher archäologisch nicht nachgewiesen werden konnte) und kam im 11. oder im 12. Jahrhundert an die Benediktiner, die für ihre Zwecke die Rotunde erweiterten und mit einer Empore versahen.

Schon der Reichtum an Kirchen, der Bischofssitz (= Dom) und das Vorhandensein eines Königshofs beweisen die Bedeutung Schleswigs. »Ausgestattet mit den Kennzeichen einer ausgebildeten mittelalterlichen Stadt – Stadtrecht, Umwallung, Markt, hoheitliche Rechte ausübende Schwurgilde der Fernhandelskaufleute, geistliches und profanes Herrschaftszentrum –, tritt Schleswig um die Mitte des 12. Jahrhunderts als erster nordöstlicher Ableger des niederrheinischen Städtetums in die Geschichte: Es ist die älteste Stadt des gesamten Ostseeraums. Aus dieser seiner prototypischen Stellung, in der sich die frühstädtische Siedlungsorganisation gemäß den gewandelten wirtschaftspolitischen Erfordernissen der Zeit zu einer vorhansischen Struktur verdichtet hat, rührt das Interesse an allen Fragen seines topographischen, wirtschaftlichen und sozialen Gefüges« (Christian Radtke).

Den Charakter und die Geschicke Schleswigs bestimmten natürlich die Fernhandelskaufleute, der Im- und Export würden wir heute sagen. Welche Bedeutung dieser Berufsgruppe zukam, beweist der Umstand, daß Knud Laward – seit 1115 Präfekt des dänischen Königs in Schleswig bis zu seiner Ermordung 1131 – der Kaufmannsgilde als Äldermann angehörte.

Neben der Kaufmannschaft gab es, wie in Haithabu, die Produktionsstätten der Handwerker. Hier wurden Gewebe, Eisenwaren und Keramik hergestellt und Geweihe und Knochen verarbeitet; allein über 800 Kämme wurden bisher gefunden. Auch die Lederverarbeitung – Schuhe, Taschen, Gürtel und Messerscheiden – hat eine Rolle gespielt; daß ihre Produkte nach so vielen Jahrhunderten in zum Teil ungewöhnlich gutem Erhaltungszustand geborgen werden konnten, lag zum einen am hohen Grundwasserspiegel, zum andern an den Dungschichten, denn beide schlossen die Gegenstände luftdicht ab. Der Dung entstammte der Kleinviehhaltung, die im Mittelalter auch in den Stadtzentren selbstverständlich war, ja in deutschen Kleinstädten gab es sie sogar bis in unser Jahrhundert hinein.

Die Grundstücke waren klein und durch Flechtzäune voneinander getrennt. »Querzäune scheiden mitunter Haus- und Hofgelände oder trennen einen kleinen Garten ab. Ein Bohlen- oder Bretterweg führt zwischen Zaun und Haus in den rückwärtigen Teil des Grundstücks. Von den Wohn- und Werkstattgebäuden selber ist in der Regel nur wenig erhalten, Ställe hingegen sind mitunter im ganzen Grundriß zu erfassen. Die Erklärung hierfür liegt in der Enge der spätmittelalterlichen Grundstücke. Sie wurden beim Hausbau maximal genutzt, d. h., man hat beim Neubau eines Hausbau die nicht abgebrannten, störenden Teile, auch eingegrabene Pfosten des Vorgängerhauses, entfernt, um an gleicher Stelle die neue Konstruktion zu errichten. So bleiben fast ausschließlich die Herdstellen und Backöfen als Zeugen eines Hauses im Boden zurück. Anders bei Stallgebäuden, in denen der nicht auf das Stadtfeld gebrachte Dung oft eine respektable Höhe erreicht hatte, als Brand oder Verfall das Gebäude vernichteten. Die zu diesem Zeitpunkt schon im Mist verborgenen unteren Wandpartien sind dann häufig erhalten geblieben« (Volker Vogel).

Der spätmittelalterliche Stadtkern – das haben die Ausgrabungen erst nachweisen können – war nicht identisch mit dem Zentrum der Besiedlung des 11. Jahrhunderts, als die Hafenanlagen entstanden. Wirtschaftlich-politische Gründe führten noch während des Mittelalters zu einer Umparzellierung und damit zu einer anderen Ausrichtung der Stadt.

»Der schon erwähnte relativ gute Erhaltungszustand der unteren Gebäudepartien der älteren Topographie findet sicher einer Erklärung in dem teilweise bis zu einem halben Meter starken Bodenauftrag, der diese Häuser überlagert und von der nächstjüngeren Bebauung trennt. Diese Einfüllung scheint im Zusammenhang mit der Umparzellierung eingebracht worden zu sein. So kommt es, daß die Einzelheiten zum Hausbau und zur Bautechnik, die während der Grabungen beobachtet wurden, zum überwiegenden Teil die Gebäude des frühen 12. Jahrhunderts betreffen. Bis auf zwei kleine Grubenhäuser, in den Boden eingetiefte und mit Flechtwänden versehene Ställe, handelt es sich bei Wohn- und Stallgebäuden ausnahmslos um Pfostenbauten mit Schwellbohlenkonstruktion. Eck- und Wandpfosten, meist kantig zugehauen, wurden in den Boden gegraben. Sie halten in senkrechten Nuten die horizontal verlegten Schwellbohlen, die meist ohne Unterlage und weitere Verankerung auf dem Boden aufliegen. In die Nut, die auf der Oberkante der Schwellbohle verläuft, ist die senkrechte Wandverbretterung – oder seltener die Flechtwand – eingelassen. Dieses Grundschema tritt in verschiedenen Variationen auf. In einem Fall deutet der L-förmige Querschnitt der beiden Schwellbohlen an den gegenüberliegenden Langseiten eines Hauses die Möglichkeit einer Fußbodenverbretterung an. In der Regel bestehen die Fußböden aus eingebrachtem Sand. Herdstellen und Backöfen waren in keinem Falle in der Mitte eines Raumes, vielmehr immer an einer der Außenwände oder in einer Hausecke zu finden« (V. Vogel).

Schleswigs Blütezeit war kurz. Gewalttätigkeiten griffen um sich: 1131 wurde Knud Laward, Präfekt des dänischen Königs, ermordet, und 1156 wurde eine Nowgoroder Handelsflotte sogar von königlich-dänischen Truppen überfallen und ausgeplündert, das Übelste, was eine Hafenstadt ihren Handelspartnern antun konnte, und natürlich auch das Dümmste, denn es zerstörte ihr Ansehen und ihre Glaubwürdigkeit. Als dann drei Jahre später, 1158, Heinrich der Löwe Lübeck neu gründete, verlor Schleswig endgültig seine führende Position im Nordosthandel; Lübeck trat schon bald die Nachfolge an.

Die archäologische Erforschung Schleswigs in den Jahren 1970 bis 1977 hat manche Lücke in der schriftlichen Überlieferung der Stadtgeschichte geschlossen; vor allem hat sie ganz neue Erkenntnisse für jene Phase geliefert, in der Schleswig die Nachfolge Haithabus antrat. Mit einiger Sicherheit scheint nun festzustehen, daß nicht nur die gewaltsame zweimalige Zerstörung Haithabus zu dessen Ende führte, sondern auch die technisch-wirtschaftliche Ursache des veränderten Schiff- und damit auch Hafenbaus. Damit erhalten die Ausgrabungen dieser Hafenanlagen auch eine besondere Bedeutung in der Archäologie des Mittelalters. Die Grabungen in Schleswig haben derzeit nur einen vorläufigen Abschluß gefunden, sie werden zu späterer Zeit fortgesetzt.

Auch für die Geschichte Hamburgs – das damals als Hafen noch keine Rolle spielte, er wurde erst 1189 gegründet – konnte die Archäologie einige Zeugnisse liefern, die bei ihrer Entdeckung mit Recht Aufsehen erregten.

Die durch den Bombenkrieg entstandenen Trümmerflächen Hamburgs boten den Archäologen die Möglichkeit, vor dem einsetzenden Wiederaufbau durch Ausgrabungen wichtige Erkenntnisse zur Stadtgeschichte der Hansestadt beizutragen. Durch die Flächenzerstörung in der Innenstadt ließen sich dabei erstmals Grabungen in Stadtteilen vornehmen, wo bisher durch die dichte Bebauung eine archäologische Untersuchung nicht möglich gewesen war. Diese Grabungen, die am 21. Juli 1947 begannen, konnten in einigen Punkten die Stadtgeschichte nicht nur ergänzen, sondern sie zum Teil auch korrigieren, so z. B. die Entstehung der legendären Hammaburg, die der Stadt ihren Namen gab.

Sie war die Keimzelle Hamburgs, und die Stadthistorie hat ihr darum stets besondere Aufmerksamkeit geschenkt. Als ihr Erbauungsjahr wurde 811 n. Chr. vermutet, und 811 wurde so auch zum Geburtsjahr Hamburgs erhoben. Die von 1950 bis 1956 durchgeführte Grabungskampagne kam aber zu anderen Ergebnissen. Sie konzentrierte sich auf jenes Areal, auf dem einmal der 1806 abgerissene Dom und später das Johanneum standen.

Aus der schriftlichen Überlieferung war folgendes bekannt: Der Name der Hammaburg wird vor 830 nicht erwähnt. Als Sitz der Nordalbingier fällt ihr Name 832. Kaiser Ludwig der Fromme gründet 834 das Bistum Hamburg und ernennt Ansgar, den schon erwähnten großen Heidenmissionar und später Heiliggesprochenen, zum Erzbischof. Ihm wird auch das Recht zuerkannt, Münzen zu prägen. Es mag nicht ausgeschlossen sein, daß sich dort, wo sich damals eine Wald- und Heidevegetation erstreckte mit Birken, Erlen und Haselsträuchern (die botanischen Funde ermöglichen diese Angaben), einmal (811?) eine kleine Missionsstation befunden hat. Aber das läßt sich nur vermuten. Nachweisbar ist einzig eine sächsische Besiedlung zwischen 600 und 800 n. Chr., die unplanmäßig angelegt war mit häufig wechselnden Hausstandorten. Diese Siedlung lag auf einem Gebiet, das heute begrenzt wird von Speersort, Schulstraße, Schopenstehl, Kleiner Bäckerstraße und Pelzerstraße.

Die Grabungen haben die Hammaburg auf dem Areal des einstigen Doms einwandfrei nachweisen können. Zum Zeitpunkt ihrer Erbauung schreibt Reinhard Schindler, der damals die Grabungen leitete: »Aus dem Wortlaut der Gründungsurkunde des Bistums Hamburg geht hervor, daß Ansgar seine Missionskirche in die fertige Burg hineingebaut hat. Die Wehranlagen der Hammaburg müssen demzufolge schon vor 834 errichtet worden sein. Da sich aber die Erbauung der Burg über mehrere Jahre erstreckt haben muß, wird mit dem Bau in den zwanziger Jahren des 9. Jahrhunderts begonnen worden sein. – Vergegenwärtigen wir uns von hier aus rückblickend noch einmal die Entwicklung der politischen Verhältnisse seit 811, so erscheint der Bau der Hammaburg als eine sinnvolle Folge der militärischen Sicherungen an der nördlichen Reichsgrenze. Die Hammaburg war nicht nur Bistumssitz für die nordische Mission, sondern gleichzeitig Etappenstation für den sächsischen Grenzwall. Bei der Wahl des Platzes mag auch die Tatsache seiner vorübergehenden slawischen Besetzung mitgesprochen haben.«

Mit einer Grundfläche von 130 × 130 Metern umfaßte die Hammaburg ein Gelände von etwa einem Hektar. Umgeben war sie von einem sechs bis sieben Meter hohen Wall, der an seiner Sohle die respektable Breite von fünfzehn Metern maß. Dieser Wall war außen durch eine mächtige Spaltbohlenwand geschützt, hinter der sich – stufenartig um dreiviertel Meter zurückversetzt – eine zweite Palisadenwand erhob; der Zwischenraum war mit festgestampftem Lehm ausgefüllt. Die Wallbekrönung befestigten Heidesoden. Zum Innern stieg der Wall terrassenförmig herab, zur Wallbekrönung führte für die Wachen eine Treppe, deren Stufen vorn mit Holz befestigt waren, auf der Trittfläche lagen Grassoden. Vor der Umwallung zog sich ein sieben Meter breiter und zwei Meter tiefer Graben um die Burg.

Die Innenbebauung der Burg nachzuweisen war darum schwierig, weil hier einmal der Dom gestanden hat, dessen Fundamente so tief reichten, daß sie den archäologischen Befund notwendig zerstören mußten. Wenigstens ließen sich die Standspuren einiger Eichenpfosten erkennen, die einmal das Dach der hölzernen Taufkirche getragen hatten, vielleicht einer dreischiffigen Basilika, deren Abmessungen nicht mehr zu erkennen waren. Orientiert man sich an vergleichbaren bekannten Kirchen jener Zeit, so mag das Gotteshaus des Erzbischofs Ansgar etwa 8 × 10 Meter groß gewesen sein. Andere Bauten, etwa das Haus des Bischofs, ließen sich nicht mehr nachweisen. In der Hammaburg mögen etwa 40 bis 50 Menschen gewohnt haben.

So eindrucksvoll diese Festung einmal ausgesehen haben muß: Den Wikingern imponierte sie nicht. Im Hochsommer 845 (daß es Hochsommer gewesen sein muß, ergab sich aus Insektenfunden) stürmten sie die Burg, plünderten sie aus und brannten sie nieder. Die nachgewiesenen Brandspuren lagen im Süden und Südwesten der Burg; von hier aus, d. h. vom Wasser, muß der Angriff der Wikinger auch begonnen haben. Ansgar hatte zunächst an Verteidigung gedacht, entschloß sich dann aber zur Flucht. Die Hammaburg wurde allem Anschein nach nicht wieder aufgebaut; Ansgar verlegte seinen Sitz nach Bremen.

Außer dem Bischof gab es im Bereich der Hammaburg und der bei ihr Siedelnden (vermutlich nicht mehr als 200 Menschen) noch einen Vertreter der Staatsmacht, der am Tage des Wikingersturms unterwegs war. Im Jahre 966 ernannte Otto I. zum Vertreter des Königs im sächsischen Raum Hermann Billung, der dieses Amt auf seine Nachkommen vererbte. Erzbischof und Herzog vertrugen sich zunächst gut und arbeiteten zusammen, nachdem 983 ein Slawenüberfall den allmählich wachsenden Ort zerstört hatte. Dann aber bildete sich zunehmend eine Rivalität zwischen dem weltlichen und geistlichen Würdenträger heraus. Denn die Billunger waren eigenwillige Herren, gegen Kirche und Könige zunehmend feindlich gesinnt, während die Hamburger Erzbischöfe dem Königshaus die Treue hielten. Die hochfahrenden Billunger taten auch alles, die ringsum siedelnden Obotriten – von den Erzbischöfen sanftmütig behandelt, denn sie sollten zum christlichen Glauben bekehrt werden – nach Kräften zu reizen. Die Obotriten rächten sich und schlugen zweimal (1066 und 1072) kräftig gegen Hamburg los.

Diese Rivalität zwischen geistlicher und weltlicher Macht führte nun dazu, daß sich Erzbischof Bezelin Alebrand um 1035 eine Pfalz erbaute, in der Überlieferung als »steinernes Haus« bezeichnet, denn profane Steinbauten gab es damals im Norden noch nicht, ein »steinernes Haus« war also höchst ungewöhnlich. Als Antwort darauf zog Herzog Bernhard II. mit einer Turmburg nach, später »Alsterburg« genannt, und 1061 errichtete Herzog Ordulf einen dritten Herrschaftssitz, genannt »Neue Burg«.

Auf die Reste der Alsterburg war man schon im 19. Jahrhundert beim Bau des neuen Hamburger Rathauses gestoßen; sie ließ sich an der Südwestecke des heutigen Rathausmarktes lokalisieren. Die Neue Burg hingegen wurde erst bei den Grabungen 1953/54 gefunden; sie hatte die Gestalt eines mächtigen Ringwalls und befand sich auf dem Gelände der heutigen Nikolaikirche.

Wo aber stand Bezelins »steinernes Haus?«

Nachdem die Grabungen 1957 abgeschlossen waren, schrieb Reinhard Schindler in seinem Bericht: »Es ist archäologisch nicht sicher nachgewiesen.« Eine befremdliche Formulierung, denn die Benzelin-Pfalz war überhaupt nicht archäologisch nachgewiesen worden, man kannte nicht einmal ihren genauen Standort. Dabei waren die Archäologen, als sie die Reste der Hammaburg freilegten, dem »steinernen Haus« buchstäblich zum Greifen nahe gewesen, aber das stellte sich erst fünf Jahre später heraus.

Im Herbst 1962 nämlich führte der Zufall bei Ausschachtungsarbeiten zu einem Neubau drei Meter unter dem heutigen Straßenpflaster auf ein vier Meter starkes, aus unbehauenen Findlingen gebildetes kreisförmiges Fundament. Sein Inneres hat einen Durchmesser von elf Metern. An diesen Ring angeschlossen ist ein zweiter, kleinerer, mit einem Durchmesser von 4,5 Metern, der einen 4,2 Meter tiefen Brunnenschacht umschloß. Da über diesen Fundamenten in späteren Jahrhunderten immer wieder gebaut und Keller gegraben wurden, war dies nur noch der unterste Fundamentring, bei dem wertvolle Einzelfunde nicht zu erwarten waren. Die wenigen Scherben von Tongefäßen, die hier lagen, ließen aber eine Datierung in das 11. Jahrhundert zu.

Nach Kenntnis der Stadtgeschichte und ihrer Topographie und nach der Tiefe des Fundaments, dessen Dimensionen auf ein überaus mächtiges Gebäude hinwiesen, kam nur ein einziger repräsentativer Bau in Frage, der hier gestanden haben konnte und für dessen zeitliche Einordnung auch die Keramikreste sprachen: Erzbischof Bezelins »steinernes Haus«. Und noch etwas stützte diese Vermutung: Das Bauwerk befand sich bei seiner Errichtung im Bereich der Dom-Immunität, wo nur ein Kirchenfürst bauen durfte. Und nur ein solcher besaß die Macht und die Mittel, ein Gebäude von diesen Abmessungen aufzuführen.

Als Bindemittel für die Fundamentsteine hatte man Schlick aus der Elbmarsch verwendet, der im Boden, unter Luftabschluß, steinhart wird. Gefundene Mörtelreste vom aufgehenden Mauerwerk zeigten, daß man den Kalk mit zerstoßenen Muschelschalen anreicherte. Nach der Mächtigkeit des Fundaments könnte der Turm sehr wohl zwei Stockwerke gehabt haben mit einem Eingang im ersten Geschoß, der nur über eine Leiter oder (schnell zu zerstörende) Holztreppe zu erreichen war. Der Turm lag an der höchsten Stelle des damaligen Hamburg, unmittelbar an der »Heidenwall« genannten Stadtbefestigung. Dieses »steinerne Haus« war nicht nur bischöfliche Residenz, denn die lag seit 845 in Bremen, sondern auch die Hamburger Niederlassung, wobei der Brunnen eine unabhängige Wasserversorgung garantierte. Von der einstigen Hammaburg wird dieser Turm heute nur von der »Speersort« genannten Straße getrennt.

Als dann im 13. Jahrhundert das Bürgertum in Hamburg erstarkte, gelangte das Areal, auf dem »Heidenwall« und »steinernes Haus« standen, in den Besitz des Magistrats, der den Turm abreißen ließ und sein Material zum Bau der Steinstraße verwendete. Heute ist das Fundament des Bezelin-Turms im Keller des Gemeindehauses St. Petri zu besichtigen, unmittelbar darüber residiert eine Bank. So verbindet der Neubau 900 Jahre Stadtgeschichte miteinander. Mit der Entdeckung dieses Fundaments wurde nicht nur erstmals der Beweis erbracht, daß es schon vor dem 12. Jahrhundert im Norden Steinbauten gegeben hat; mit ihm liegt ein weiteres Beispiel dafür vor, wie glücklich sich lokale Geschichtsschreibung und archäologische Erforschung ergänzen können.

Est locus insignis, quo Patra et Lippa fluentant;
Altus et in nudo campo iacet, undique largo
Vestitus spatio; celso de colle videri
Namque potest legio omnis et hinc exercitus omnis
Castra ducum et comitum, radiantiaque arma virorum.
Huc Karolus, multis stipatus milibus, heros
Advenit, et tandem iuvat hic succedere tectis.

Es ist da ein berühmter Ort, wo Pader und Lippe fließen; er liegt auf der Höhe in einer kahlen Ebene, ringsum dehnt sich weit das Gelände. Von der Höhe des Hügels kann man das ganze Heer, den langen Zug der Krieger überschauen, das Lager der Herzöge und der Grafen, die schimmernde Rüstung der Krieger. Dorthin kommt Karl, der Held, von vielen Tausenden gefolgt, hier beschließt er Quartier zu machen.

Das im Jahre 799 geschriebene Gedicht »Karolus Magnus et Leo papa«, auch als »Paderborner Epos« bezeichnet, beschreibt ein denkwürdiges Ereignis: Im Sommer 799 trafen sich in Paderborn König Karl der Große und Papst Leo III. Auf den Papst war im April 799 in Rom ein Attentat verübt worden; der höchste Würdenträger fühlte sich in Rom nicht mehr sicher und hatte Zuflucht gesucht bei seinem treuesten Verbündeten, dem fränkischen König (dieser wird ein Jahr später vom Papst zum Kaiser gekrönt).

Besuche Karls des Großen und späterer Kaiser des Deutschen Reiches in Paderborn waren aus der schriftlichen Überlieferung bekannt. Aber wo hatten sie gewohnt? Hatte es ein Palatium, einen Palast, eine kaiserliche Residenz gegeben? Ein Paderborner Forscher meinte 1898: »Gebäudereste, welche (...) äußerliche Zeichen der Zugehörigkeit zu einer früheren kaiserlichen Pfalz tragen, sind hier nicht aufzufinden. Wahrscheinlich haben die deutschen Kaiser bei ihren Besuchen in Paderborn in einem zum bischöflichen Palatium gehörenden besonderen Gebäuden als Gäste gewohnt, wie ja häufig die deutschen Kaiser jener Zeit gastliche Aufnahme in den Klöstern fanden.«

Wohl war nicht verborgen geblieben, daß sich auf der Nordseite des Doms einige ältere Baureste im Boden befanden, aber man vermutete 1868, es müsse sich um die Fragmente des von 1009 bis 1036 durch Bischof Meinwerk errichteten Bischofspalasts handeln, und da eine Urkunde von 1336 einen bischöflichen *marstabulum*, einen Marstall, erwähnt, schrieb noch 1935 ein Forscher: »Mit einer ein Sicherheit grenzenden Wahrscheinlichkeit darf die Behauptung gewagt werden, daß der Torbogen samt dem zugehörigen Marstall zu den Bauten des großen Paderborner Bischofs Meinwerk zu rechnen (...) ist.« Diese These war schon 1898 vertreten worden, damals aber immerhin noch mit einem »vielleicht« versehen.

Es ist merkwürdig, daß bei allem Interesse für die lokale Geschichtsschreibung offenbar niemand ernsthaft daran interessiert war, sich Gewißheit durch Ausgrabungen zu verschaffen. Ja, mehr noch: Das Gelände wurde für eine Neubebauung freigegeben, die 1963 begann. Dabei stießen die Bagger beim Abräumen großer Schuttmassen auf mächtige Gebäudereste in teilweise beachtlicher Erhaltung. Die Baggerarbeiten wurden daraufhin eingestellt und eine archäologische Untersuchung eingeleitet, die bis 1971 dauerte. Was sie zutage förderte, war ungewöhnlich genug: nämlich eine Pfalz, eine kaiserliche Residenz des Mittelalters, genauer deren zwei, eine karolingische und eine ottonische.

Zunächst einmal erwies die Grabung, daß man hier auf einen sehr alten Siedlungsplatz gestoßen war. Im Boden fanden sich Feuersteingeräte aus dem 6. bis 5. Jahrtausend v. Chr.; Funde aus der älteren Bronzezeit; Reste eines Urnenfriedhofs der jüngeren Bronzezeit aus dem 9. bis 7. Jahrhundert v. Chr.; Spuren einer Besiedlung aus der Römerzeit vom 2. bis 4. Jahrhundert n. Chr. (in dieser Schicht fand man Münzen, Nadeln und Fibeln, dazu Keramik) und schließlich die Reste einer sächsischen Siedlung aus dem 8. Jahrhundert n. Chr.

Auf diesen Boden nun hatte Karl der Große eine Pfalz erbauen lassen, die erste, die bisher auf sächsischem Boden gefunden wurde. Es handelt sich um eben jene Pfalzanlage, die in dem zitierten Paderborner Epos von 799 als *aula regalis*, die große Halle, erwähnt wird, zum erstenmal in der schriftlichen Überlieferung. Die Ausgrabung erwies aber, daß die Pfalz älter war.

Der Feldzug gegen die Sachsen war von König Karl 772 in Worms beschlossen worden. Nach dem für die Franken zwar verlustreichen, aber dennoch erfolgreichen Feldzug, der mit der Unterwerfung der Sachsen und einem Friedensvertrag endete, berief Karl 777 eine Reichsversammlung nach Paderborn ein, auf der er »mit dem fränkischen und sächsischen Adel die organisatorische Eingliederung Sachsens in den fränkischen Reichsverband« beriet. Aber schon ein Jahr später bricht erneut ein Aufstand der Sachsen aus, bei dem die Paderborner Pfalz zerstört wird; das wiederholt sich 793/94, und in beiden Fällen konnten die Archäologen Brandspuren nachweisen. Dann wird die Pfalz zum dritten Mal neu erbaut – zugleich mit einer neuen Kirche, die erste war 777 errichtet worden –, und in diesem dritten Neubau empfing dann der fränkische König den Papst.

Im südlichen Teil der Anlage erstreckt sich die karolingische Pfalz bis unter den heutigen Dom; dieser Bereich wurde nicht ausgegraben. Wohl aber ließ sich unter dem Nordportal eine Folge von sechs Stufen nachweisen – »ursprünglich mit einem weißen, festen Kalkmörtel überzogen, der in zahlreichen Reststücken noch vorhanden ist«, so Wilhelm Winkelmann, der die Grabungen leitete.

Ausgesparte Schlitze im Mauerwerk bezeichnen die Standstellen für Pfosten, »die einen baldachinartigen Überbau trugen, wie ihn mittelalterliche Miniaturen wiederholt darstellen«, denn die Stufen erweisen sich als der steinerne Unterbau eines Thronsitzes, »der hier in der mittleren Achse der alten Anlage in zentraler Lage vor der Mitte der Ostwand des durch den alten Porticus abgeschlossenen Pfalzhofes im Freien errichtet war«. Vorbild dieses Thrones (genauer: seines Unterbaus) war der im 1. Buch der Könige 10,18–20, beschriebene Thron Salomons, von dem es heißt: »Und der Stuhl hatte sechs Stufen.« Dieser Thron befand sich also im Freien, und die Forschung hat inzwischen deutlich gemacht, daß auch der Thron Karls in Aachen, der heute so gezeigt wird, als hätte er sich im Münster befunden (in dieser Form aus dem Jahr 936 stammend), ursprünglich einmal vor dem Münster gestanden hat.

Dieser Herrschaftssitz ist eben jenes »solium«, das im Paderborner Epos von 799 zweimal erwähnt wird:
Ipse sedet solio Karolus rex justus in alto
Dans leges patriis et regni foedera firmat.

Er selber, der gerechte König Karl, sitzt auf dem hohen Thron, Gesetze den Ländern gebend und Bündnisse des Reiches schließend. Und:
Rex pius interea solium conscendit.
Der huldreiche König besteigt indessen den Thron.

Übrigens führen auch zum Aachener Thron sechs Stufen. Der von Paderborn wurde bei Umbauten in der ersten Hälfte des 9. Jahrhunderts nach Karls Tod beseitigt, indem man ihn unter Bauschutt begrub (wodurch aber wenigstens die sechs Stufen erhalten blieben), während der in Aachen seine Funktion als Krönungsplatz des Reiches beibehielt. In Paderborn wurde dann im Westteil der karolingischen Aula ein neuer Thronplatz errichtet.

Es ist interessant, daß eine alte Paderborner Sage schon seit Jahrhunderten von einem Palast unter dem Dom zu berichten wußte. Woher diese Überlieferung stammt (und daß sie, wie die meisten solcher Sagen, auf einem wahren Kern beruht), hat nun die Grabung nachweisen können. Und interessant ist auch dies: Das Paderborner Epos spricht von König Karl, als »dans leges« auf dem Thron, d. h. Gesetze gebend, also auch Recht sprechend. Das über dem Thron im 13. Jahrhundert errichtete Nordportal des heutigen Doms trägt die Bezeichnung »Rote Pforte« und ist uns urkundlich seit dem 14. Jahrhundert als ein Ort bekannt, an dem Recht gesprochen wurde. Solche »Rote Pforten« kennen wir auch aus anderen Städten des mittelalterlichen Reiches, nämlich aus Frankfurt a.M. (Südportal des Doms), Magdeburg und Erfurt, von dort ebenfalls uns als Gerichtsstätten überliefert.

Von der Innenausstattung dieser karolingischen Pfalz, diesem Ort bedeutsamer politischer Treffen und Entscheidungen, sind nur spärliche Reste überliefert. Es muß hier Mosaiken gegeben haben, denn es fanden sich entsprechende farbige Glaswürfel. Die mörtelüberzogenen, weißgetünchten Wände trugen Spiralranken in ziegelroter Farbe und Inschriften in der Monumentalschrift der römischen *capitalis quadrata* in roter und schwarzer Farbe. Von den insgesamt 2700 Fragmenten des Wandputzes hat man einen Teil der Schriftreste bisher nach Art eines Puzzles zusammensetzen können, davon läßt sich ein Stück als DRACO entziffern, darunter ein MEM, das sich mit anderen Resten vielleicht als »memoria« oder »memoriam« ergänzen läßt. Da der Drache *(draco)* damals als Sinnbild des Heidentums galt, ist die vorsichtige Vermutung geäußert worden: »Liegt es nicht nahe, eine Rühmung Karls als Sieger über das Heidentum in seinem neuen Herrschaftszentrum im eroberten Sachsen zu erwarten, nämlich in der Pfalz Paderborn?« (W. Winkelmann).

Ferner fanden sich Basen von Sandsteinsäulen, Dach- und Zierziegel. Dazu »die vielen Bruchstücke der Trinkgläser mit rot und blau gefärbten Mündungsstreifen, mit aufgelegten Glasfäden und den ornamental gerauhten Randzonen zur Aufnahme von leuchtenden Metallfolien, die Bruchstücke von Taufkannen der Missionszeit mit aufgelegten Zinnfolien, der sogenannten Tatinger- oder Friesenkannen, verzierte Knochenleisten und der Quart eines karlischen Denars aus den 90er Jahren des 8. Jahrhunderts« (W. Winkelmann).

Die karolingische Pfalz war auch nach dem Tode Karls des Großen (gest. 814) Schauplatz von drei großen Reichsversammlungen, nämlich 815, 840 und 845. Außerdem hielten sich hier 913 Konrad I., 940 und 958 Otto I. und 987 Otto III. auf.

Im Jahr 1000 brach in Paderborn ein großer Brand aus, der auch die Pfalz nicht verschonte. Die rotverglühten Wände und die violett verschmorte Bleibedachung des Palasts konnten die Archäologen unter dem Bauschutt einwandfrei nachweisen. Bischof Rethar, der von 983 bis 1009 in Paderborn seinen Sitz hatte, ließ die Gebäude in kürzester Zeit wiedererrichten, so daß sie schon 1002 bezugsfertig waren. Als Rethar sieben Jahre später stirbt, wird Meinwerk, der Hofkaplan König Heinrichs II., sein Nachfolger. Er vollendet den Wiederaufbau Paderborns mit einem neuen Dom, einem Bischofspalast und einer Stadtbefestigung, und während seiner Amtszeit wird auch eine neue Pfalz erbaut. Dabei werden die Reste der von Rethar mehr oder wenig provisorisch erneuerten Karolingerpfalz geebnet und eine gänzlich neue Palastanlage errichtet.

Bei den deutschen Königen und Kaisern hat die Paderborner Pfalz in hohem Ansehen gestanden. Nicht nur, daß Heinrich II. gleich nach seiner Wahl 1002 in Paderborn einzieht und dort seine Gemahlin Kunigunde durch Erzbischof Willigis von Mainz zur Königin krönen läßt. Im 11. und 12. Jahrhundert sind nachweislich fast dreißigmal Könige und Kaiser hier gewesen. »Dabei wurde die besondere Bedeutung dieses Ortes noch durch die Tatsache erhöht, daß die Könige hier mit Vorliebe die hohen Festtage des Jahres, das Weihnachts-, Oster- und Pfingstfest, feierten, Paderborn also zu den Festtagspfalzen gehörte« (W. Winkelmann).

Die neue Pfalz, die Bischof Meinwerk zur Zeit Kaiser Heinrichs II. erbauen ließ und die erst 1963 bei den Ausgrabungen auf der Nordseite des Doms gefunden wurde, hat eine recht langlebige These endgültig widerlegt, die These nämlich, in den alten Bischofsstädten des Reiches habe es keine königlichen Palatien gegeben. Also mußten, wie schon zitiert wurde, »die deutschen Kaiser bei ihren Besuchen in Paderborn in einem zum bischöflichen Palatium gehörenden besonderen Gebäude als Gäste gewohnt« haben.

Wir wissen nun, daß es nicht so war, und wir kennen seit der

38 Die Heuneburg, gesehen von der Donauseite.

39 Bestattet wurden die auf der Heuneburg residierenden Fürsten in Grabhügeln unterhalb der Burg. Der größte dieser Grabhügel der Hohmichele.

40/41 Ausgrabungen im Bereich der Aldenhovener Platte vor den Baggern des Braunkohlereviers. Die Grundrisse neolithischer Häuser sind durch die Bodenverfärbung deutlich sichtbar.

42 Wächterstatue aus Sandstein, gefunden 1962 auf einer Wiese bei Hirschlanden bei Ludwigsburg. Vorder- und Rückansicht. Die Figur stand ursprünglich auf der Spitze eines Grabhügels aus der Hallstattzeit.

42

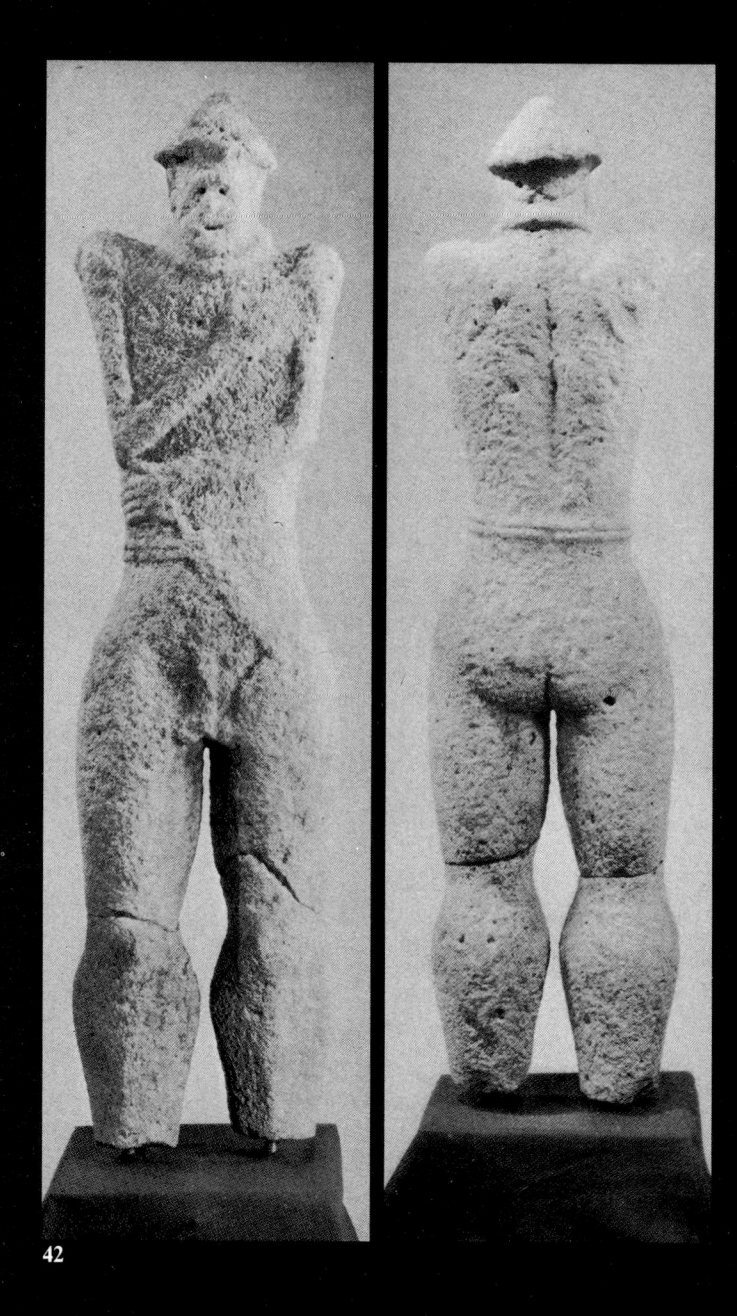

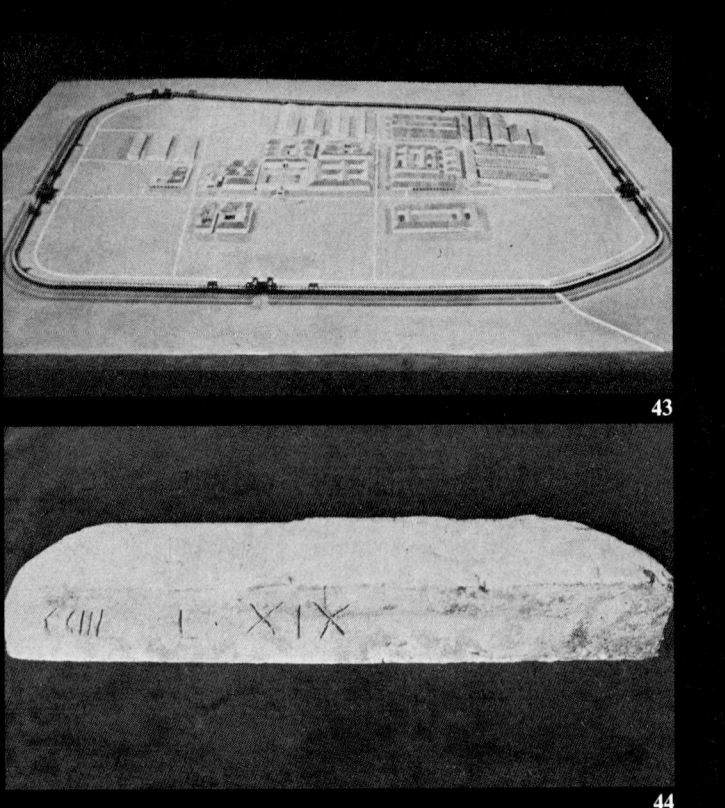

43 Das römische Legionslager Haltern gehört zu den ältesten und größten auf deutschem Boden. Das Modell zeigt die nach den bisherigen Grabungen erschlossene Anlage.

44 Ein 64 kg schwerer Bleibarren mit der Signatur der XIX. Legion wurde 1964 auf dem Gelände des Lagers Haltern gefunden.

Ausgrabung ziemlich genau das Aussehen dieser kaiserlichen »Festtagspfalz«.

Daß die Gebäudereste, die bei der Grabung zutage traten, noch so reichhaltig waren und bis zu sechs Meter hoch aufragten, war der Topographie zu danken. Die ottonische Pfalz wurde – wie ihre karolingische Vorgängerin – Opfer eines Brandes, der in der zweiten Hälfte des 12. Jahrhunderts diesen Neubau zerstörte. Diesmal wurde er nicht wiederaufgebaut, was wohl darauf zurückzuführen ist, daß vom 12. Jahrhundert an die Bischöfe die Herrscherresidenzen bezogen. In Paderborn war dies aber nicht nötig, denn Bischof Meinwerk hatte sich seinen Bischofspalast (*domus episcopalis*) südwestlich des Doms erbaut, seine Nachfolger verfügten also über eine eigene Residenz.

Die Brandstätte blieb zunächst wüst. Dann, zu Beginn des 13. Jahrhunderts, wurde des Langhaus des Domes neuerbaut, und da das Gelände auf der Nordseite ziemlich steil abfällt, ließ sich das Terrain recht günstig mit dem anfallenden Bauschutt auffüllen und einebnen, und eben dieser Bauschutt begrub auch die noch aufragenden Mauern der ottonischen Pfalz.

Dominierender Teil dieses Palatiums ist ein großer Saalbau von 44,48 Metern Länge und 16,17 Metern Breite. Sein Fußboden bestand aus Lehmestrich; er »war stellenweise rot verglüht, Spuren eines Brandes, der das Holzwerk dieses Gebäudes im 12. Jahrhundert zerstört hatte. Auf ihm lag eine mächtige Säulenbasis aus rotem Sandstein, durch die Glut mürbe geworden, in viele Splitter zersprungen und nicht mehr fortgeräumt, ein Zeichen, daß dieser letzte Brand auch das Ende des Saalbaus bedeutete« (W. Winkelmann). In seiner Größe entspricht dieser Saalbau dem der gleichfalls unter Heinrich II. erbauten Pfalz zu Goslar (47,20 Meter × 14,18 Meter).

Der große Raum war nicht unterteilt; unter seinem Nordwestteil lag eine überwölbte Quellkammer (6,5 Meter × 7 Meter), deren heute noch kräftig sprudelnde Quelle den Wasserbedarf der Pfalz deckte. Vor der Südmauer befinden sich zwei Treppenvorbauten. Tageslicht erhielt der Saal durch sechs kleine (100 × 70 Zentimeter) Fenster in der Südwand, drei Fenster (20 × 45 Zentimeter) in der Ostwand und drei Fenster in der Westwand, die – wie die Mörtelbettung zeigte – einmal hölzerne Rahmen gehabt haben.

In der zweiten Hälfte des 11. Jahrhunderts gab man diesem Saalbau noch ein Obergeschoß. Dazu brach man Auflager in das Mauerwerk der Südwand und errichtete eine durch die Mitte des Saals laufende Pfeilerreihe, die das in 2,25 Meter Höhe verlaufende Balkenwerk des Obergeschosses trug.

An die Ostwand des großen Saales schloß sich ein Nord-Süd-Trakt an. Ihn betrat man durch ein in der Ostwand liegendes 2,5 Meter breites Portal und stand dann in einem 11,6 Meter langen und 9,42 Meter breiten Raum, der einmal ein Obergeschoß gehabt haben mußte, getragen von 10 Pfosten. An diesen Raum schloß sich östlich eine Kapelle an von 6,7 Metern Länge und 5,5 Metern Breite, nach Osten abgeschlossen durch eine 3,10 Meter breite und 2,7 Meter tiefe Apsis.

Auf diese Kapelle war man erstmals 1958 gestoßen, gefunden im Keller eines damals noch hier stehenden Gebäudes, das aber zur Zeit der späteren Grabung schon abgetragen war.

Da uns ein Name für diese Kapelle nicht überliefert ist und auch nichts darauf hinweist, wem sie einmal geweiht wurde, bekam sie 1958 den Namen Ikenbergkapelle (Ikenberg ist eine alte Bezeichnung für das Areal, auf dem die Paderborner Pfalz liegt).

Begibt man sich aus der Ikenbergkapelle zurück in den zwischen Kapelle und Saalbau gelegenen Raum, so schließt sich hier der von Nord nach Süd laufende Wohntrakt der Pfalz an mit einer Länge von 22 Metern und einer Breite von 8 Metern, unterteilt in zwei größere und einen schmalen Raum. Unmittelbar an ihn gebaut bildet die Bartholomäuskapelle den südlichen Abschluß. Sie war die Königskapelle der ottonischen Pfalz und hat als einziger Bauteil die Jahrhunderte überdauert, wenn auch nicht in ihrem ursprünglichen Aussehen. Daß sie aber zur Pfalzanlage gehörte, zeigte die Einbindung ihres Mauerwerks in den Nord-Süd-Trakt, sichtbar gemacht erst durch die neue Grabung.

Für die Bartholomäuskapelle kennen wir das Datum ihrer Weihe: 1017; der Bartholomäuskult war in jener Zeit neu belebt worden, als Otto III. die Reliquien dieses Heiligen 997 von Benevent nach Rom hatte überführen lassen. Diese Kapelle wurde in der Flucht des einstigen karolingischen Saalbaus errichtet, dessen Grundmauern freigelegt werden konnten. Überhaupt läßt sich feststellen, daß bei der ottonischen Pfalz die Mauernführung ihrer Vorgängerin einigermaßen berücksichtigt wurde und sie auf diese Weise an karolingische Traditionen bindet, auch wenn der ottonische Bau in jeder Weise seine Selbständigkeit wahrt.

»Mit diesem großen Architekturbezirk ist die historische Stätte der zahlreichen in den Schriftquellen überlieferten Königs- und Kaiserbesuche des 11. und 12. Jahrhunderts wieder sichtbar geworden. Sie ist nach Größe und Grundriß bis in die Lage der Pfalzkapelle hinein der in den gleichen Jahren unter Heinrich II. errichteten und in der Mitte des 11. Jahrhunderts unter Konrad II. und Heinrich II. umgebauten Pfalz zu Goslar und dem Palatium Heinrichs II. in Bamberg vergleichbar. Die Grundrisse, ihre Maße, Gliederung und Funktion der großen Raumteile: Reichssaal, Wohntrakt und Pfalzkapelle lassen in großen Maßstäben für das frühe 11. Jahrhundert etwas von einer königlichen Reichsarchitektur ahnen, die uns bis jetzt fast unbekannt und erst für die Reichsbauten des 12. Jahrhunderts durch Überlieferung und baugeschichtliche Bearbeitung bekannt war« (W. Winkelmann).

Die ursprüngliche Gliederung des Areals nördlich des Doms ist heute nur noch auf Fotos zu betrachten, denn 1976 wurde die ottonische Pfalz »wiederaufgebaut«, obwohl beispielsweise das genaue Aussehen der Dachkonstruktion überhaupt nicht bekannt ist.

Auch im nur wenige Kilometer von Paderborn entfernten Geseke wurde den Archäologen ihre Ohnmacht demonstriert. Dort hatte man 1973 beim Bau eines neuen Pfarrhauses einen fränkischen Töpferofen aus dem 6./7. Jahrhundert n. Chr. gefunden, übrigens den erst fünften bisher überhaupt in Europa bekannten. Vor allem fand man bei dieser Grabung auch die Reste eines Königshofes aus karolingischer Zeit, von dessen Existenz man bis 1973 nur aus Urkunden gewußt hatte. Obwohl es der einzige Königshof ist, bei dem noch eine genaue archäologische Erforschung möglich gewesen wäre, mußte die Grabung abgebrochen werden, weil niemand bereit war, sie zu finanzieren.

Im Herbst 1962 arbeitete man im Hafen von Bremen an der Anlage eines Wendebeckens für den damals geplanten Europahafen. Ein mächtiger Saugbagger spülte die Schlammassen aus dem Beckenbereich. Dabei – es war in der Nacht vom 8. zum 9.

Oktober – stieß der Bagger auf ein Hindernis, das sich nicht absaugen ließ.

Es handelte sich um einen hölzernen Schiffsrumpf, der als Hansekogge identifiziert wurde. Das Schiff lag mit der Steuerbordseite auf Grund. Die Kogge hatte sich noch im Bau befunden, stand aber schon kurz vor ihrer Vollendung, als ein durch starke Schneeschmelze bedingtes Frühjahrshochwasser – so ließ sich später rekonstruieren – das Schiff vom Ausrüstungskai einer Bremer Schiffswerft fortriß und etwa vier Kilometer flußabwärts trieb, wo es kenterte, weil der Laderaum noch keinen Ballast trug, der stabilisierend hätte wirken können.

Das Schiff lag fünf Meter tief auf Grund, und da die Steuerbordseite bis zur oberen Reling sich unter Wasser befand, blieb dieser Teil vollkommen erhalten, während die Backbordseite nicht gänzlich vom Wasser bedeckt gewesen war und daher entsprechend starke Zerstörungen aufwies.

Der Fund wurde sofort dem Bremer Landesmuseum gemeldet; dort war man einigermaßen überrascht, denn dieses Unglück war in keiner Chronik festgehalten worden.

Die nun einsetzende Untersuchung identifizierte nicht nur das Schiff als Kogge, sondern stellte auch seine Abmessungen fest. Die Breite betrug 7,60 Meter, die Länge 23 Meter. Die Höhe lag mittschiffs bei etwa 4,10 Meter (zum Vergleich: die Lastschiffe der Wikinger brachten es nur auf etwa 2 Meter), achtern bei 7,50 Meter, und die Vorderhöhe brachte es auf etwa 7,30 Meter. Beide Seiten wurden von zwölf Planken von 40 bis 63 Zentimeter Breite gebildet bei einer Stärke von 42 bis 55 Millimeter.

Der dendrochronologische Befund bestimmte nicht nur die Entstehungszeit von 1378/80, sondern sogar die Herkunft des Baumaterials: Es handelte sich um Eichenholz, das im Raum Ziegenhain (Hessen) gefällt und dann weserabwärts geflößt worden war.

Die Bergung gab den Wissenschaftlern, die ja nicht im mindesten auf diesen Fund vorbereitet waren, die größten Probleme auf, zumal es galt, die Kogge in möglichst kurzer Zeit zu bergen. Ihre Rettung war übrigens schon nach dem Unglück von etwa 1380 versucht worden, und dabei war der Mast abgebrochen.

Jetzt, im Herbst 1962, wurde zunächst mit dem Saugbagger der das Schiff umgebende Schlamm ausgespült, was aber den

Nachteil mit sich brachte, daß nun Ebbe und Flut die bisher vom Schlamm zusammengehaltenen Bauteile aus den Verbänden lösten. Um das zu verhindern, wurde der Schiffsrumpf durch eingerammte Pfähle und Draht gesichert, und dies alles mußte bei einem ständig laufenden Schiffsverkehr geschehen, der das Wasser immer wieder aufwühlte.

Da es sich als unmöglich erwies, die Kogge zur Gänze zu heben, wurde das Schiff nun in seine Einzelteile zerlegt und diese für die erneute Zusammensetzung beschriftet. Mit dieser Arbeit war man am 18. Dezember 1962 fertig. Als zusätzliche Schwierigkeit kam hinzu, daß das Wasser so verschmutzt war, daß die hinabgeschickten Taucher so gut wie keine Sichtweite hatten. Sechs Monate später, im Juni 1963, konnten trotz aller Behinderungen Taucher noch einmal Einzelteile vom Fundplatz bergen. Da dies aber nur partiell möglich war, wurde im Januar 1965 eine Taucherglocke auf den Wesergrund abgesenkt, mit deren Hilfe weitere Schiffsfragmente, Eisenteile und auch zum Bau verwendete Werkzeuge geborgen werden konnten. Dabei wurde ein Bereich von 1400 Quadratmetern Stück für Stück untersucht.

Der Fund der Bremer Kogge ist schwerlich zu überschätzen. Wohl sind auch in früheren Zeiten schon Koggen gefunden worden, aber es war nie möglich gewesen, sie für die Nachwelt zu erhalten und sie wissenschaftlich zu untersuchen. Genau dies aber kann jetzt erstmals geschehen. Der Schiffbau des Mittelalters ist uns noch weitgehend unbekannt; so kannte man bisher von den Koggen kaum technische Daten aus der Überlieferung. Wie sie aussahen, wußte man bisher nur von Siegeln, etwa vom Lübecker Stadtsiegel von 1226 oder dem Stralsunder von 1329. Wie groß die Besatzungsstärke war, ist gleichfalls unbekannt. Wir wissen aber, in welchem Maße diese Großschiffe (verglichen mit denen der Wikingerzeit) zu einer grundlegenden Veränderung des Seehandels beitrugen; darauf wurde am Beispiel der Hafenanlagen Schleswigs schon hingewiesen. Eine wichtige technische Neuerung der Koggen war ihr Ruder: Es war nicht mehr an der Außenseite des Hecks angebracht, sondern in Eisenscharnieren am Achtersteven als Heckruder befestigt, und dieser neue Rudertypus ist erstmals auf dem Stadtsiegel von Elbing 1242 nachweisbar.

Zur Restaurierung und Konservierung wurde der Bremer Fund dem Deutschen Schiffahrtsmuseum in Bremerhaven übergeben, insgesamt zweitausend Teile. Seit 1972 werden dort die Fragmente in der Art eines Riesenpuzzles zusammengesetzt, und jetzt zeichnet sich die endgültige Fertigstellung ab.

Dabei müssen alle Holzteile beständig feucht gehalten werden, um ein Austrocknen und damit Schrumpfen, Reißen und Verbiegen zu verhindern. Für den Wiederaufbau des Schiffes wurde ein großes Plastikzelt errichtet, wo die Kogge mittlerweile zu stattlicher Höhe emporgewachsen ist. Hier wird der hölzerne Rumpf ständig künstlich eingenebelt, um die erforderliche extrem feuchte Luft zu gewährleisten.

Der endgültige Wiederherstellungsprozeß wird voraussichtlich gegen Ende 1978 abgeschlossen sein, und dann beginnt die Konservierung. Hierzu wird man um das Schiff ein großes Stahlbecken errichten, das mit Polyäthylenglykol gefüllt wird. Dise Substanz zieht das Wasser aus dem Holz und härtet dabei zugleich seine Zellen. Dabei muß die Konservierungsflüssigkeit beständig von den aus dem Holz gezogenen Schmutzresten befreit werden, indem man sie über Kohlefilter leitet.

Fünfzehn Jahre veranschlagt man für diesen Prozeß; erst dann kann die Kogge frei aufgestellt und dem Museumsbesucher zugänglich gemacht werden. Bis dahin ist ihm nur ein Blick von oben in das Stahlbecken möglich. Dann aber – in den neunziger Jahren unseres Jahrhunderts – wird es jedermann möglich sein, »aus eigener Anschauung denjenigen Schiffstyp kennenzulernen, mit dessen Hilfe die Voraussetzung der städtischen Wirtschafts- und Gesellschaftsformen überhaupt erst geschaffen werden konnte: die Versorgung der Menschenkonzentrationen mit Lebensmitteln und Rohstoffen und der Absatz ihrer Gewerbeerzeugnisse, kurzum die Schaffung von Arbeit und Brot« (Detlev Ellmers).

Die Bremer Kogge war der bedeutendste und spektakulärste Schiffsfund auf deutschem Boden nach 1945, aber keineswegs der einzige. So sind bei den Erweiterungsarbeiten für den Krefelder Rheinhafen in etwa zehn Metern Tiefe drei hölzerne Frachtkähne geborgen worden, der letzte am 22. Juni 1973. Anhand von Keramikscherben, die bei allen dreien gefunden wurden, ließen sie sich in das 8. Jahrhundert n. Chr. datieren.

Zu jener Zeit waren die großen Schiffe der Römer längst aus unseren Breiten verschwunden. Die totale Umstrukturierung der Gesellschaft in der Völkerwanderungszeit, in der die Bedeutung der Städte zurückging zugunsten bäuerlicher Wirtschaftsformen, hatte auch den Handel entsprechend verändert. Die von den Römern im Norden errichteten Hafenanlagen verfielen, und soweit der Handel den Wasserweg benutzte, folgte er den Flüssen und begnügte sich mit Frachtkähnen.

Der im Juni 1973 bei Krefeld gefundene maß etwa 15 Meter in der Länge (das genaue Maß ist nicht bekannt, denn der Bug wurde bei der Entdeckung vom Bagger zerstört), 2,6 Meter in der maximalen Breite und am Heck 1,8 Meter Breite (das Schiff hat trapezförmigen Zuschnitt). Trotz der Beschädigung ließ sich rekonstruieren, daß der Bug aufgebogen war, entsprechend der Bugpforte unserer Fähren. Die Ladung lag im hinteren Schiffsteil, so daß der Bug ein wenig höher stand; das Schiff konnte leicht abgeschrägte Ufer zum Be- oder Entladen anlaufen, ohne daß aufwendige Kaianlagen nötig gewesen wären. Die Belastbarkeit dieses Frachtkahns lag etwas über seinem Eigengewicht; er konnte ohne weiteres schwere Fässer aufnehmen, eben jene »Tonnen«, nach denen unsere Gewichtseinheit heißt (= 1000 kg).

Bisher war erst ein Schiff der Karolingerzeit auf dem europäischen Kontinent gefunden worden (bei Utrecht); der Krefelder Fund von 1973 war das zweite Exemplar und das erste auf deutschem Boden. Wie konnte es über tausend Jahre erhalten bleiben?

»In unmittelbarer Nähe der Fundstelle des Krefelder Schiffes liegen die Überreste des römischen Kastells Gelduba, von dem Tacitus berichtet, es befinde sich unmittelbar am Rhein. Heute fließt dieser einige hundert Meter weiter östlich, doch zeigt uns der neue Schiffsfund, daß sich ein Flußarm mindestens bis zum 8. Jahrhundert an dieser Stelle erstreckt hat. An seinem Rande muß das Schiff gelegen haben, als es vermutlich von einer Hochwasserwelle überrascht und zugeschwemmt wurde. Der feuchte Schlick, mit dem es dann bedeckt war, hat das Holz mehr als tausend Jahre lang konserviert« (R. Pirling).

Ähnlich wie die Bremer Kogge wird auch dieser aus Eichenholz gebaute karolingische Frachtkahn in einem Polyäthylenglykol-Bad konserviert; später soll er im Landschaftsmuseum des Niederrheins auf Burg Linn bei Krefeld ausgestellt werden.

Im Frühjahr 1972 beschloß die Kirchenleitung des Bremer St.-Petri-Doms, im Zuge einer allgemeinen Restaurierung dem Gotteshaus eine Fußbodenheizung zu gönnen. Die Archäologen, die von diesem Vorhaben erst aus der Zeitung erfuhren und nicht im mindesten vorbereitet waren – denn die Verlegung einer Fußbodenheizung bringt Ausschachtungen und bei einem Dom dieses Alters auch ziemlich sicher Funde mit sich –, baten um die Genehmigung, bei dieser Gelegenheit die Fundamente untersuchen zu dürfen, ehe der Boden unter einer Betonschicht verschwinden würde.

Archäologisch war bis dahin der Bremer Dom geradezu eine *terra incognita*, um so erstaunlicher bei seiner reichen Vergangenheit. Denn der Dom – bis 1566 Metropolitankirche des Erzbistums Bremen – ist die nördlichste Bischofskirche überhaupt, und seine Gründung führt bis in die Zeit Karls des Großen zurück. Die erste Kirche – aus Holz, wie alle Bauten damals im Norden – wurde 789 vom ersten Bremer Bischof, dem später heiliggesprochenen Willehad, geweiht. Dieser Bau wich im 9. Jahrhundert einem neuen Dom, den 860 Ansgar, der Missionar des Nordens, weihte. Ansgar hatte, wie erinnerlich, 845 seinen Sitz als Erzbischof nach Bremen verlegt, nachdem ihm die Wikinger die Hammaburg niedergebrannt hatten. Auch Ansgars Dom zu Bremen fiel 1041 einer Feuersbrunst zum Opfer, woraufhin Erzbischof Bezelin Alebrand (der Erbauer des »steinernen Hauses« in Hamburg) 1042 mit dem Bau des jetzigen Doms begann, den dann sein Nachfolger Adalbert 1068 weihen konnte.

Die im Jahr 1973 beginnenden Grabungen haben die Willehad-Kirche von 789 nicht nachweisen können, wohl aber ihre Nachfolgerin, eine schon aus Stein errichtete 24 Meter lange und 8,40 Meter breite Saalkirche mit verputzten und bemalten Innenwänden. Es mag sein, daß dies eine der drei urkundlich erwähnten Kirchen ist, die der 838 verstorbene Bischof Willerich hier bauen ließ. Der dann von Ansgar 860 geweihte Bau – ein Erweiterungsbau – war offenbar schon mehrschiffig angelegt und über 36 Meter lang.

Als die Grabung 1973 begann, sollte sie nur die baugeschichtliche Vergangenheit des Bremer Doms erhellen, aber bei der Arbeit machten die Archäologen eine Entdeckung, an die sie nicht gedacht hatten und die der ganzen Grabungskampagne plötzlich eine unvermutete neue Zielsetzung brachte: Man stieß auf die Gräber Bremer Erzbischöfe und machte dabei einige ungewöhnliche Funde.

Über die Lage und Anlage der frühen Erzbischofsgräber bis zum Jahre 1043 hatte Adam von Bremen berichtet. Auch existierte im Staatsarchiv Hannover eine im Krieg zerstörte Skizze mit dem Lageplan von vierzehn karolingischen und ottonischen Erzbischofs- und Bischofsgräbern aus der Zeit um 1035. Damals wurde die neben dem Dom liegende Michaelskapelle, als Grabkapelle zu Ende des 9. Jahrhunderts errichtet, von Erzbischof Hermann abgebrochen und die in ihr beigesetzten Gebeine der Erzbischöfe Adalgar (gest. 909), Hoger (gest. 916) und Reginward (gest. 918) in den Dom übergeführt.

Vermutlich im 12. Jahrhundert wurde die Sepultur (Begräbnisstätte) aus der karolingisch-ottonischen Zeit aufgelöst, um Platz für neue Gräber zu gewinnen. Sie wurde dann aber seit Anfang des 15. Jahrhunderts nicht weiter belegt; der Grund dafür ist unbekannt. Aus einer Urkunde von 1242 geht weiter hervor, daß die Gebeine von vierzehn Erzbischöfen nach Auflassung ihrer Einzelgräber in ein Sammelgrab übergeführt wurden; wir wissen aber heute, daß es nicht vierzehn, sondern nur neun gewesen sind. Denn diese Zahl nennt nicht nur eine weitere Urkunde von 1420; auch die Gebeine der heiliggesprochenen Rimbert und Ansgar hat man, da sie als Reliquien verehrt wurden, natürlich nicht in einem Sammelgrab bestattet, und da die Grabstätten der Erzbischöfe Libentius I. (gest. 1013), Unwan (gest. 1029) und Bezelin (gest. 1043) bei der Grabung entdeckt wurden, bleiben in der Tat nur neun Gräber übrig.

Die Identifizierung der Gräber war schwierig. Einen Anhaltspunkt zu ihrer Datierung bot das zur Mauerung der Grabkammern verwendete Material: Sandstein verwies auf die karolingische Zeit, Eifeltraß auf die Zeit der Frühromanik, und Ziegelsteine hat man erst in der Spätromanik und Gotik verwendet. Auch die Lage der Gebeine gab eine chronologische Hilfe, denn weit vor 1200 wurden dem Toten die Arme längs des Körpers gelegt und der Bischofsstab an die rechte Körperseite gegeben, später lag der Stab links, und dem Verstorbenen waren, wie noch heute Brauch, die Hände über dem Leib gefaltet. Die Bischofssepultur des heutigen Doms wurde 1042, also ein Jahr, nachdem der Dom niedergebrannt war, von Erzbischof Bezelin angelegt, aber erst nach seinem Tod (er starb schon im Jahr darauf) vollendet. Sie liegt im Mittelschiff, etwa acht Meter vor dem Chor (genau: der Vierung). Zwei weitere Gräber mit den Gebeinen der Erzbischöfe Liemar (gest. 1101) und Friedrich (gest. 1123) waren schon 1895 rechts und links der Vierung entdeckt worden.

Die Gräbergruppe im Mittelschiff umfaßte zehn Grabstätten. Von den hier Beigesetzten waren nur zwei einigermaßen zu identifizieren, allerdings nur mittels Indizien.

So lag die von den Archäologen bei der Entdeckung mit »Grab 6« bezifferte Bestattung in einer anderen Achsrichtung als die anderen neun, und zwar offensichtlich in der Achse des 1041 abgebrannten Doms. Die trapezförmige Kammer (mit Verbreiterung zum Kopf hin) war aus Traß gemauert und mit Sandsteinplatten abgedeckt. Die Arme des Toten lagen am Körper. Beigegeben war die vergoldete Krümme des Bischofsstabs und ein goldener Bischofsring mit kleinem Amethyst. Nach der Form des Grabes, seiner Ausrichtung, dem Hannoverschen Plan und einigen weiteren archäologischen Indizien kann es sich bei dem Toten eigentlich nur um Bezelin Alebrand, den Erbauer des »steinernen Hauses« in Hamburg, handeln. Die Gräber von dreien seiner Nachfolger sind bekannt, und Adam von Bremen überliefert, daß der Erzbischof *in medio novae basilicae* (in der Mitte der neuen Basilika) beigesetzt wurde.

Leichter war die Identifizierung des Toten in Grab 7, der in einer Ziegelkammer mit ein Meter hohen Seitenwänden, überdeckt von einem flachen Tonnengewölbe, ruhte. »Wie bei allen Backsteingräbern waren auch hier die Hände auf den Leib gelegt. Der Bischofsstab fand sich an der linken Körperseite, die Krümme nach innen gerichtet« (Karl Heinz Brandt). Dieses Grab hatte man erstmals im Winter 1930/31 entdeckt und wieder verschlossen, ein zweitesmal 1943. Damals waren Kelch, Patene und ein »Säckchen mit Resten von Bleitafeln« entnommen worden, die seither verschollen sind. Nur die gleichfalls entnommene hölzerne Krümme des Bischofsstabs blieb erhalten.

Besonders reichhaltig war in diesem Grab die zum Teil noch erhaltene Kleidung des Toten, der Schuhe mit Korksohlen trug. Der Rest einer seidenen Dalmatika war dem Toten um die Unterschenkel gewickelt, sie trug eine eingearbeitete Umschrift in altarabisch, als »der großmächtige Sultan« zu übersetzen, dazu war sie mit einem Doppellöwenmuster versehen. Woher dieser Stoff kam, ist nicht genau zu bestimmen; er kann sowohl aus einer sarazenischen Werkstatt in Palermo stammen als auch aus dem damals noch maurischen Südspanien. Ebenfalls zum Umwickeln war ein Seidendamast mit Doppeladlermotiv verwendet worden; er zeigt Köpfe von Adlern und Gazellen und Schriftbänder aus metallisch glänzenden Darmgoldfäden, die (übersetzt) verkünden: »Der Erfolg steht bei Gott« – in kufischer Schrift; vermutlich kam dieser Stoff aus Andalusien.

Beide Textilfunde stammen aus dem 13. Jahrhundert. Der Tote, der sie trug, stand bei seinem Ableben »in kräftigem Mannesalter«. Und da sich in diesem Grab auch »Puppen der nur in der warmen Jahreszeit schlüpfenden Blauen Fliege« nachweisen ließen, könnte es sich bei dem Toten um den Erzbischof Otto II. handeln, der am 30. Juni 1406 im Alter von 42 Jahren gestorben war.

Auch wenn es bisher nicht gelungen ist, die Toten aus den übrigen Bestattungen dieser Gräbergruppe im Mittelschiff zu identifizieren, so wurden die Archäologen reich entschädigt durch die Kostbarkeiten der hier gefundenen Beigaben, die zu den Meisterwerken mittelalterlichen Kunstgewerbes gehören. Wir beschränken uns in dieser Darstellung auf zwei Gräber, im Grabungsbefund als »Grab 18« und »Grab 19« bezeichnet.

Grab 18 war aus Ziegelsteinen gemauert und trapezförmig, abgedeckt nur mit einer Holzplanke. Den Toten hatte man ohne Sarg beigesetzt, »auf den blanken Dünensand gebettet« (K. H. Brandt), die Hände waren ihm auf dem Unterleib zusammengelegt worden. Das unberührte Grab enthielt einige kostbare Beigaben. Links des Toten lag der Bischofsstab mit einer 32 Zentimeter langen Krümme von außerordentlicher Schönheit. Sie trägt ein blauemailliertes Rautenmuster, einen goldenen Kugelknauf, abgeflacht und von durchbrochener Arbeit, drei geflügelte Drachen darstellend. Der Stab läuft aus in einer Volute, deren Inneres die Verkündigungsszene in zwei freiplastischen Figuren zeigt: Erzengel Gabriel mit einem in eine Kreuzblume auslaufenden Zepter vor Maria, die eine Bibel in der Hand hält. Zu datieren ist diese Arbeit in die erste Hälfte des 13. Jahrhunderts, hergestellt wurde sie in »einer Werkstatt des Limousin« (K. H. Brandt).

Auf dieser Volute lag eine aus Silber gearbeitete, mit einer Vierpaßvertiefung versehene Patene (d. i. ein Teller, auf dem bei der Messe die Hostie liegt); der dazugehörende Kelch, ebenfalls aus Silber, fand sich auf der linken Brustseite des Toten. Beide Stücke »entstammen wohl einer nordwestdeutschen Werkstatt der ersten Hälfte des 13. Jahrhunderts« (K. H. Brandt). Die rechte Hand des Beigesetzten schmückte ein silberner Bischofsring, besetzt mit einem rechteckigen Amethyst. Der Ring selbst war »mit einem aus vier Rauten zusammengesetzten Kreuzmotiv verziert«.

Als gut erhalten erwiesen sich auch die Textilfunde, einschließlich der Pantoffeln und der Mitra, die unversehrt in der Kopfnische des Grabes gefunden wurden.

Nicht minder ungewöhnlich war der Textilreichtum in Grab 19. Auch dieses Grab war von trapezförmiger Figur und aus großformatigen Ziegelsteinen gemauert. Drei Sandsteinplatten dienten zur Abdeckung. Und auch hier lag der Tote auf »blankem Dünensand«.

»Der rechte Unterarm war angewinkelt auf den Unterleib gebettet« (K. H. Brandt), die rechte Hand trug einen goldenen Bischofsring mit ovalem Amethyst. Der vergoldete Bischofsstab lag links des Toten. Dieser Stab, zumal seine Krümme, ist wesentlich schlichter gearbeitet als das Pendant aus Grab 18. Die Spitze läuft in eine spiralig gedrehte Volute aus und endet in einem Tierkopf. Der abgeflachte Knauf ist leicht ornamentiert. Derzeit vermutet man seine Herkunft aus Frankreich oder England, vielleicht um 1200 gearbeitet.

Kelch und Patene befanden sich auf der linken Brustseite des Toten. Wie in Grab 18 waren sie aus Silber und entstammten eben jener nordwestdeutschen Werkstatt (um 1200 bis 1250), wie die Abendmahlsgeräte aus Grab 18.

Unter den Textilfunden dieses Grabes fiel besonders eine reichgeschmückte und guterhaltene Mitra auf: »Sie zeigt auf der Vorderseite eine himmlische Fürbitte (Deesis) mit Christus als

Weltenrichter zwischen der fürbittenden Gottesmutter als Verkörperung des neuen Bundes und Johannes dem Täufer, der den alten Bund symbolisiert« (K. H. Brandt). Man vermutet, daß sie aus einer sizilianischen Werkstatt stammt. Auch die mit Goldbrokatfäden durchwirkten Pantoffeln waren »hervorragend erhalten«.

Die Textilien der Gräber 18 und 19 gingen gleich nach ihrer Auffindung 1974 an die Textilabteilung des Schwedischen Zentralamtes für Denkmalspflege in Stockholm, die einen besonderen Ruf im Konservieren und Restaurieren mittelalterlicher Textilien genießt, und wo derzeit die Textilfunde von acht Gräbern betreut werden.

Das Restaurieren so alter Stoffe ist außerordentlich schwierig. Der Verwesungsprozeß der Leiche zieht natürlich auch seine Kleidung in Mitleidenschaft, außerdem tritt im Laufe der Jahrhunderte ein ganz normaler Verfallsprozeß ein, bei dem z. B. Pflanzenfibern restlos aufgelöst werden.

Bei der Restaurierung beginnt man in Stockholm – wohin die Skelette in ihren Gewändern gebracht wurden – zunächst mit Röntgenfotos. Sie zeigen die Lage des Skeletts und eventuell Ringe, Schnallen oder in Gewebe eingelassene Metallfäden, die über Sitz und Schnitt der einzelnen geistlichen Ornate Auskunft geben. Danach wird der gesamte Fund sowohl farbig als auch schwarzweiß fotografiert.

Es erfolgt nun eine erste Reinigung, die wegen der Brüchigkeit der Gewebe mit äußerster Behutsamkeit und ohne mechanische Einwirkungen erfolgen muß, möglichst durch Wegblasen von Sand-, Erd- und Staubresten. Danach werden die Textilschichten nacheinander abgelöst und die Fragmente (dies alles selbstverständlich bei laufender Dokumentierung) auf Glasscheiben mit destilliertem Wasser gereinigt – unter einem Mikroskop. Von jedem Gewandteil werden Rekonstruktionszeichnungen hergestellt, denen die Fragmente eingepaßt werden.

»Zum Abschluß legt man die Fragmente zwischen Lagen von säurefreiem Papier auf Pappe und hebt sie so bis zur nächsten Etappe, der muster- und gewebetechnischen Analyse, auf«, schreibt Margareta Nockert, die gemeinsam mit Kerstin Adde-Johansson die Bremer Funde in Stockholm restauriert. »Bis jetzt (Februar 1976) sind erst zwei Gräber, Nr. 5 und Nr. 6, so weit bearbeitet worden, weshalb noch keine Textilanalysen vorliegen und auch die Datierungsprobleme noch nicht behandelt werden konnten.«

Nach Präparierung und Reinigung werden Textiltechnik und Stoffmuster analysiert, dann werden die Fundstücke konserviert und zum Abschluß des Verfahrens wissenschaftlich ausgewertet. Bei der Fülle der in Bremen geborgenen Textilien werden also noch einige Jahre vergehen, bis die restaurierten und konservierten Ornate der Bremer Erzbischöfe von der Öffentlichkeit besichtigt werden können.

Einer Art von Restaurierungsprozeß werden auch die Skelette unterzogen, die im Herbst 1975 dem Anthropologischen Institut der Universität Mainz zur wissenschaftlichen Analyse übergeben wurden (soweit sie nicht wegen ihrer Bekleidung nach Stockholm verbracht werden mußten).

Die Knochenreste werden mit Zaponlack und Kanadabalsam gefestigt und dann zusammengesetzt. Bei der Untersuchung der Skelette geht es um die Alters- und Geschlechtsbestimmung des Individuums, was für die Datierung eines Fundes oft ein wichtiges Indiz werden kann. Oder wenn sich bei zwei Funden in den Knochen Risse erkennen lassen, die darauf hindeuten, daß »die Skelette einer hohen indirekten Wärmebestrahlung ausgesetzt waren«, so kann hier ein Zusammenhang mit dem Dombrand von 1041 gegeben sein. Veränderungen im Knochenbau können meist ziemlich exakt als Krankheiten diagnostiziert werden, verheilte Brüche zeichnen sich ebenso ab wie gewaltsame Einwirkungen von außen. Und wie schon wiederholt in diesem Buch dargelegt: Besondere Aufschlüsse sind von der Analyse der Zähne zu erwarten, dem dauerhaftesten Teil eines menschlichen Skeletts. Karies, Paradontose, Gebißanomalien, Ernährungsstörungen und natürlich das Alter sind an den Zähnen ablesbar.

Wie genau eine Diagnose möglich ist und wie sehr sie auch unter Umständen eine Identifizierung des Toten erleichtern kann, möge ein Zitat veranschaulichen: »Das männliche Individuum, dem dieses Skelett angehört, war wahrscheinlich Pykniker, möglicherweise adipös, und es hat wahrscheinlich an einem latenten oder manifesten Diabetes oder/und Hyperurikaemie bzw. Gicht gelitten. Dies sind nämlich die häufigsten mit Spondylosis hyperostotica assoziierten Stoffwechselstörungen.« So steht es in einem Fundbericht des Mainzer Instituts, bei dem es um das Skelett in Grab 28 des Bremer Doms ging, einem Grab aus der Barockzeit.

»Der Archäologe gräbt nicht Dinge aus, sondern Menschen«, schrieb 1954 der britische Archäologe M. Wheeler, und sein belgischer Kollege S. de Laet formulierte im selben Jahr bewußt überspitzt: »Kunstwerke sind selbstverständlich nicht aus der Archäologie ausgeschlossen, wenn sie einen bestimmten Aspekt aus der Geschichte früherer Kulturen klären helfen.«

Während diese letzten Zeilen im Manuskript niedergeschrieben werden, sind in unserem Land von den Archäologen Entdeckungen gemacht worden, von denen außer einem kleinen Kreis von Fachleuten noch niemand etwas weiß. Und wenn diese Sätze gedruckt werden, ist der Schatz archäologischer Erfahrungen und Funde erneut reicher geworden. Jedes Jahr bringt uns neue Erkenntnisse über unsere Vergangenheit, aus der unsere Gegenwart gewachsen ist.

Nachwort

Dieses Buch ist hervorgegangen aus einer 1976 in der ZEIT veröffentlichten dreiteiligen Serie »Das neue Bild der alten Welt: Archäologie in Deutschland«. Den Anstoß dazu lieferten zwei große Archäologie-Ausstellungen des Jahres 1975: »Ausgrabungen in Deutschland« in Mainz und »Das neue Bild der alten Welt« in Köln.

Diese Ausstellungen zogen gleichsam die Summe dessen, was seit 1945 auf dem Boden der Bundesrepublik Deutschland archäologisch geleistet worden ist. Als dieses Buch im Laufe des Jahres 1977 geschrieben wurde, verging kein Monat, in dem nicht westdeutsche Tageszeitungen von neuen Funden berichten konnten, und die Versuchung war natürlich groß, nun auch jeden neuen Fundplatz aufzusuchen und sich von den Archäologen informieren zu lassen, um die hier gegebene Darstellung auf dem aktuellsten Stand der Forschung zu halten.

Genau dies aber erwies sich sofort als nicht realisierbar. Denn bis zur Auslieferung eines fertig ausgedruckten Buches vergehen wiederum einige Monate, in denen gleichfalls neue Funde gemacht werden. Als die 1. Auflage dieses Buches erschien, wurde gerade erst die Entdeckung des Hafentempels in der Colonia Ulpia Traiana bekanntgegeben, vor allem aber die Ausgrabung des Hochdorfer Fürstengrabes. Diese beiden bedeutenden Funde können nun zwar in der vorliegenden 2. Auflage Erwähnung finden, aber eben doch nur skizzenhaft, weil die wissenschaftliche Auswertung oft Jahre beansprucht. Die kostbaren Beigaben aus dem Hochdorfer Grab müssen konserviert und restauriert werden; ein langwieriges Verfahren, da viele

Stücke durch die herabgestürzte fünfzehn Tonnen schwere Gesteinsabdeckung völlig zusammengedrückt wurden.

Es ist ja nicht damit getan, die neueste Ausgrabung einfach nur zu registrieren; ihre Bedeutung für die Forschung muß erläutert werden, der Fund muß in die geschichtlichen Zusammenhänge eingeordnet werden, und es wäre dann darzustellen, ob und wie er unser bisheriges Bild verändert oder ergänzt. Das aber weiß selbst der vor Ort tätige Wissenschaftler fast immer erst nach gründlicher Untersuchung.

So fand, während dieses Buch geschrieben wurde, die Grabung auf der Heuneburg im Herbst 1977 einen ersten Abschluß. Einen »ersten« darum, weil das gesamte Areal noch längst nicht ausgegraben werden konnte. Wann aber weitere Grabungen möglich sein werden, ist noch völlig ungewiß, denn in den nächsten Jahren werden die mit dieser Grabung beschäftigten Archäologen genug zu tun haben, die wissenschaftliche Auswertung des beträchtlichen Fundmaterials gründlich zu betreiben. Bis dann eine Publikation über die neugewonnenen Erkenntnisse vorliegt, werden weitere Jahre vergehen.

Andere der hier beschriebenen Grabungen werden derzeit fortgeführt. Das gilt z. B. für die Mosaikbodenvilla in Bad Kreuznach, die Colonia Ulpia Traiana vor den Toren Xantens oder für das fränkische Gräberfeld von Krefeld-Gellep. Die für die nächste Zeit geplante Bergung und Konservierung eines Schiffswracks im einstigen Hafen von Haithabu wird uns mit neuen Bergungstechniken bekannt machen; von den Erkenntnissen, die dieser Fund liefern wird, ganz zu schweigen. Oder die Erzbischofsgräber im Bremer Dom: Gewiß, die Grabung selbst ist abgeschlossen, aber es wird Jahre brauchen, bis die kostbaren Textilien restauriert und konserviert sind. Erst dann werden wir mehr wissen über die Textilkunst des Mittelalters, erst dann wird auch eine genauere Datierung als bisher möglich sein.

Ist man einmal selbst mit einem Archäologen über noch unentdeckte Fundplätze im Rheinland geflogen, so bekommt man eine Ahnung, welche Fülle archäologischen Materials unter der Erdoberfläche verborgen ist. Gegen Ende dieses Jahrhunderts – wenn etwa der Konservierungsprozeß der Bremer Kogge abgeschlossen sein wird oder die des bis jetzt noch gar nicht geborgenen Haithabu-Schiffes – müßte dieses Buch von Grund auf neu geschrieben werden, und das nicht nur wegen der jährlich hinzukommenden Entdeckungen, sondern weil bis dahin auch neue Techniken zu ihrer Entdeckung, Bergung, Konservierung und Restaurierung entwickelt sein werden. Das gilt auch für die Datierung. Die für sie entwickelten Verfahren müssen noch beträchtlich verfeinert werden, was ohne weiteres möglich ist, aber noch viel Zeit verlangt.

So wenig es also möglich ist, eine solche Darstellung wie die hier gegebene »auf den letzten Stand« zu bringen, so wenig ist es möglich, Vollständigkeit anzustreben. Beschrieben wurde darum eine Auswahl aus den Entdeckungen zwischen 1945 und 1977, die als exemplarisch gelten können und uns vielfach ein »neues Bild der alten Welt« vermitteln.

Goethe meinte, man müsse sich »Rechenschaft« über dreitausend Jahre geben können, und das forderte er zu einer Zeit, als die Archäologie noch ganz in den Kinderschuhen steckte. Wir können uns heute längst Rechenschaft über weit größere Zeiträume geben. Und das nicht über »Schätze und Scherben«, wie ein Buchtitel formulierte, sondern darüber, wie die Menschen vor Jahrhunderten und Jahrtausenden gelebt haben, wie sie ihre Gesellschaft bildeten und wie aus dieser Vergangenheit unsere Gegenwart hat werden können.

»Ziel der Archäologie ist es, die Entwicklung der menschlichen Kultur zu entdecken und zu beleuchten«, so hat es 1930 der britische Archäologe Leonard Woolley definiert. Und C. W. Ceram, der 1949 das erste Sachbuch über die Archäologie veröffentlichte (»Götter, Gräber und Gelehrte«), schrieb: »Wenn wir als Menschen Bescheidenheit lernen wollen, so ist es nicht nötig, unseren Blick auf den bestirnten Himmel zu richten. Es genügt der Blick auf die Kulturwelten, die Tausende von Jahren vor uns da waren, vor uns groß waren und vor uns vergingen.«

Allein die seit 1945 veröffentlichte archäologische Fachliteratur, soweit sie die Archäologie in der Bundesrepublik Deutschland betrifft, ist für den Laien nur noch schwer überschaubar, und mit jedem Jahr wächst sie weiter. Was also auf den hier folgenden Seiten an Literaturverweisen zu den einzelnen Kapiteln genannt wird, ist in den meisten Fällen nur eine bescheidene Auswahl. Sie bot dem Autor Orientierungshilfen, sie kann auch dem Leser weiterhelfen, der sich näher mit einem der angesprochenen Bereiche befassen möchte. Innerhalb dieser Publikationen wiederum wird er zahlreiche Verweise finden, die auf weiterführende Literatur aufmerksam machen und mit der er sich den Stoff eingehender, als es hier möglich war, erarbeiten kann.

Genauso wichtig wie diese Literatur war für mich das Gespräch mit den Archäologen und die Möglichkeit, in einigen Fällen auch archäologische Arbeit »vor Ort« kennenzulernen.

Allen Wissenschaftlern, die mir diese Möglichkeit verschafften oder sich die Zeit nahmen, über ihre Arbeit zu berichten, oder auch bereit waren, Abschnitte dieses Buchs im Manuskript gegenzulesen, zu prüfen und zu korrigieren, gilt mein Dank:
Dr. Dietrich Ankner, Römisch-Germanisches Zentralmuseum, Mainz; Dr. Dietwulf Baatz, Saalburg-Museum bei Bad Homburg v. d. H.; Dr. Jörg Biel, Stuttgart; Prof. Dr. Gerhard Bosinski, Universität Köln; Dr. Heinz Cüppers, Rheinisches Landesmuseum Trier; Dr. Detlev Ellmers, Deutsches Schiffahrtsmuseum Bremerhaven; Ernst Hollstein, Trier; Dr. Maria Hopf, Römisch-Germanisches Zentralmuseum Mainz; Prof. Dr. Wolfgang Kimmig, Tübingen; Dr. Karl-Heinz Knörzer, Neuss; Dr. Johann-Sebastian Kühlborn, Xanten; Dr. Rudolph Kuper, Universität Köln; W. Lahn, Deutsches Schiffahrtsmuseum Bremerhaven; Dr. Renate Pirling, Landschaftsmuseum Burg Linn b. Krefeld; Christian Radtke, M. A., Schleswig-Holsteinisches Landesmuseum für Vor- und Frühgeschichte Schleswig/Schloß Gottorf; Dr. Gerd Rupprecht, Bad Kreuznach; Dr. Kurt Schietzel, Schleswig-Holsteinisches Landesmuseum für Vor- und Frühgeschichte Schleswig/Schloß Gottorf; Dr. Reinhard Schindler, Rheinisches Landesmuseum Trier; Dr. Siegmar von Schnurbein, Landesmuseum Münster; Prof. Dr. Rudolf Schütrumpf, Universität Köln; Prof. Dr. Hermann Schwabedissen, Universität Köln; Prof. Dr. Ilse Schwidetzky, Universität Mainz; Dr. Irwin Scollar, Rheinisches Landesmuseum Bonn; Dr. Walter Sölter, Rheinisches Landesmuseum Bonn; Dr. Volker Vogel, Schleswig-Holsteinisches Landesmuseum für Vor- und Frühgeschichte Schleswig/Schloß Gottorf; Prof. Dr. Wilhelm Winkelmann, Westfälisches Landesmuseum Münster, und den Herren vom Landesmuseum Zürich.

Prof. Dr. Hugo Borger, der Direktor des Römisch-Germanischen Museums in Köln, hat meine Arbeit von der ersten Stunde an beratend und in jeder Weise freundlich fördernd begleitet. Ihm sei auch an dieser Stelle von Herzen für seine Unterstützung gedankt.

ANHANG

Bibliographie

Methoden und Techniken

Baatz, Dietwulf: Bemerkungen zur Jahresringchronologie der römischen Zeit. – In: »Germania« Jhg. 55/1977, S. 173–179
Bibby, G.: Faustkeil und Bronzeschwert. – Reinbek 1972
Hollstein, Ernst: Jahresringchronologien aus dem Chorgestühl im Kölner Dom. – In: »Kölner Domblatt« 1967, S. 57–64
–: Die Jahresringe vom Magdalenenberg. – Villingen 1974
Knörzer, Karl-Heinz: Ergebnisse paläoethnobotanischer Untersuchungen im Rheinland. – In: »Kölner Römer-Illustrierte« 2/1975, S. 301–304
Maier, Franz Georg: Neue Wege in die alte Welt. Moderne Methoden der Archäologie. – Hamburg 1977
Scollar, Irwin: Einführung in neue Methoden der archäologischen Prospektion. – Düsseldorf 1970

Als in Deutschland noch Vulkane rauchten:
Der Fund von Gönnersdorf

Bosinski, Gerhard: Der Magdalénien-Fundplatz Feldkirchen-Gönnersdorf, Kr. Neuwied. In: »Germania«, Jhg. 47/1969, S. 1–38
–: Die Tierdarstellungen des Magdalénien-Fundplatzes Gönnersdorf, Kr. Neuwied. In: »Archäologisches Korrespondenzblatt«, Jhg. 1/1971, S. 1–5
Bosinski, G.; Fischer, Gisela: Die Menschendarstellungen von Gönnersdorf der Ausgrabung 1968. – Wiesbaden 1974

Bosinski, G.: Der Magdalénien-Fundplatz Gönnersdorf. In: »Ausgrabungen in Deutschland«, Teil 1, Mainz 1975, S. 42–63
–: Die Rekonstruktion des Gönnersdorfer Hauses. In: »Ausgrabungen in Deutschland«, Teil 3, Mainz 1975, S. 255–270
–: Die Landschaft des Neuwieder Beckens um 10 500 v. Chr. In: »Ausgrabungen in Deutschland«, Teil 3, Mainz 1975, S. 271–273
–: Eine archäologische Sensation: Menschen- und Tierbilder in Deutschland. In: »Kölner Römer-Illustrierte« 2/1975, S. 25–32

Wie die Bauern in der Steinzeit lebten:
Die Aldenhovener Platte bei Köln

Kuper, Rudolph; Piepers, Wilhelm: Eine Siedlung der Rössener Kultur in Inden (Kreis Jülich) und Lamersdorf. – In: »Bonner Jahrbücher«, Bd. 166/1966, S. 370–376
Kuper, Rudolph: Inden, Kr. Jülich, und Lamersdorf, Kr. Düren. – In: »Bonner Jahrbücher«, Bd. 168/1968, S. 441–444
Ihmig, Margarete: Ein bandkeramischer Graben mit Einbau bei Langweiler, Kr. Jülich, und die zeitliche Stellung bandkeramischer Gräben im westlichen Verbreitungsgebiet. – In: »Archäologisches Korrespondenzblatt«, Jhg. 1/1971, S. 23–30
Ihmig, Margarete; Kuper, Rudolph; Schröter, Irene: Ein Großgartacher Erdwerk in Langweiler, Kr. Jülich. – In: »Germania«, Jhg. 49/1971, S. 193–196
Eckert, Jörg; Ihmig, Margarete; Jürgens, Antonius; Kuper, Rudolph; Löhr, Hartwig; Lüning, Jens; Schröter, Irene: Untersuchungen zur neolithischen Besiedlung der Aldenhovener Platte. – In: »Bonner Jahrbücher«, Bd. 171/1971, S. 558–664
Eckert, Jörg; Ihmig, Margarete; Kuper, Rudolph; Löhr, Hartwig; Lüning, Jens: Untersuchungen zur neolithischen Besiedlung der Aldenhovener Platte II. – In: »Bonner Jahrbücher«, Bd. 172/1972, S. 344–394
Kuper, Rudolph: Ein schnurverzierter Becher von der Aldenhovener Platte. – In: »Archäologisches Korrespondenzblatt«, Jhg. 2/1972, S. 99–102

Farruggia, J. P.; Kuper, Rudolph; Lüning, Jens; Stehli, Petar: Untersuchungen zur neolithischen Besiedlung der Aldenhovener Platte III. – In: »Bonner Jahrbücher«, Bd. 173/1973, S. 226–256

–: Der bandkeramische Siedlungsplatz Langweiler 2. Beiträge zur neolithischen Besiedlung der Aldenhovener Platte I. – Rheinische Ausgrabungen Bd. 13, Bonn 1973

Stehli, Petar: Großgartacher Scherben vom bandkeramischen Siedlungsplatz Langweiler 8, Kr. Düren. –
In: »Archäologisches Korrespondenzblatt«, Jhg. 4/1974, S. 117–119

Kuper, Rudolph; Löhr, Hartwig; Lüning, Jens; Stehli, Petar: Untersuchungen zur neolithischen Besiedlung der Aldenhovener Platte IV. – In: »Bonner Jahrbücher«, Bd. 174/1974, S. 424–508

Kuper, Rudolph; Lüning, Jens; Stehli, Petar: Bagger und Bandkeramiker. Steinzeitforschungen im rheinischen Braunkohlengebiet. – Bonn 1974

Kuper, Rudolph; Löhr, Hartwig; Lüning, Jens; Schwellnus, W.; Stehli, Petar; Zimmermann, A.: Untersuchungen zur neolithischen Besiedlung der Aldenhovener Platte V. – In: »Bonner Jahrbücher«, Bd. 175/1975, S. 191–229

Kuper, Rudolph; Lüning, Jens: Untersuchungen zur neolithischen Besiedlung der Aldenhovener Platte. –
In: »Ausgrabungen in Deutschland«, Teil 1, Mainz 1975, S. 85–97

Kuper, Rudolph: Das Merzbachtal um 4000 v. Chr. – In: »Ausgrabungen in Deutschland«, Teil 3, Mainz 1975, S. 274

Kuper, Rudolph; Löhr, Hartwig; Lüning, Jens; Stehli, Petar; Zimmermann, A.: Der bandkeramische Siedlungsplatz Langweiler 9. Beiträge zur neolithischen Besiedlung der Aldenhovener Platte II. Rheinische Ausgrabungen Bd. 18. – Bonn 1977

Zimmermann, A.: Die Pfeilspitzen aus den bandkeramischen Grabungen im Merzbachtal. Beiträge zur neolithischen Besiedlung der Aldenhovener Platte II. Rheinische Ausgrabungen Bd. 18. – Bonn 1977

Knörzer, Karl-Heinz: Genutzte Wildpflanzen in vorgeschichtlicher Zeit. – In: »Bonner Jahrbücher«, Bd. 171/1971, S. 1–8

–: Pflanzliche Großreste aus der rössenerzeitlichen Siedlung bei Langweiler, Kr. Jülich. – In: »Bonner Jahrbücher«, Bd. 171/1971, S. 9–33

–: Entstehung und Entwicklung der Grünlandvegetation im Rheinland. – In: »Decheniana«, Bd. 127, April 1975, S. 195–214

Müller-Karpe, Hermann: Handbuch der Vorgeschichte. – München 1968

Schwidetzky, Ilse: Moderne Trends in der prähistorischen Anthropologie. – In: »Paideuma«, Bd. XVII/1971, S. 39–54

Fürstensitze, Orte und Gräber:
Die Kelten in Süddeutschland

Bittel, Kurt; Rieth, Adolf: Die Heuneburg an der oberen Donau, ein frühkeltischer Fürstensitz. – Stuttgart 1951

Dehn, Wolfgang; Sangmeister, Edward; Kimmig, Wolfgang: Die Heuneburg beim Talhof. – In: »Germania«, Jhg. 32/1954, S. 22–59

Gersbach, Egon: Die mittelbronzezeitlichen Wehranlagen der Heuneburg bei Hundersingen a. d. Donau. – In: »Archäologisches Korrespondenzblatt«, Jhg. 3/1973, S. 417–422

–: Das Modell der Heuneburg. – In: »Ausgrabungen in Deutschland«, Teil 3, Mainz 1975, S. 317–319

–: Das Osttor (Donautor) der Heuneburg bei Hundersingen (Donau). – In: »Germania«, Jhg. 54/1976, S. 17–42

Kimmig, Wolfgang; Gersbach, Egon: Die neuen Ausgrabungen auf der Heuneburg. – In: »Germania«, Jhg. 44/1966, S. 102–136

Kimmig, Wolfgang: Die Heuneburg an der oberen Donau. – Stuttgart 1968

Kimmig, Wolfgang; Gersbach, Egon: Die Grabungen auf der Heuneburg 1966–1969. – In: »Germania«, Jhg. 49/1971, S. 21–91

Kimmig, Wolfgang; von Vacano, Otto-Wilhelm: Zu einem Gußform-Fragment einer etruskischen Bronzekanne von der Heuneburg an der oberen Donau. – In: »Germania«, Jhg. 51/1973, S. 72–85

Kimmig, Wolfgang: Die Heuneburg an der oberen Donau. – In: »Ausgrabungen in Deutschland«, Teil 1, Mainz 1975, S. 192–211

Rieck, Gustav; Hundt, Hans-Jürgen: Der Hohmichele. – Berlin 1962

Beck, Adelheid: Der hallstattzeitliche Grabhügel von Tübingen-Kilchberg. – In: »Fundberichte aus Baden-Württemberg«, Bd. 1/1974, S. 251–281

–: Die Grabstele von Tübingen-Kilchberg, Baden-Württemberg. – In: »Kölner Römer-Illustrierte« 2/1975, S. 79

Paret, Oscar: Das Fürstengrab der Hallstattzeit von Bad Cannstatt. – In: »Fundberichte aus Schwaben«, N. F. VIII, Anhang I, Stuttgart 1935

–: Das Hallstattgrab von Sirnau bei Eßlingen. – In: »Fundberichte aus Schwaben«, N.F. IX/1938, S. 60–66

–: Das reiche späthallstattzeitliche Grab von Schöckingen. – In: »Fundberichte aus Schwaben«, N.F. XII/1952, S. 37–40

Schiek, Siegwalt: Zum Grafenbühl bei Asperg, Kreis Ludwigsburg. – In: »Fundberichte aus Baden-Württemberg«, Bd. 1/1974, S. 321–325

Zürn, Hartwig: Eine hallstattzeitliche Stele von Hirschlanden, Kr. Leonberg (Württbg.). – In: »Germania«, Jhg. 42/1964, S. 27–36

–: Die hallstattzeitliche Kriegerstele von Hirschlanden. – In: »Ausgrabungen in Deutschland«, Teil 1, Mainz 1975, S. 212–215

–: Die hallstattzeitliche Kriegerstele von Hirschlanden. – In: »Kölner Römer-Illustrierte«, 2/1975, S. 79

Zürn, Hartwig; Herrmann, Hans-Volkmar: Der »Grafenbühl« auf der Markung Asperg, Kr. Ludwigsburg, ein Fürstengrabhügel der späten Hallstattzeit. – In: »Germania«, Jhg. 44/1966, S. 74–102

Zürn, Hartwig: Der »Grafenbühl«, ein späthallstattzeitlicher Fürstengrabhügel bei Asperg. – In: »Ausgrabungen in Deutschland«, Teil 1, Mainz 1975, S. 216–220

Hollstein, Ernst: Dendrochronologische Untersuchungen am Magdalenenberg bei Villingen. – In: »Germania«, Jhg. 50/1972, S. 69–73

–: Die Jahresringe vom Magdalenenberg. Dendrochronologische Datierung des hallstattzeitlichen Fürstengrabes bei Villingen im Schwarzwald. – Villingen 1974

Spindler, Konrad: Der Grabhügel Magdalenenberg. – In: »Antike Welt«, 2. Jhg./1971, Heft 3

–: Neue Funde vom Magdalenenberg. – In: »Antike Welt«, 3. Jhg./1972, Heft 1

–: Vorbericht über die Grabungskampagne 1970 am hallstattzeitlichen Fürstengrabhügel Magdalenenberg bei Villingen im Schwarzwald. –
In: »Germania«, Jhg. 50/1972, S. 56–65

–: Grabfunde der Hallstattzeit vom Magdalenenberg bei Villingen im Schwarzwald. – In: »Ausgrabungen in Deutschland«, Teil 1, Mainz 1975, S. 221–242

Keller, Josef: Das Fürstengrab von Reinheim, Kreis St. Ingbert, Saarland. – In: »Germania«, Jhg. 33/1955, S. 33–42

–: Das keltische Fürstengrab von Reinheim. – Mainz 1965

Nellissen, H.-E.: Das Grab einer keltischen »Fürstin« von Reinheim, Kr. St. Ingbert, Saarland. – In: »Kölner Römer-Illustrierte« 2/1975, S. 91

Herrmann, Fritz-Rudolf: Grabungen im Oppidum von Kelheim 1964 bis 1972. – In: »Ausgrabungen in Deutschland«, Teil 1, Mainz 1975, S. 298–311

–: Kelheim, ein keltisches Oppidum. – In: »Kölner Römer-Illustrierte« 2/1975, S. 81

–: Kelheim, Toranlage des Oppidum. – In: »Kölner Römer-Illustrierte« 2/1975, S. 83

–: Kelheim, Stadtmauer des keltischen Oppidum. – In: »Kölner Römer-Illustrierte« 2/1975, S. 83–84

–: Ein Doppeljoch aus Kelheim. – In: »Kölner Römer-Illustrierte« 2/1975, S. 84

Krämer, Werner: Zu den Ausgrabungen in dem keltischen Oppidum von Manching 1955. – In: »Germania«, Jhg. 35/1957, S. 32–44

–: Manching II. Zu den Ausgrabungen in den Jahren 1957 bis 1961. – In: »Germania«, Jhg. 40/1962, S. 293–317

Gensen, R.: Manching III. Die Ausgrabung des Osttores in den Jahren 1962 bis 1963. – In: »Germania«, Jhg. 43/1965, S. 49–62

Schubert, Franz: Manching IV. Vorbericht über die Ausgrabungen in den Jahren 1965–1967. – In: »Germania«, Jhg. 50/1972, S. 110–121
Krämer, Werner: Zwanzig Jahre Ausgrabungen in Manching 1955 bis 1974. – In: »Ausgrabungen in Deutschland«, Teil 1, Mainz 1975, S. 287–297
Nellissen, H.-E.: Das keltische Oppidum Manching. – In: »Kölner Römer-Illustrierte« 2/1975, S. 84–85

Dann kamen die Römer

Baatz, Dietwulf: Limeskastell Echzell. Kurzbericht über die Grabungen 1963 und 1964. – In: »Saalburg-Jahrbuch« 22/1965, S. 139–157
–: Römische Wandmalereien aus dem Limeskastell Echzell, Kr. Büdingen (Hessen). – In: »Germania«, Jhg. 46/1968, S. 40–52
–: Der römische Limes. – Berlin 1974
–: Bemerkungen zur Jahresringchronologie der römischen Zeit. – In: »Germania«, Jhg. 55/1977, S. 173–179
Bechert, Tilmann: Neue Ausgrabungen im römischen Kastell Asciburgium. – In: »Antike Welt«, 3. Jhg./1972, Heft 1, S. 33–52
–: Asciburgium. – Ausgrabungen in einem römischen Kastell am Niederrhein. – Duisburg 1974
Beck, Hans: Ein römisches Lager an der oberen Lippe bei Anreppen, Kr. Büren. – In: »Germania«, Jhg. 48/1970, S. 60–66
Beck, Hans; Doms, A.: Das römische Lager bei Anreppen. – In: »Führer zu vor- und frühgeschichtlichen Denkmälern« Bd. 20, S. 196–201
Bogaers, J. E.; Rüger, C. B.: Der niedergermanische Limes. – Köln 1974
COLONIA ULPIA TRAIANA. 1. und 2. Arbeitsbericht zu den Grabungen und Rekonstruktionen. – Köln o. J.
Cüppers, Heinz: Die Trierer Römerbrücke und die Moselkanalisierung. – In: »Kölner Römer-Illustrierte« 2/1975, S. 166–168
Deckers, J. G.: Decke des Trierer Prunksaals. – In: »Kölner Römer-Illustrierte« 2/1975, S. 176–179

Filtzinger, Ph.: Jupitergigantensäule von Walheim, Kr. Ludwigsburg. – In: »Kölner Römer-Illustrierte« 29/1975, S. 189–190
–: Jupitergigantensäule. – In: »Kölner Römer-Illustrierte« 2/1975, S. 190–191
Filtzinger, Ph.; Planck, D.; Cämmerer, B.: Die Römer in Baden-Württemberg. – Stuttgart/Aalen 1976
Fingerlin, Gerhard: Dangstetten, ein augusteisches Legionslager am Hochrhein. – In: »51.–52. Bericht der Römisch-Germanischen Kommission« 1970/71, S. 197–232
–: Dangstetten, ein Aufmarschlager am Hochrhein. – In: »Kölner Römer-Illustrierte« 2/1975, S. 109–110
–: Funde des Legionslagers Dangstetten. – In: »Kölner Römer-Illustrierte« 2/1975, S. 111
–: Dangstetten, Toranlage. – In: »Kölner Römer-Illustrierte« 2/1975, S. 121–122
Garbsch, Jochen: Spätrömische Schatzfunde aus Kastell Vemania. – In: »Germania«, Jhg. 49/1971, S. 137–154
–: Der Schatzfund von Isny. – In: »Kölner Römer-Illustrierte« 2/1975, S. 134
Hinz, Hermann: Xanten zur Römerzeit. – Xanten 1976
Horn, H. G.: Der Schatzfund von Straubing. – In: »Kölner Römer-Illustrierte« 2/1975, S. 124–127
Janssen, Walter: Zur Differenzierung des früh- und hochmittelalterlichen Siedlungsbildes im Rheinland. – In: »Die Stadt in der europäischen Geschichte. – Festschrift Edith Ennen«, Bonn 1972, S. 277–325
Keim, Josef; Klumbach, Hans: Der römische Schatzfund von Straubing. – München 1951
Kempf, Th. K.: Bild einer kaiserlichen Braut. Von den konstantinischen Deckenmalereien aus dem Trierer Dom. – In: »Kölner Römer-Illustrierte« 2/1975, S. 175–176
Kellner, Hans-Jörg: Die Römer in Bayern. – 2. Aufl. München 1972
Klumbach, Hans; Baatz, Dietwulf: Eine römische Parade-Gesichtsmaske aus dem Kastell Echzell, Kr. Büdingen (Hessen). – In: »Saalburg-Jahrbuch« 27/1970, S. 73–83
Knörzer, Karl-Heinz: Römerzeitliche Pflanzenfunde aus Neuß. – Berlin 1970

Linfert, Andreas: Römische Wandmalerei der nordwestlichen Provinzen. – Köln 1975

–: Das Silbergeschirr von Manching. – In: »Kölner Römer-Illustrierte« 2/1975, S. 132–133

Müller, Gustav: Novaesium. Die Ausgrabungen in Neuß von 1955 bis 1972. – In: »Ausgrabungen in Deutschland«, Teil 1, Mainz 1975, S. 384–400

Noelke, Peter: Militärlager und Siedlungen in Neuß. – In: »Kölner Römer-Illustrierte« 2/1975, S. 112–114

von Petrikovits, Harald: Das römische Rheinland. Archäologische Forschungen seit 1945. – Köln 1960

Pirling, Renate: Ein Bestattungsplatz gefallener Römer in Krefeld-Gellep. – In: »Archäologisches Korrespondenzblatt«, Jhg. 1/1971, S. 45–46

Röder, Josef: Die antiken Tuffsteinbrüche der Pellenz. – In: »Bonner Jahrbücher« 157/1957, S. 213–271

–: Römische Steinbruchtätigkeit am Drachenfels. – In: »Bonner Jahrbücher«, Bd. 174/1974, S. 509–544

»Römer am Rhein«, Katalog d. Ausstellung des Röm.-Germ. Museums Köln/Kunsthalle Köln v. 15. 4. bis 30. 6. 1967

Rüger, Christoph B.: Germania Inferior. Untersuchungen zur Territorial- und Verwaltungsgeschichte Niedergermaniens in der Prinzipatszeit. – Köln/Graz 1968

Rupprecht, Gerd: Vorbericht über die Grabungen in der Mosaikbodenvilla Bad Kreuznach in den Jahren 1975/76 (Stand Juli 1976). – In: »Mainzer Zeitschrift« 71/72, 1976/77

–: Die Kreuznacher Mosaikbodenvilla, Kurzbericht (Stand: April 1977). – In: »Saalburg-Jahrbuch« 34/1977, S. 78–87

von Schnurbein, Siegmar: Ein Bleibarren der 19. Legion aus dem Hauptlager von Haltern. – In: »Germania«, Jhg. 49/1971, S. 132–136

–: Die römischen Militäranlagen bei Haltern. – Münster 1974

Schönberger, Hans: Die römischen Kastellanlagen in Echzell. – In: »Saalburg-Jahrbuch« 18/1959/60, S. 35–51

–: Das Römerlager im Unterfeld bei Eining. – In: »Germania«, Jhg. 48/1970, S. 66–81

–: Das Römerkastell Oberstimm nach den Grabungen von 1968 bis 1971. – In: »Archäologisches Korrespondenzblatt« 2/1972, S. 207–209

–: Kastell Künzing-Quintana. Die Grabungen von 1958–1966.
– Berlin 1975
–: Das augusteische Römerlager Rödgen und die Kastelle Oberstimm und Künzing. – In: »Ausgrabungen in Deutschland«, Teil 1, Mainz 1975, S. 372–383
Sölter, Walter: Römische Kalkbrenner im Rheinland. – Düsseldorf 1970
–: Archäologische Untersuchungen zur antiken Wirtschaft und Technik in der Nordeifel. – In: »Führer zu vor- und frühgeschichtlichen Denkmälern«, Bd. 25, S. 50–68
–: Iversheim. Die römische Kalkbrennerei. – In: »Führer zu vor- und frühgeschichtlichen Denkmälern«, Bd. 26, S. 169–177
Specht, Walter: Eine interessante Erdprobe aus einer Abortgrube im Römerkastell Künzing. – In: »Saalburg-Jahrbuch« 21/1963/64, S. 90–94
Ulbert, G.: Das Auxiliarkastell Quintana-Künzing am raetischen Donaulimes. – In: »Kölner Römer-Illustrierte« 2/1975, S. 118–119

Wie fränkische Herren bestattet wurden

Alföldy, Géza: Die Inschrift der Bronzekanne aus dem fränkischen Fürstengrab von Krefeld-Gellep. – In: »Bonner Jahrbücher«, 166/1966, S. 446–451
Böhner, Kurt: Die fränkischen Altertümer des Trierer Landes. – 2 Bde., Berlin 1958
–: Das Grab eines fränkischen Herrn aus Morken im Rheinland. – Köln 1959
–: Zur Zeitstellung der beiden fränkischen Gräber im Kölner Dom. – In: »Kölner Jahrbuch für Vor- und Frühgeschichte«, 9. Band, 1967/68, S. 124–135
Doppelfeld, O.: Die Domgrabung. XI. Das fränkische Frauengrab. – In: »Kölner Domblatt« 16. u. 17. Folge/1959, S. 41–78
–: Das fränkische Frauengrab unter dem Chor des Kölner Domes. – In: »Germania«, Jhg. 38/1960, S. 89–113
–: Die Rosettenfibeln aus dem Kölner Dom. – In: »Mouseion – Studien aus Kunst und Geschichte für Otto H. Förster«, Köln 1960, S. 168–173

–: Die Domgrabung. XIII. Der Helm aus dem fränkischen Knabengrab. – In: »Kölner Domblatt« IV/1959–62, S. 103–126

–: Die Domgrabung. XIV. Das Inventar des fränkischen Knabengrabes. – In: »Kölner Domblatt«, 21. Folge/1963, S. 49–68

–: Das fränkische Knabengrab unter dem Chor des Kölner Domes. – In: »Germania«, Jhg. 42/1964, S. 156–188

Doppelfeld, Otto; Pirling, Renate: Fränkische Fürsten im Rheinland. – Düsseldorf 1966

Hinz, Hermann: Die Ausgrabungen auf dem Kirchberg in Morken, Kreis Bergheim (Erft). Von der Steinzeit bis ins Mittelalter. – Düsseldorf 1969

Janssen, Walter: Fränkischer Schmuck. – Düsseldorf 1967

Pirling, Renate: Gräber des frühen 5. Jahrhunderts in Krefeld-Gellep. – In: »Bonner Jahrbücher«, 159/1959, S. 215–242

–: Neue Grabfunde des 4. und des frühen 5. Jahrhunderts aus Krefeld-Gellep. – In: »Germania«, Jhg. 38/1960, S. 80–89

–: Ein fränkisches Fürstengrab aus Krefeld-Gellep. – In: »Germania«, Jhg. 42/1964, S. 188–216

–: Der Fund einer Ledertasche aus Grab 2268 des fränkischen Friedhofes von Krefeld-Gellep. – In: »Archäologisches Korrespondenzblatt«, 3/1973, S. 81–84

–: Die römisch-fränkischen Gräberfelder von Krefeld-Gellep. – In: »Antike Welt«, 5. Jhg./1974, Heft 4, S. 3–12

–: Ein Spangenhelm des Typs Baldenheim aus Leptis Magna in Libyen. – In: »Studien zur vor- und frühgeschichtlichen Archäologie. Festschrift für Joachim Werner zum 65. Geburtstag«, München 1974, S. 471–482

–: Die Gräberfelder von Krefeld-Gellep. – In: »Ausgrabungen in Deutschland«, Teil 2, Mainz 1975, S. 165–180

–: Das römisch-fränkische Gräberfeld von Krefeld-Gellep. – In: »Kölner Römer-Illustrierte« 2/75, S. 213–215

Wie Germanen siedelten

Haarnagel, Werner: Vorläufiger Bericht über die Wurtengrabung auf der Feddersen Wierde bei Bremerhaven. – In: »Germania«, Jhg. 34/1956, S. 125–141

–: Vorläufiger Bericht über das Ergebnis der Wurtengrabung auf der Feddersen Wierde bei Bremerhaven im Jahre 1956. – In: »Germania«, Jhg. 35/1957, S. 275–317

–: Zur Grabung auf der Feddersen Wierde 1955–1959. – In: »Germania«, Jhg. 39/1961, S. 42–69

–: Die Ergebnisse der Grabung Feddersen Wierde im Jahre 1961. – In: »Germania«, Jhg. 41/1963, S. 280–317

–: Die Wurtensiedlung Feddersen Wierde im Nordsee-Küstengebiet. – In: »Ausgrabungen in Deutschland«, Teil 2, Mainz 1975, S. 10–29

–: Feddersen Wierde/Ostfriesland, ein Dorf im freien Germanien. – In: »Kölner Römer-Illustrierte« 2/1975, S. 197–199

Jankuhn, Herbert: Nydam und Thorsberg. Moorfunde der Eisenzeit. – Neumünster 1950

Struve, Karl W.: Die Götterfiguren von Braak-Eutin. – In: »Kölner Römer-Illustrierte« 2/1975, S. 88–89

Dieck, Alfred: Postmortale Lageveränderungen in vor- und frühgeschichtlichen Gräbern. – In: »Archäologisches Korrespondenzblatt«, Jhg. 4/1974, S. 277–283

Jankuhn, Herbert; Tidelski, Fritz; Schlabow, Karl; Bauermeister, Wolf: Ein Moorleichenfund aus dem Ruchmoor, Gemarkung Damendorf, Kreis Eckernförde. – In: »Offa«, Bd. 3/1938, S. 89–137

Kersten, Karl: Ein Moorleichenfund von Osterby bei Eckernförde. – In: »Offa«, Bd. 8/1949, S. 1–2

Linfert-Reich, Inge: Die Frau von Peiting. – In: »Kölner Römer-Illustrierte« 2/1975, S. 290–291

Schlabow, Karl; Hage, Walter; Spatz, Hugo; Klenk, E.; Diezel, P. B.; Schütrumpf, R.; Schaefer, Ulrich; Jankuhn, Herbert: Zwei Moorleichenfunde aus dem Domlandsmoor. – In: »Prähistorische Zeitschrift«, Bd. XXXVI/1958, S. 118–219

Schlabow, Karl: Haartracht und Pelzschulterkragen der Moorleiche von Osterby. – In: »Offa«, Bd. 8/1949, S. 3–7

–: Der Moorleichenfund von Peiting. – 2. Auflage. Neumünster 1977

Struve, Karl W.: Die Ausgrabung einer Moorleiche und ihre Deutung. – In: »Kölner Römer-Illustrierte« 2/1975, S. 93–94

Die Archäologie entdeckt das Mittelalter
Haithabu

»Berichte über die Ausgrabungen in Haithabu«, Neumünster 1969 ff.

Band 1 Kurt Schietzel: Die archäologischen Befunde der Ausgrabung Haithabu 1963–1964 / Adelhart Zippelius: Zur Frage der Dachkonstruktion bei den Holzbauten von Haithabu. – Neumünster 1969

Band 2 Karl-Ernst Behre: Untersuchungen des botanischen Materials der frühmittelalterlichen Siedlung Haithabu / Hans Reichstein: Untersuchungen an Geweihresten des Rothirsches (Cervus elaphus L.) aus der frühmittelalterlichen Siedlung Haithabu. – Neumünster 1969

Band 3 Ole Crumlin-Pedersen: Das Haithabuschiff. – Neumünster 1969

Band 4 Kurt Schietzel (Hrsg.): Das archäologische Fundmaterial der Ausgrabung Haithabu I (1963–1964). – Neumünster 1970

Band 5 Kurt Schietzel (Hrsg.): Untersuchungen zur Technologie des Eisens. – Neumünster 1971

Band 6 Kurt Schietzel (Hrsg.): Das archäologische Fundmaterial der Ausgrabung Haithabu II. – Neumünster 1973

Band 7 Kurt Schietzel (Hrsg.): Untersuchungen an Tierknochenfunden (1963–1964). – Neumünster 1974

Band 8 Michael Müller-Wille / Ole Crumlin-Pedersen / Maria Dekówna: Das Bootkammergrab von Haithabu. – Neumünster 1976

Band 11 Kurt Schietzel (Hrsg.): Untersuchungen zur Anthropologie, Botanik Neumünster 1977

Kurt Schietzel: Bemerkungen zur Erforschung der Topographie von Haithabu. –
In: »Vor- und Frühformen der europäischen Stadt im Mittelalter« Teil II, Göttingen 1973, S. 30–39

–: Haithabu. – In: »Ausgrabungen in Deutschland«, Teil 3, Mainz 1975, S. 57–71

–: Haithabu – Handelsplatz an der Ostsee. – In: »Kölner Römer-Illustrierte« 2/1975, S. 256–257

Struve, Karl W.: Die Wikinger. – In: »Kölner Römer-Illustrierte« 2/1975, S. 262–263
Pörtner, Rudolf: Die Wikinger-Saga. – Düsseldorf 1971

Schleswig

Mettjes, Gerd: Rekonstruktion und bauhistorische Stellung der Nikolaikirche zu Schleswig. – In: »Beiträge zur Schleswiger Stadtgeschichte«, Heft 20/1975, S. 64–75
Radtke, Christian: Schleswig als Nachfolger der frühmittelalterlichen Siedlung Haithabu. – In: »Kölner Römer-Illustrierte« 2/1975, S. 258
–: Historische Untersuchungen zur Schleswiger Nikolaikirche. – In: »Beiträge zur Schleswiger Stadtgeschichte«, Heft 20/1975, S. 42–55
–: Aula und castellum. Überlegungen zur Topographie und Struktur des Königshofes in Schleswig. – In: »Beiträge zur Schleswiger Stadtgeschichte«, Heft 22/1977, S. 29–47
Vellev, Jens: Wie sah die Rundkirche »St. Michaelis« in Schleswig aus? – In: »Beiträge zur Schleswiger Stadtgeschichte«, Heft 16/1971, S. 45–52
Vogel, Volker: Die archäologischen Ausgrabungen im Stadtkern von Schleswig. Zwischenbericht für die Jahre 1971–1974. – In: »Ausgrabungen in Deutschland«, Teil 3, Mainz 1975, S. 72–86
–: Die Anfänge Schleswigs. – In: »Die Heimat«, 83. Jhg./1976, Nr. 9–10, S. 249–255
–: Die Anfänge des Schleswiger Hafens. – In: »Beiträge zur Schleswiger Stadtgeschichte«, Heft 22/1977, S. 21–28

Hamburg

Bohnsack, Dietrich: Das Fundament eines steinernen Rundturmes des 11. Jahrhunderts in der Hamburger Altstadt. – In: »Château Gaillard« II/1967, S. 1–6
Schindler, R.: Ausgrabungen in Alt Hamburg. Neue Ergebnisse zur Frühgeschichte der Hansestadt. – Hamburg 1957

Paderborn

Winkelmann, Wilhelm: Die Königspfalz und die Bischofspfalz des 11. und 12. Jahrhunderts in Paderborn. – In: »Frühmittelalterliche Studien«, 4. Band, Berlin 1970, S. 398–415
–: Capitalis Quadrata. – In: »Westfalen«, 48. Band/1970, S. 171–176
–: Est Locus Insignis, quo Patra et Lippa fluentant. Über die Ausgrabungen in den karolingischen und ottonischen Königspfalzen in Paderborn. – In: »Chateau Gaillard. Etudes de castellologie médievale V«, Caen 1972, S. 1–14
–: Die karolingische und die ottonische Königspfalz in Paderborn. – In: »Kölner Römer-Illustrierte« 2/1975, S. 275–278
–: Zum Thronunterbau in der karolingischen Pfalz Paderborn. – In: »Kölner Römer-Illustrierte« 2/1975, S. 278

Bremen

Brandt, Karl Heinz: Erzbischofsgräber im Bremer St.-Petri-Dom (Vorbericht). – In: »Zeitschrift für Archäologie des Mittelalters«, Jhg. 4/1976, S. 7–28
–: Ausgrabungen im Bremer St.-Petri-Dom 1974–76. Ein Vorbericht. – Bremen 1977

Schiffe

Ellmers, Detlev: Kogge, Kahn und Kunststoffboot. 10 000 Jahre Boote in Deutschland. – Bremerhaven 1976
Pirling, Renate; Buchwald, G.: Ein Schiff aus karolingischer Zeit und seine Konservierung. – In: »Die Naturwissenschaften« 61/1974, S. 396–398

Karte

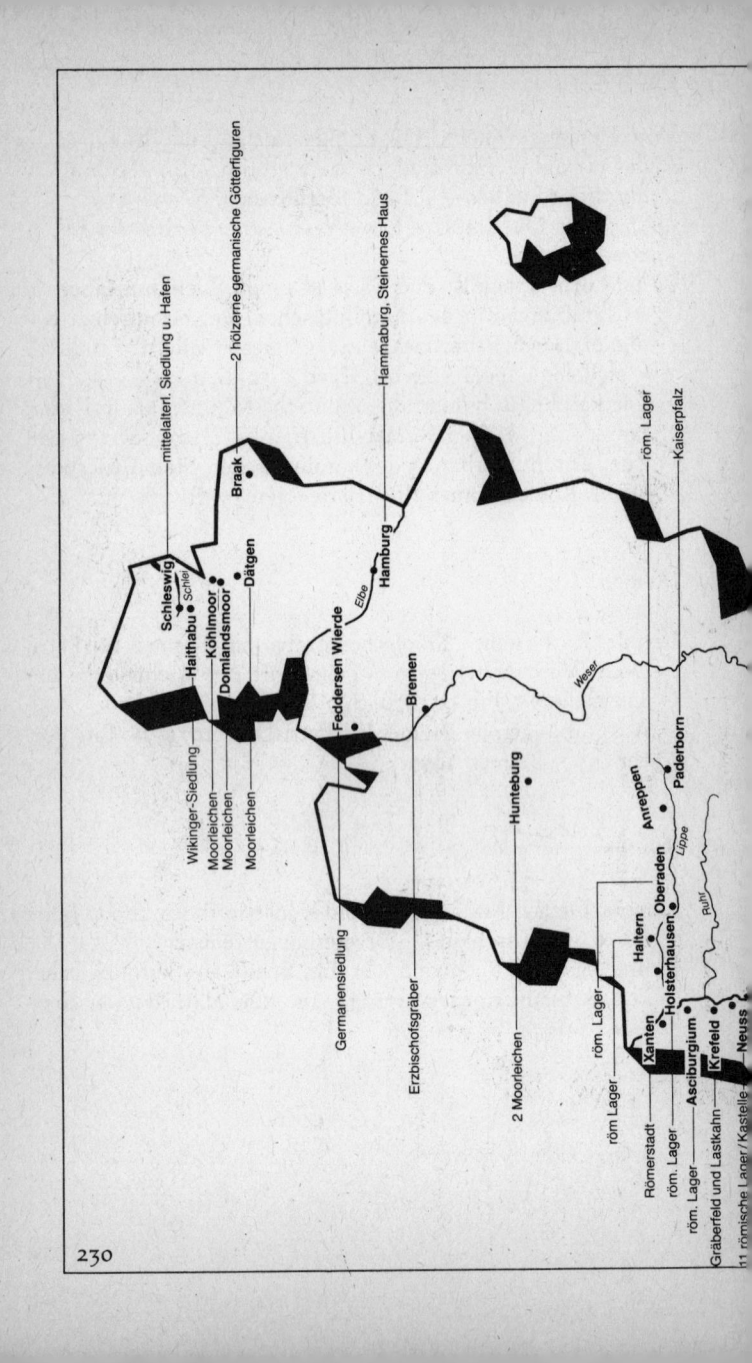

- Wikinger-Siedlung — Haithabu
- mittelalterl. Siedlung u. Hafen — Schleswig (Schlei)
- Moorleichen — Kohlmoor
- Moorleichen — Domlandsmoor
- Moorleichen — Dätgen
- 2 hölzerne germanische Götterfiguren — Braak
- Hammaburg, Steinernes Haus — Hamburg
- Feddersen Wierde
- Germanensiedlung
- Bremen
- Erzbischofsgräber
- Hunteburg
- 2 Moorleichen
- Anreppen
- Paderborn
- röm. Lager
- Kaiserpfalz
- röm. Lager — Haltern
- Oberaden
- Holsterhausen
- Römerstadt — Xanten
- röm. Lager — Asciburgium
- röm. Lager — Krefeld
- Gräberfeld und Lastkahn
- 11 römische Lager / Kastelle — Neuss

Flüsse: Elbe, Weser, Lippe, Ruhr

230

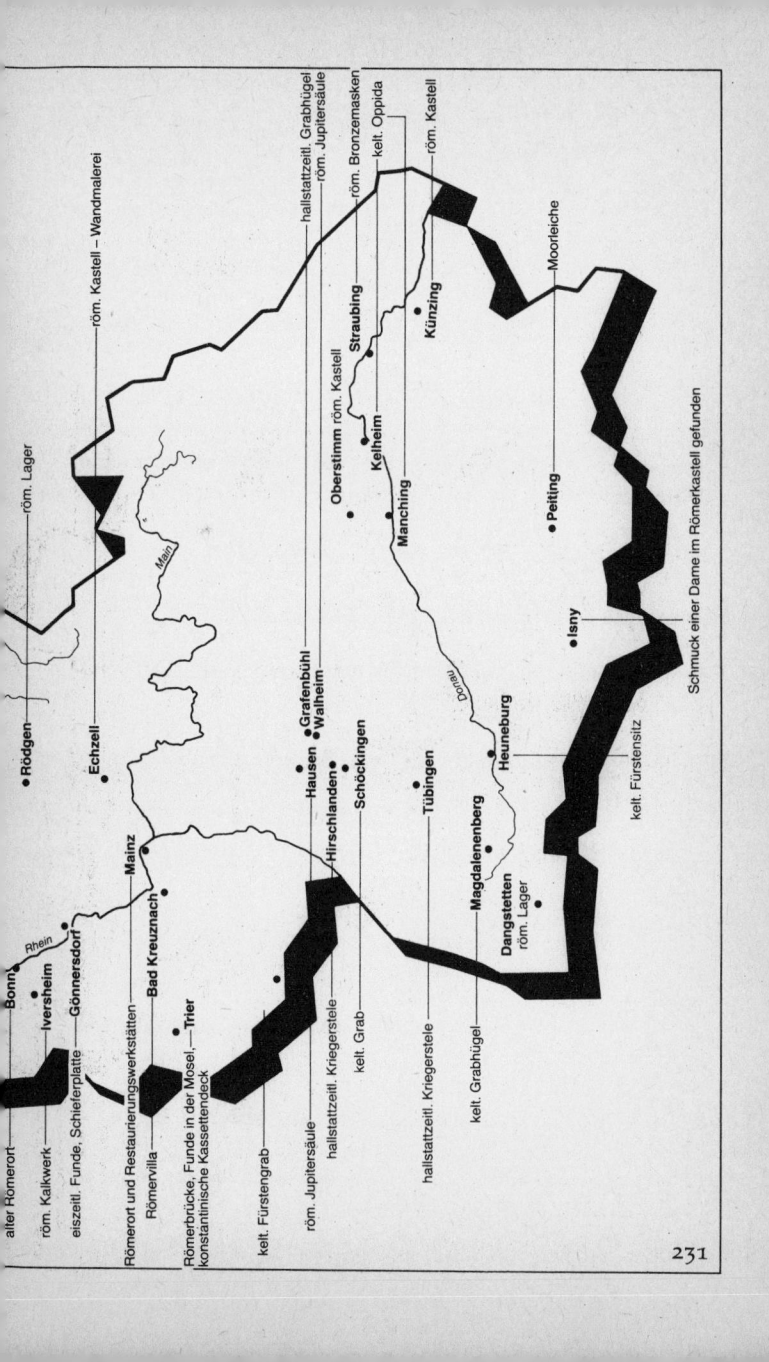

- alter Römerort — **Bonn**
- röm. Kalkwerk — **Iversheim**
- eiszeitl. Funde, Schieferplatte — **Gönnersdorf**
- röm. Kastell – Wandmalerei — **Echzell**
- röm. Lager — **Rödgen**
- Römerort und Restaurierungswerkstätten — **Mainz**
- Römervilla — **Bad Kreuznach**
- Römerbrücke, Funde in der Mosel, — **Trier**
- konstantinische Kassettendecke
- kelt. Fürstengrab
- röm. Jupitersäule — **Hausen**
- hallstattzeitl. Kriegerstele — **Hirschlanden** • **Grafenbühl** — hallstattzeitl. Grabhügel
- kelt. Grab — **Schöckingen** • **Walheim** — röm. Jupitersäule
- **Straubing** — röm. Bronzemasken
- **Oberstimm** röm. Kastell — **Kelheim** — kelt. Oppida
- **Künzing** — röm. Kastell
- hallstattzeitl. Kriegerstele — **Tübingen**
- **Manching**
- kelt. Grabhügel — **Magdalenenberg**
- **Dangstetten** röm. Lager
- **Heuneburg** — kelt. Fürstensitz
- **Isny**
- **Peiting** — Moorleiche
- Schmuck einer Dame im Römerkastell gefunden

231

Fotonachweis des Bildteils

Westfälisches Landesmuseum für Vor- und Frühgeschichte, Münster. Abb. 1, 25, 26,–543, 44.

Textilmuseum Neumünster. Abb. 3.

Rheinisches Landesmuseum, Bonn. Abb. 6, 13.

Deutsches Schiffahrtsmuseum Bremerhaven / G. H.-D. Meierdierks, Bremerhaven. Abb. 2.

Württembergisches Landesmuseum, Stuttgart. Abb. 9, 10, 11, 23, 35, 42.

Archiv des Niederrheinischen Museums, Duisburg. Abb. 29, 30.

Prof. Dr. W. Kimmig, Institut für Vor- und Frühgeschichte der Universität Tübingen. Abb. 27, 28, 34, 38, 39.

Niedersächsisches Landesinstitut für Marschen- und Wurstenforschung, Wilhelmshaven. Abb. 4.

Staatliches Konservatoramt, Saarbrücken. Abb. 31, 32, 33.

Prof. Dr. Gerhard Bosinski, Institut für Ur- und Frühgeschichte der Universität Köln. Abb. 36, 37.

Rheinisches Landesmuseum, Trier. Abb. 18, 19, 21.

Prähistorische Staatssammlung, Museum für Vor- und Frühgeschichte, München. Abb. 20.

Landesmuseum Koblenz. Abb. 12.

Ruhrlandmuseum Essen / Michael Jeiter, Regionalmuseum Xanten (Luftbild freigegeben Reg. Präs. Düsseld. Nr. 43 H1). Abb. 16, 17.

Saalburgmuseum, Bad Homburg. Abb. 22.

Dr. K. H. Brandt aus: »Ausgrabungen im Bremer St.-Petri-Dom«. Abb. 7, 8.

Dr. R. Kuper, Köln. Abb. 40, 41.

Dr. Renate Pirling, Museumszentrum Burg Linn, Krefeld. Abb. 14, 15.

Dr. Diewulf Baatz/Hans Klumbach, aus: Saalburg-Jahrbuch 27/1970, S. 73 f. Abb. 24.

Ortsregister

A

Aachen 43, 125, 190
Actium 90
Aldenhovener Platte 43, 46f., 50ff., 80
Altamira 37
Altenburg 79
Andernach 34
Anreppen 91f.
Asberg 63
Asciburgium 93f.
Athen 78
Augsburg 83, 86, 116

B

Bad Nauheim 99
Badorf 173
Baisingen 65
Bamberg 195
Befort 60
Bergheim 135
Berlin 107, 116
Bonn 13, 19, 43, 67, 128, 170, 173

Braak 159
Breinig 125
Bremen 172, 185, 195ff., 200ff., 206f., 209
Bremerhaven 154, 198
Brohltal 125
Büdingen 103
Burkwang 106
Bylany 46
Byzanz 130ff.

C

Calw 67
Chalons-sur-Saône 67
Colonia Ulpia Traiana 116, 119, 128, 208f.

D

Dätgen 165
Dangstetten 87, 90, 92
Deggendorf 99
Domlandsmoor 151, 165

Donau 54, 57f., 62, 81, 84ff., 99, 102f., 117
Drachenfels 125
Dußlingen 65

E

Echzell 103f., 106
Eckernförde 162
Eining 103
Elbe 46, 84f., 154
Erfurt 191
Euskirchen 125
Eutin 159

F

Feddersen Wierde 152, 154–158, 175
Frankfurt 81, 191
Frankfurt-Heddernheim 104

G

Gellep s. Krefeld-Gellep
Gervovia 87
Geseke 195
Giesübel/Talhau 56
Gladbach 152
Gönnersdorf 34–38, 40ff., 46
Goslar 193, 195
Grafenbühl 63ff., 68f., 74
Gressenich 125
Großholzleute 106

H

Haithabu 171–180, 209f.
Hallstatt 53f.
Haltern 88, 90ff.
Hamburg 170, 172, 182f., 185, 187, 202
Hannover 161, 201
Hausen 121f.
Heilbronn 122
Herculaneum 13, 105, 112
Heuneburg 54–57, 59–62, 74, 79, 175, 209
Hilgenmoor 161
Hirschlanden 66, 68, 71, 78
Hochdorf 71, 74
Hohenasperg 64f., 68, 74
Hohmichele 55f., 62, 64, 69, 74
Holsterhausen 91f.
Hundersingen 54
Hunteburg 163

I

Ingolstadt 78, 80
Isny 106
Iversheim 125, 126–129

K

Katzvey 125, 127
Kelheim 79, 83
Kiel 175
Kleinaspergle 64f.
Koblenz 86

Köhlmoor 162 f.
Köln 12 f., 29, 43, 86, 89, 90, 105, 112, 116, 125, 134, 143, 145, 151, 170, 208
Konstantinopel s. Byzanz 133
Krefeld 147, 199 f.
Krefeld-Gellep 94, 146, 148 f., 209
Kreuznach 113, 115, 209
Künzing 99, 102 f

L

La Colombière 38
Lascaux 37 f.
Latène 53
Linz 99
Lippe 91 f. 187
Ludwigsburg 63, 65 f., 71, 122
Lübeck 182

M

Maas 46
Magdalenenberg 68, 70
Magdeburg 191
Main 46, 122
Mainz 23, 86, 105, 192, 206 ff.
Manching 78–83, 99, 107, 175
Marseille 58, 74
Mechernich 125
Metapont 11
Moers 93

Montceau-les-Mines 67
Morken 135, 137–140, 143, 148 f., 151
Mosel 108, 112

N

Neckar 46, 122
Neuburg 81
Neuenburger See 53
Neumünster 165
Neuss 12, 26, 43, 95, 170
Neuwied 10, 34 f., 37, 42, 152
Niedenstein 79
Niederländisch-Limburg 46
Nimwegen 117, 125
Nördlingen 60
Novaesium 95, 97
Nürnberg 81

O

Oberaden 91 ff.
Obere Klause 37
Oberstimm 99, 102, 103
Oder 46
Oplontis 15, 113
Osnabrück 163
Osterby 162

P

Pader 187
Paderborn 17, 188–193 195
Paris 134, 170
Pariser Becken 46

Peiting 167, 169
Pellenz 125
Pompeji 13, 15, 35, 105, 112

Q

Quintana 102

R

Regensburg 86, 103, 116
Reims 86
Reinheim 75, 78
Rendsburg 165
Rhein 34f., 42f., 46, 84ff.,
　92f., 108, 112, 122, 125,
　130, 131, 199
Rhône 108
Rödgen 99
Rom 78f., 94, 110, 188, 194
Rouen 170
Rouffignac 38
Ruchmoor 163
Ruhr 93

S

Saône 108
Schlei 177ff.
Schleswig 165, 171, 177,
　180, 182, 197
Schöckingen 63, 65
Seemoor 163
Sigmaringen 54
Sirnau 63, 65

St. Ingbert 75
Stammheim 67
Steinhaldenfeld 63, 65
Stockholm 205f.
Stonehenge 16
Straubing 105
Stuttgart 63, 66

T

Tarent 65
Tournai 133, 135
Trier 22, 29, 105, 108, 110ff.,
　115, 133, 170
Tübingen-Kilchberg 68, 78

U

Utrecht 199

V

Vemania 106f.
Vetera 91, 116, 128
Villingen 29, 68, 70
Vulci 59

W

Waldshut 87
Walheim 121
Wangen 106
Weichsel 46
Weser 154, 197

Windeby 163
Wittlich 10
Worms 189
Würzburg 116

X

Xanten 10, 91, 115f., 118, 209

Z

Ziegenhain 196
Zürich 23f.
Zypern 23

Sachbuch-Bestseller als Heyne-Taschenbücher

HEYNE BÜCHER

E. E. Vardiman
Nomaden
7077 / DM 9,80

Gerda Hagenau
Verkünder und Verführer
7078 / DM 7,80

Thomas Jeier
Die letzten Söhne Manitous
7079 / DM 6,80

Ernst F. Jung
Sie bezwangen Rom
7081 / DM 8,80

Erich von Däniken
Beweise
7082 / DM 7,80

Jürgen vom Scheidt
Singles
7083 / DM 4,80

Wolfgang Leonhard
Die Revolution entläßt ihre Kinder
7090 / DM 9,80

Jürgen Wölfer
Handbuch des Jazz
7091 / DM 6,80

Julius Hackethal
Sprechstunde
7093 / DM 5,80

Carl W. Weber
Die Spartaner
7094 / DM 9,80

Luis E. Navia
Abenteuer Universum
7095 / DM 7,80

Herbert Gottschalk
Lexikon der Mythologie
7096 / DM 14,80

Gerhard Konzelmann
Die großen Kalifen
7097 / DM 8,80

Ernst Herrmann
Am Himmel das Kreuz des Südens
7098 / DM 7,80

M. Christopher
Geister, Götter, Gabelbieger
7099 / DM 7,80

Thomas Jeier
Die Eskimos
7100 / DM 7,80

Julius Hackethal
Keine Angst vor Krebs
7101 / DM 5,80

Ch. Ping/D. Bloodworth
Das chinesische Machtspiel
7102 / DM 7,80

Erich von Däniken
Im Kreuzverhör
7103 / DM 6,80

A. E. Johann
Wo ich die Erde am schönsten fand
7104 / DM 8,80

Dee Brown
Im Westen ging die Sonne auf
7105 / DM 9,80

Werner Ekschmitt
Das Gedächtnis der Völker
7106 / DM 10,80

Rolf Palm
Die Sarazenen
7107 / DM 9,80

Jürgen Wölfer
Die Rock- u. Popmusik
7108 / DM 6,80

Max Niehaus
Ballett-Faszination
7109 / DM 8,80

Wilhelm v. Schramm
Der Geheimdienst in Europa 1937–1945
7110 / DM 8,80

HEYNE SACHBUCH

Wilhelm Heyne Verlag
München

HEYNE GESCHICHTE

Die Reihe »Heyne Geschichte« hat die Aufgabe, sowohl die großen Epochen als auch wesentliche Marksteine bis hin zu entscheidenden Tagesereignissen in der Geschichte aller Völker und Zeiten im Taschenbuch darzustellen.

Germán Arciniegas
Geschichte und Kultur Lateinamerikas
9 / DM 10,80

Marlis G. Steinert
Die 23 Tage der Regierung Dönitz
10 / DM 8,80

Fritz Schachermeyr
Griechische Geschichte
11 / DM 8,80

William L. Shirer
Der Zusammenbruch Frankreichs
12 / DM 17,60 (2 Bände)

Wilhelm von Schramm
Aufstand der Generale
13 / DM 7,80

Paul Sethe
Morgenröte der Gegenwart
14 / DM 9,80

Dick Wilson
Mao Tse-tungs Langer Marsch
15 / DM 8,80

Matthias Pusch
Der Dreißigjährige Krieg
16 / DM 6,80

Maurice Ashley
Das Zeitalter des Absolutismus
17 / DM 9,80

Alfred Mühr
Die deutschen Kaiser
18 / DM 8,80

E. J. Feuchtwanger
Preußen
19 / DM 8,80

Waldemar Erfurth
Der finnische Krieg 1941-1944
20 / DM 8,80

Kurt Frischler
Das Abenteuer der Kreuzzüge
21 / DM 8,80

Paul Dreyfus
Die Résistance
22 / DM 8,80

Reinhard Raffalt
Große Kaiser Roms
23 / DM 8,80

Donald Bullough
Karl der Große und seine Zeit
24 / DM 9,80

Ernst Walter Zeeden
Das Zeitalter der Gegenreformation
25 / DM 7,80

Franz Herre
Anno 70/71 Der Deutsch-Französische Krieg
26 / DM 8,80

Götz Bergander
Dresden im Luftkrieg
27 / DM 12,80

Michael Freund
Die große Revolution in England
28 / DM 9,80

Karl-Heinz Janssen
Das Zeitalter Maos
29 / DM 8,80

Christopher Duffy
Die Schlacht bei Austerlitz
30 / DM 7,80

Joseph Vogt
Die Römische Republik
31 / DM 9,80

Charles L. Mee
Die Potsdamer Konferenz 1945
32 / DM 8,80

Henry Kamen
Die spanische Inquisition
33 / DM 8,80

Rolf Bauer
Österreich
34 / DM 9,80

J. H. Elliot
Das geteilte Europa 1559-1598
35 / DM 9,80

Richard O'Connor
Der Boxeraufstand
36 / DM 10,80

Wilhelm Heyne Verlag München